Direito de Família e Princípio da Afetividade

Direito de Família e Princípio da Afetividade

2024

Caio Morau

ALMEDINA

DIREITO DE FAMÍLIA E PRINCÍPIO DA AFETIVIDADE

AUTOR: Caio Morau

DIRETOR ALMEDINA BRASIL: Rodrigo Mentz
EDITORA-CHEFE: Manuella Santos de Castro
EDITOR PLENO: Aurélio Cesar Nogueira
PRODUTORA EDITORIAL: Erika Alonso
ASSISTENTES EDITORIAIS: Laura Roberti, Tacila da Silva Souza e Patrícia Romero

DIAGRAMAÇÃO: Almedina
DESIGN DE CAPA: Roberta Bassanetto

ISBN: 9788584937257
Junho, 2024

Dados Internacionais de Catalogação na Publicação (CIP)
(Câmara Brasileira do Livro, SP, Brasil)

Morau, Caio
Direito de família e princípio da afetividade /
Caio Morau. -- São Paulo : Almedina, 2024.

ISBN 978-85-8493-725-7

1. Afetividade 2. Direito de família - Brasil
3. Família - Aspectos morais e éticos 4.
Relacionamento familiar 5. União estável (Direito de
família) - Brasil I. Título.

24-206986 CDU-347.6(81)

Índices para catálogo sistemático:

1. Brasil : Direito de família : Direito civil
347.6(81)

Eliane de Freitas Leite - Bibliotecária - CRB 8/8415

Este livro segue as regras do novo Acordo Ortográfico da Língua Portuguesa (1990).

EDITORA: Almedina Brasil
Rua José Maria Lisboa, 860, Conj.131 e 132, Jardim Paulista | 01423-001 São Paulo | Brasil
www.almedina.com.br

Compagnons inconnus, vieux frères, nous arriverons ensemble, un jour, aux portes du royaume de Dieu

(Georges Bernanos)

Em memória de meus avós, Robert Marie René Morau
e Ivoni Nagib Mattar Chaves

NOTA DO AUTOR

O Direito de Família é uma área muito importante do Direito Privado, mais especificamente do Direito Civil, e que vem passando por rápidas e importantes transformações. Para que se tenha uma breve noção dessa realidade, a própria tentativa de definição do que vem a ser família, conceito-chave dessa área, tem se mostrado muito desafiadora.

Nesse momento histórico, em razão do grande prestígio de que goza uma corrente de pensamento chamada de "Direito Civil Constitucional", o Direito Civil tem passado a sofrer muita influência de princípios constitucionais, ou seja, de valores razoavelmente abstratos, genéricos, que pretendem funcionar como parâmetro de interpretação para resolver casos concretos que chegam ao Poder Judiciário.

Na grande maioria dos manuais de Direito de Família atualmente disponíveis no mercado, indica-se o chamado "princípio da afetividade" como "fundamento central", "mola propulsora" dessa seara do Direito Civil.

Dito de outro modo, um princípio que sequer tem previsão constitucional e que, evidentemente, não pertence ao Direito, mas a áreas como a Filosofia, a Antropologia e a Sociologia, passou a ser posicionado por muitos estudiosos como o elemento fulcral do Direito de Família.

Nesse contexto, chama muita atenção o fato de que uma pequena minoria desses manuais ou mesmo de artigos científicos tem se preocupado em investigar a fundo o que seria propriamente a noção de afetividade. Ao contrário, apenas enunciam essa mesma noção, ressaltando que teria sido incorporada pelo Direito, mas não conseguem chegar a um mínimo consenso acerca do que seja a afetividade.

Essa situação bastante peculiar, qual seja, a de um princípio que é reputado como o mais importante do Direito de Família e, ao mesmo tempo, cujo significado é amplamente negligenciado, tornou imperioso o estudo das raízes de um elemento tão prestigiado nos dias que correm.

Com o objetivo de lançar luz a esse cenário, propus uma investigação bastante sólida para descobrir a essência da afetividade. Esse esforço não teria sido possível, como ressaltei acima, sem me valer de noções que não pertencem precipuamente ao Direito.

Procuro desvelar, nas demais áreas do conhecimento já mencionadas, qual a natureza da afetividade, se é objetiva ou subjetiva, permanente ou efêmera, positiva ou negativa, racional ou sentimental, se coincide ou não com o amor, e qual posição ocupa com relação às outras potências humanas.

Evidentemente, esse exame extrajurídico segue acompanhado, ao longo do trabalho, por reflexões eminentemente jurídicas, a partir de considerações históricas e dogmáticas, para que o leitor possa dispor de uma visão mais ampla do contexto em que se insere o princípio da afetividade.

Nesse sentido, as questões mais relevantes atualmente no Direito de Família procuram ser respondidas, sem descuidar de uma investigação também muito prática. Como exemplo, na segunda parte do trabalho, são analisados alguns tipos de uniões cujo reconhecimento é reivindicado por alguns setores da sociedade, a saber, as poligâmicas, concubinárias e incestuosas.

Quando se examina cada uma delas, procura-se indicar resultados de pesquisas levadas a cabo por respeitáveis institutos e universidades mundo afora. Quanto às uniões poligâmicas, por exemplo, estudos americanos e canadenses revelam graves prejuízos experimentados pelas mulheres que participam desses relacionamentos.

Procura-se responder a uma pergunta inafastável: todos os tipos de uniões existentes no plano dos fatos devem ser reconhecidas pelo Direito? Nesse particular, o estudo se propõe a averiguar se essas uniões são nocivas ou não para os seus membros, para os eventuais filhos e se contribuem ao bem comum.

Nessa mesma linha, há poucos anos, um professor de uma universidade pública defendeu que a lei não mais estabelecesse obstáculo para o casamento entre pessoas da mesma família, a exemplo de dois irmãos que quisessem se casar, em respeito à autonomia de cada pessoa para decidir a respeito dos rumos de sua vida.

Contudo, ao divulgar sua ideia, não fez uma investigação mais ampla, a respeito dos problemas de saúde de que podem padecer eventuais filhos dessa relação, da importância antropológica de evitar relacionamentos endogâmicos, entre outros pontos essenciais.

É precisamente a superficialidade com que questões como essas são tratadas que estimularam esse estudo a se aprofundar em consequências práticas das tomadas de decisão, sejam elas protagonizadas por legisladores ou julgadores.

O trabalho não almeja ser vislumbrado como uma obra progressista ou conservadora, mas, antes, como uma tentativa sóbria e ponderada de trazer à discussão jurídica – geralmente muito formal e com pouca abertura para as outras ciências – elementos indispensáveis para que se compreenda exatamente o que é a afetividade e qual seria seu papel para aferir a conveniência de se reconhecer juridicamente ou não determinados tipos de uniões.

Brasília, 21 de fevereiro de 2024.

SUMÁRIO

INTRODUÇÃO[1]

O Direito de Família no Brasil vem passando por diversas transformações nos últimos tempos. Novos temas, antes inconcebíveis, têm sido lançados pela doutrina, pela sociedade e mesmo pelos Tribunais. Surgem com rapidez e intensidade, demandando respostas com as mesmas características.

Nessa seara, um jurista que porventura tivesse deixado de acompanhar as pretensas inovações por um par de anos, teria dificuldades em se atualizar, tamanha a quantidade de discussões que têm sido levadas a cabo nos mais diferentes ambientes e circunstâncias.

Em matéria de uniões, muito poucos juristas poderiam imaginar que já no início deste novo século, seriam colocados em xeque o caráter monogâmico das relações entre os indivíduos de uma sociedade[2], bem como os impedimentos oriundos da consanguinidade.[3]

1 As citações bibliográficas do presente trabalho serão orientadas pelas regras da Associação Brasileira de Normas Técnicas (ABNT). O termo "*Ibid.*" será empregado para realizar nova citação de mesma obra e autor referenciados na nota de rodapé imediatamente anterior. Usar-se-á a expressão "Cf." quando o conteúdo da obra citada for parafraseado.

2 No ano de 2012, como se verá oportunamente no trabalho, foi lavrada escritura na cidade de Tupã/SP, tendo como objeto o reconhecimento da união de três pessoas. A ADFAS (Associação de Direito de Família e das Sucessões), diante da recorrência na lavratura de escrituras nesses termos, formulou pedido de providências – ao final deferido – ao Conselho Nacional de Justiça para que fosse vedada aos cartórios a confecção e o reconhecimento de documentos públicos com esse teor.

3 Confiram-se as palavras de um jurista carioca, ao defender as relações incestuosas: "Com efeito, o impedimento matrimonial entre irmãos, amparado em razões médicas que identificam riscos às crianças surgidas dessa união, pode se converter em limitação juridicamente

Até há muito pouco tempo, a grande maioria das pessoas se unia a outras por meio do casamento, o contrato mais solene que já conheceu o Direito. Nos tempos que correm, aumenta perceptivelmente o número de uniões estáveis, situações de fato que, a princípio, não apresentam o mesmo conteúdo e não produzem os mesmos efeitos que a união matrimonial.[4]

Também as relações concubinárias, tratadas sob o eufemismo de "paralelas" ou "simultâneas", têm sido cada vez mais discutidas com o objetivo de se atribuir direitos civis e previdenciários[5] aos respectivos integrantes.[6]

O próprio casamento passou a ter seu principal fundamento, qual seja, a livre prestação do consentimento entre pessoas capazes, colocado em segundo plano por parte da doutrina.

Qual seria, então, para alguns, o fator comum aos diferentes tipos de uniões, apto a justificá-las e fundamentá-las, a ponto de se dizer que sem ele nenhuma delas poderia existir? Trata-se, alegadamente, da afetividade.[7]

Muitos familiaristas sustentam que o antigo Direito Civil teria sido demasiadamente patrimonialista, preocupando-se em excesso com questões econômicas e menosprezando o que efetivamente uniria as pessoas.[8]

desproporcional no caso de irmãos que, animados pela sua paixão, desejem se casar sem gerar filhos, seja por sua idade avançada, seja por força da livre escolha do uso de meios contraceptivos que afastem qualquer risco que pudesse servir, no plano teórico e abstrato, de causa à vedação." SCHREIBER, Anderson. *Game of Thrones e o Direito*. Disponível em: https://flaviotartuce.jusbrasil.com.br/artigos/707190760/game-of-thrones-e-o-direito. Acesso em: 10 abr. 2020.

[4] Diz-se "a princípio" porque o cenário está mudando radicalmente por força de decisões das Cortes Superiores. Recentemente, por meio do Recurso Extraordinário 878.694/MG, o Supremo Tribunal Federal equiparou os companheiros aos cônjuges para efeitos sucessórios, dando provas de que cada vez mais pretende-se assemelhar a união estável ao casamento.

[5] O Supremo Tribunal Federal, como se verá em tópico próprio, aprovou no julgamento do RE 1.045.273 a tese de repercussão geral de que "[...] a preexistência de casamento ou de união estável de um dos conviventes, ressalvada a exceção do artigo 1.723, parágrafo 1º, do Código Civil, impede o reconhecimento de novo vínculo referente ao mesmo período, inclusive para fins previdenciários, em virtude da consagração do dever de fidelidade e da monogamia pelo ordenamento jurídico-constitucional brasileiro."

[6] Nesse sentido, os Recursos Especiais 1.045.273/SE e 883.168/SC.

[7] A título exemplificativo, são defensores da afetividade como elemento central das uniões: MADALENO, Rolf. *Curso de direito de família*. Rio de Janeiro: Forense, 2011. p. 95; LÔBO, Paulo. *Direito civil: famílias*. 4. ed. São Paulo: Saraiva, 2011. p. 70.

[8] Entre eles, DIAS, Maria Berenice. *Manual de Direito das Famílias*. 4. ed. rev. atual. e ampl. São Paulo: Revista dos Tribunais, 2007. p. 68.

Segundo essa expressiva parcela de doutrinadores, o novo Direito de Família, mais consentâneo com as demandas da sociedade, seria revestido de um caráter personalista, de valorização do indivíduo. Com esse objetivo, teria passado a eleger um novo cerne, nomeadamente a afetividade.[9]

Dito de outro modo, contemporaneamente os indivíduos se uniriam porque nutrem afeto uns pelos outros, sem o qual se sustenta que não se poderia cogitar em qualquer tipo de comunhão íntima. O sentimento seria, portanto, o elemento central das uniões atuais.

Diante dessa breve contextualização, útil para a compreensão do escopo do trabalho, pergunta-se: o que seriam os afetos? Seriam eles efetivamente o requisito fundamental das uniões? Poderiam justificar a presença no Direito brasileiro de todo e qualquer tipo de união?

Alguns pontos principais podem revelar a importância do estudo do tema objeto do presente trabalho, a começar pela própria Constituição Federal, que em seu art. 226 afirma que a família é a base da sociedade, merecedora de especial proteção por parte do Estado.

Diante da clareza do dispositivo constitucional, indaga-se de igual modo: qualquer agrupamento de pessoas pode ser considerado família e, portanto, ser destinatário de privilegiado amparo estatal? Haveria uma base comum às diferentes famílias?

Muitas são as possibilidades de uniões entre pessoas. Contudo, nem todas, evidentemente, pelas razões que o trabalho pretende indicar, devem ser chanceladas pelo Estado, a exemplo de uniões incestuosas ou daquelas que envolvem pessoas de tenra idade.

Além desses dois exemplos – os quais já não são unanimidade nem mesmo no mundo ocidental, encontrando-se, como já se mencionou, quem defenda sua legitimidade – haveria outros que poderiam ser igualmente rechaçados pelo Estado, como as uniões poligâmicas e as concubinárias?

Para responder à questão em tela, alguns parâmetros devem ser analisados, tais como o alcance da afetividade enquanto elemento legitimador, a contribuição ou afronta ao bem comum por meio da verificação de diferentes

[9] Cf. HOGEMANN, Edna Raquel. O direito personalíssimo à relação familiar à luz do princípio da afetividade. *Espaço Jurídico Journal of Law*, Joaçaba, v. 16, n. 1, p. 89-106, jan./jun. 2015. p. 94. Disponível em: https://periodicos.unoesc.edu.br/espacojuridico/article/view/2363. Acesso em: 3 jun. 2020.

elementos, a preservação da dignidade dos membros de cada união, a isonomia entre os que se unem e os potenciais efeitos para a filiação.

Os pontos de investigação a que nos propomos no presente trabalho contribuirão para averiguar se a afetividade, de fato, pode ser apontada por alguns estudiosos do Direito de Família como a mola propulsora, o centro de gravidade dos diferentes tipos de uniões, "devendo todas as espécies de vínculos ancorados no afeto terem a proteção do Estado."[10]

Nessa esteira, retoma-se a pergunta anteriormente formulada: o que seria, afinal, a afetividade? Trata-se de conceito objetivo? O Direito poderia incorporar um elemento notadamente exógeno? Os afetos têm sempre um sentido positivo em direção à outra pessoa ou à sociedade? São suficientes para permitir o reconhecimento de uniões pelo Estado?

Só será possível alcançar uma resposta satisfatória a essas questões por meio de uma pesquisa interdisciplinar, que envolva ramos como os da filosofia, sociologia e antropologia, aos quais pertence essencialmente o estudo da afetividade.

Feita uma investigação aprofundada nessas áreas, será possível reunir elementos capazes de identificar se a criação de novos tipos de uniões atende ao bem comum e se preserva os interesses de seus membros.

Nesse ponto, examina-se o influxo do liberalismo emotivista no Direito de Família brasileiro, especialmente a partir da contribuição de Alasdair MacIntyre, destacado filósofo escocês cuja visão será imprescindível para subsidiar as partes seguintes do trabalho.

Outro ponto sensível no desenvolvimento da investigação é o fato de que a monogamia tem historicamente gozado de um lugar privilegiado na conformação das uniões. Atualmente, entretanto, seu caráter obrigatório tem sido objeto de fortes críticas, através da defesa do reconhecimento de uniões poligâmicas e "poliamorosas".[11]

[10] PESSANHA, Jackelline Fraga. *A afetividade como princípio fundamental para a estruturação familiar*. Disponível em: http://www.ibdfam.org.br/_img/artigos/Afetividade%2019_12_2011.pdf. Acesso em: 15 jun. 2020. p. 2.

[11] As uniões ditas poliafetivas têm sido discutidas pela doutrina e também pelos meios de comunicação, de modo que já é possível identificar movimentos favoráveis à sua incorporação no ordenamento jurídico. Maria Berenice Dias, ao comentar a já referida escritura de poliamor lavrada na cidade de Tupã/SP, afirmou que "[...] o princípio da monogamia não está na Constituição, é um viés cultural" e que "temos que respeitar a natureza privada dos

Nesse sentido, o trabalho procura esclarecer se haveria benefícios sociais mediante o eventual reconhecimento de uniões dessa natureza ou se essa estrutura se traduziria em prejuízo aos cônjuges, companheiros, filhos e a toda a sociedade.

Ainda no mesmo contexto de uniões antes rechaçadas e agora reconsideradas por parcela da doutrina, o Direito é desafiado com as relações ditas "paralelas" ou "simultâneas", eufemismo utilizado para descrever o concubinato ou a mancebia.[12]

O exame acerca desse tema reveste-se, ainda, de inequívoca relevância na medida em que o reconhecimento dessa modalidade de união poderia importar na configuração de ato ilícito, por representar evidente quebra do dever de fidelidade imposto aos cônjuges ou mesmo do dever de lealdade fixado aos conviventes.[13]

relacionamentos e aprender a viver nessa sociedade plural reconhecendo os diferentes desejos". INSTITUTO BRASILEIRO DE DIREITO DA FAMÍLIA. *Escritura reconhece união afetiva a três*. Belo Horizonte: IBDFAM, 2012. Disponível em: www.ibdfam.org.br/noticias/4862/novosite. Acesso em: 5 jun. 2020. No portal UOL, a psicanalista Regina Navarro tem usado o espaço de seu blog para dizer que "[...] no poliamor uma pessoa pode amar seu parceiro fixo e amar também as pessoas com quem tem relacionamentos extraconjugais ou até mesmo ter relacionamentos amorosos múltiplos em que há sentimento de amor recíproco entre todas as partes envolvidas." LINS, Regina Navarro. Da monogamia ao poliamor. *Blog Regina Navarro Lins*, São Paulo, 8 jun. 2016. Disponível em: https://reginanavarro.blogosfera.uol.com.br/2016/08/06/da-monogamia-ao-poliamor/. Acesso em: 5 jun. 2020.

12 Para Regina Beatriz Tavares da Silva, "[...] o artigo 1.727 do Código Civil também é muito claro ao denominar a mancebia como concubinato, relação que não se classifica como união estável e que não gera direitos de família, sucessórios e previdenciários. A distinção entre união estável e mancebia não foi criada por acaso pela legislação infraconstitucional. Essa diferença encontra fundamento em todo o sistema jurídico e na Constituição Federal, cujo artigo 226, parágrafo 3º estabelece o número de pessoas que constituem família: duas. Depreende-se daí a natureza monogâmica das relações reconhecidas como família no Direito brasileiro e o descabimento do reconhecimento de um casamento e uma união estável concomitante ou de duas uniões estáveis concomitantes." TAVARES DA SILVA, Regina Beatriz. Pensão previdenciária para amantes e a jurisprudência do STF e do STJ. *Revista Consultor Jurídico*, São Paulo, 30 de maio de 2018. Disponível em: https://www.conjur.com.br/2018-mai-30/regina-beatriz-pensao-amantes-jurisprudencia-stf-stj. Acesso em: 5 jun. 2020.

13 Sobre o dever de fidelidade, confira-se importante precedente do Superior Tribunal de Justiça: "Cinge-se a lide a definir, sob a perspectiva do Direito de Família, a respeito da viabilidade jurídica de reconhecimento de uniões estáveis simultâneas. [...] uma sociedade que apresenta como elemento estrutural a monogamia não pode atenuar o dever de fidelidade — que integra o conceito de lealdade — para o fim de inserir no âmbito do Direito de

Tem-se notado, a esse respeito, uma tentativa de enfraquecimento da necessidade de observância dos deveres conjugais ou convivenciais sob a interpretação de que seriam meras recomendações, motivo pelo qual argumenta-se não ser razoável impor o dever de indenizar aos que os descumprem.

Além das uniões poligâmicas e concubinárias, como já se antecipou, o trabalho pretende se debruçar ainda sobre o incesto.

Nesse particular, cumpre mais uma vez reavivar os argumentos no sentido da sua irrazoabilidade, deixando-se patente que a afetividade não pode figurar como critério para determinar a conveniência de se legalizar determinado tipo de união.

Como se verá, além de os seres humanos disporem de inteligência e vontade, potências que permitem temperar os afetos, deve-se considerar que os indivíduos não gozam de autonomia absoluta para atuarem em âmbito privado, sobretudo quando sua conduta implica em efeitos devastadores para a vida social, como aconteceria se as relações incestuosas fossem permitidas.

Não por acaso, o título do trabalho faz alusão ao uso do princípio da afetividade para justificar todos os tipos de uniões. Mesmo o casamento e a união estável, amplamente consagrados no ordenamento brasileiro, não têm como alicerce principal, seja no plano dos fatos, seja no próprio Direito, os afetos.

Em outras palavras, mesmo quanto às uniões já reconhecidas, é necessário que se desvele a real estrutura sobre a qual estão sedimentadas, sob pena de se tornarem ainda mais efêmeras, em prejuízo inegável das famílias, dos eventuais filhos e da sociedade.

Família relações afetivas paralelas e, por consequência, desleais, sem descurar que o núcleo familiar contemporâneo tem como escopo a busca da realização de seus integrantes, vale dizer, a busca da felicidade. [...] Ao analisar as lides que apresentam paralelismo afetivo, deve o juiz, atento às peculiaridades multifacetadas apresentadas em cada caso, decidir com base na dignidade da pessoa humana, na solidariedade, na afetividade, na busca da felicidade, na liberdade, na igualdade, bem assim, com redobrada atenção ao primado da monogamia, com os pés fincados no princípio da eticidade. Emprestar aos novos arranjos familiares, de uma forma linear, os efeitos jurídicos inerentes à união estável implicaria julgar contra o que dispõe a lei. Isso porque o artigo 1.727 do CC/02 regulou, em sua esfera de abrangência, as relações afetivas não eventuais em que se fazem presentes impedimentos para casar, de forma que só podem constituir concubinato os relacionamentos paralelos a casamento ou união estável pré e coexistente. [...]" (STJ, REsp 1.157.273/RN, 3ª Turma, Rel. Min. Nancy Andrighi, j. 18 de maio de 2010).

Nesse sentido, o uso inadequado dos afetos pode conduzir a graves problemas, tanto no processo de escolha do cônjuge ou companheiro – em que os sentimentos passam a ser fins em si mesmos e tomam o lugar do objeto do amor, que é a pessoa com suas próprias virtudes[14] – como na própria conservação dessas uniões, contexto em que o amor romântico vai perdendo intensidade e dando lugar a um amor sacrificado, sem tantos atrativos sensíveis.[15]

A importância do tema se revela, ainda, pelo fato de não haver, com exceção do Brasil, nenhum outro país no mundo que tenha erigido a afetividade a um *status* principiológico.

As demandas por novas uniões tornam bastante visível uma outra realidade. Antigamente, era o indivíduo que deveria se conformar aos padrões estabelecidos pelo Estado, com vistas ao bem comum, para que tivesse sua união reconhecida. Nos dias que correm, porém, é o Estado que deve fornecer ao indivíduo os "direitos" que julga titularizar.

Esse contexto é chamado por Bethery de la Brosse de "sociedade do indivíduo", em que não se vislumbra mais o caráter coletivo que lhe é próprio, mas sim uma fragmentação bastante intensa, que leva os membros de cada pequeno agrupamento a reivindicarem direitos.[16]

A necessidade de examinar o tema se torna ainda mais premente em razão da crescente importância atribuída ao neoconstitucionalismo, corrente bastante prestigiada no Brasil, que apresenta, entre outros pontos, a Constituição Federal como grande centro irradiador de normas e como fonte por excelência de interpretação.[17]

Um dos traços mais marcantes no atual Direito de Família brasileiro tem origem na aplicação exacerbada de princípios de origem constitucional,

[14] Cf. HILDEBRAND, Dietrich von. *El corazón*. 6. ed. Traduzido por Juan Manuel Burgos. Madrid: Ediciones Palabra, 2009. p. 41.

[15] Cf. LEWIS, C. S. *Os quatro amores*. São Paulo: Martins Fontes, 2005. p. 157.

[16] Cf. BETHERY DE LA BROSSE, Arnould. *Entre amour et droit*: le lien conjugal dans la pensée juridique moderne (XVe-XXe siècles). Paris: Lextenso éditions, 2011. p. 373.

[17] Para aprofundamento acerca do neoconstitucionalismo, cf. POZZOLO, Susanna. Neoconstitucionalismo y especificidad de la interpretación constitucional. *Doxa*: Cuadernos de Filosofia del Derecho, Alicante, v. 21, n. 2, p. 339-353, 1998. Disponível em: https://rua.ua.es/dspace/bitstream/10045/10369/1/doxa21-2_25.pdf. Acesso em: 4 jun. 2020.

como sucede com o chamado princípio da afetividade, contexto apelidado de "pamprincipiologismo".[18]

Os princípios são cada vez mais aplicados pelos Tribunais como forma de solucionar as lides apresentadas ao Judiciário e são também frequentemente invocados, no que concerne ao presente trabalho, pelos defensores da incorporação de novos tipos de uniões no Brasil.

Além disso, como já se ressaltou – e é prudente fazê-lo novamente – usa-se a afetividade também para fundamentar uniões amplamente consagradas, como o casamento e a união estável.

Outro ponto, intimamente relacionado ao anterior, refere-se ao desprezo à autonomia do Direito Civil, que tem, ao longo da história do Direito Privado brasileiro, conseguido solucionar os desafios que lhe são impostos por meio de um sistema próprio e coerente, mas fragilizado pelo influxo de princípios constitucionais.[19]

Essa realidade provoca graves problemas, inclusive de ordem democrática, já que os julgadores dos Tribunais Superiores, sob diversos pretextos, têm ampliado o alcance de regras bastante claras de Direito Civil, sem que, para isso, comportassem multiplicidade de sentido.

Daí decorre uma atuação judicial que mais se assemelha a uma atividade legiferante, ofendendo um princípio caro ao ordenamento jurídico brasileiro – o da separação de poderes – e dotando os juízes, pouco importando o grau, de uma legitimidade democrática que, em verdade, não lhes pertence.

Além disso, é de se ressaltar a grande quantidade de significados que podem ser assumidos pelo termo afetividade, bem como a sua inexigibilidade jurídica, restando evidentes os perigos envolvidos em sua incorporação ao Direito.

Por fim, não se pode deixar de ponderar os efeitos do potencial reconhecimento de certos tipos de uniões no desenvolvimento e proteção das crianças e

[18] Cf. STRECK, Lenio Luiz. O pan-principiologismo e o sorriso do lagarto. *Revista Consultor Jurídico*, São Paulo, 22 mar. 2012. Disponível em: http://www.conjur.com.br/2012-mar-22/senso-incomum-pan-principiologismo-sorriso-lagarto. Acesso em: 4 jun. 2020.

[19] Cf. RODRIGUES JUNIOR, Otavio Luiz. Estatuto epistemológico do Direito Civil contemporâneo na tradição de civil law em face do neoconstitucionalismo e dos princípios, *Mertitum*, Belo Horizonte, v. 5, n. 2, p. 1352, jul./dez. 2010. Disponível em: http://www.fumec.br/revistas/meritum/article/view/1054. Acesso em: 4 jun. 2020. p. 51.

adolescentes que venham a ser gerados, considerada toda a legislação protetiva em vigor, tanto nacional como internacional.

Delineado todo o panorama do estudo, o seu objetivo será o de reunir fundamentos interdisciplinares que permitam demonstrar que a afetividade, por seu caráter transitório, plurívoco, subjetivo e precário, bem como pela sua incompatibilidade com o sistema jurídico, não pode servir como fundamento para defender o reconhecimento de diferentes tipos de uniões, mesmo as já consagradas.

Essas características, como se verá adiante, não permitem sua apreensão pelo Direito sob qualquer ângulo, por não serem conversíveis em obrigações ou deveres, carecendo de exigibilidade.

Para fins de sistematização, o trabalho é dividido em três partes.

A primeira principia por uma retrospectiva histórica de mudanças legais, constitucionais, doutrinárias e jurisprudenciais ocorridas até o cenário atual, em que a afetividade foi pretensamente erigida como o valor máximo do Direito de Família.

Em seguida, procura-se reunir elementos interdisciplinares para uma possível e adequada conceituação do afeto, explorando-se as suas características principais e apontando-se o verdadeiro papel que é chamado a desempenhar no seio das uniões.

Finalizando essa primeira parte do estudo, abre-se um capítulo para investigar os influxos do liberalismo emotivista no Direito de Família, detalhando os seus contornos para uma melhor compreensão do contexto atual.

Já a segunda parte do trabalho se dispõe a analisar três tipos específicos de uniões, a saber, as poligâmicas, as concubinárias e as incestuosas. Muito embora houvesse outras a investigar – tanto as tradicionais, quer dizer, casamento e união estável, como as que envolvem menores de idade – optou-se por concentrar o esforço investigativo nas três uniões inicialmente referidas, como exemplos luminosos de que a afetividade não pode ser o critério utilizado para avaliá-las.

A derradeira parte da presente tese se divide igualmente em três grandes eixos.

No primeiro, pretende-se examinar as reais características do Direito de Família na sociedade contemporânea, contestando-se, entre outros pontos, alguns diagnósticos da doutrina majoritária a respeito de sua pretensa publicização e do alegado caráter patrimonialista no estado anterior dessa província civilista.

No segundo capítulo da terceira parte, exploram-se os problemas teóricos, metodológicos e práticos da ampla recepção das propostas da corrente do Direito Civil Constitucional, com os consequentes reflexos no âmbito do Direito de Família e no objeto central da tese.

Por fim, antes da conclusão do trabalho, apresentam-se argumentos finais acerca da dificuldade de apreensão da subjetividade do indivíduo e do primado da declaração de vontade, sobre a necessidade de consideração do princípio do melhor interesse da criança e do adolescente como parâmetro para a conveniência de reconhecimento das uniões e, ainda, a respeito do equívoco na pretensão de tudo normatizar em Direito de Família.

PRIMEIRA PARTE:
A EMERGÊNCIA DA AFETIVIDADE NO DIREITO DE FAMÍLIA BRASILEIRO

1. O ANTIGO REGIME E A NOVA ERA

1.1 O direito de família anterior à pretensa hegemonia da afetividade

A divisão proposta na primeira parte do trabalho entre os dois principais momentos da história do Direito de Família brasileiro – antes e depois do surgimento do que se convencionou chamar de princípio da afetividade – justifica-se pela necessidade de se examinar criticamente a configuração ou não de uma *nouvelle époque* nessa província civilista.

Ao apresentar-se como um "novo" Direito de Família, mais adequado aos anseios dos tempos que correm, rejeita-se, como se verá, *in totum*, o modelo anteriormente construído, nele compreendidas as regras que o sustentavam e a visão social que as mantinha.

Com muita razão, criticam-se vários aspectos que vigoraram na maior parte do século passado, a exemplo da regulação da condição da mulher no seio da sociedade conjugal, da falta de autonomia de que gozava caso lhe aprouvesse trabalhar fora do lar e do tratamento desigual conferido aos filhos concebidos como frutos de relações extraconjugais.

Contudo, diante da proposição de uma nova configuração do ramo do Direito de que se está a tratar, parece-nos importante revisitar os traços que lhe foram mais característicos antes da promulgação da Constituição Federal de 1988 e do advento do princípio da afetividade, que a ela se seguiu.

Com esse objetivo, valemo-nos das lições da doutrina acerca daquele período histórico, bem como de julgados que ilustram o entendimento então predominante nos pontos mais sensíveis do Direito de Família, sem prejuízo das menções a instrumentos legais que desempenhavam papéis de destaque no tratamento da matéria.

1.1.1 O casamento como relevante forma de reconhecimento das uniões

Durante a maior parte da história do Brasil, do período Colonial, atravessando o Império, até boa parte da República, o casamento figurou como um dos principais meios de união entre pessoas que desejavam partilhar projetos de vida, tendo perdido uma parte de seu protagonismo em razão do recente reconhecimento constitucional e legal das uniões estáveis, como se investigará oportunamente.

Não só o casamento era objeto de regulação pelos diversos instrumentos normativos (Ordenações, Alvarás, Leis e Decretos em vigor antes da codificação civil do início do século XX), como também, a título exemplificativo, os chamados esponsais, entendidos como promessas de casamento ou, mais comumente, como noivados, figuraram como matéria de atenção do legislador[20].

Na obra "Direitos de Família", de Lafayette Rodrigues Pereira, cuja última edição data de 1889, posteriormente atualizada dois anos após a entrada em vigor do Código Beviláqua por José Bonifácio de Andrada e Silva, o primeiro capítulo da primeira seção é justamente dedicado a examinar os esponsais, cuidando de temas relativos à sua natureza, formalidades, efeitos e dissolução.

No Código Civil de 1916, os esponsais são tratados de modo tangencial pelo art. 1.548, ao prever que a mulher, cuja honra tivesse sido ofendida através de uma sedução para vir a casar-se, poderia exigir do homem, caso este não pudesse ou não quisesse reparar o mal pelo casamento, um dote equivalente à sua condição e estado.

O fato de os esponsais não terem sido expressamente disciplinados com a amplitude anterior nos dois Códigos Civis brasileiros não importou em sua supressão ou vedação e tampouco concorreu para diminuir a relevância de que gozava – e ainda goza – o casamento como opção à disposição dos que desejam uma comunhão íntima de vida.

[20] Para aprofundamento no tema, cf. POVEDA VELASCO, Ignacio Maria. *Os esponsais no direito luso-brasileiro*. São Paulo: Quartier Latin, 2007.

Para que se tenha ideia do destaque atribuído ao casamento no Código de 1916, o Livro de Direito de Família dedicava a ele quase metade de seus artigos (149 de 304), não deixando qualquer dúvida de que constituía o *elemento estrutural* do Direito de Família brasileiro.[21]

A partir da Constituição de 1934[22], a primeira que passou a cuidar de questões sociais e não apenas de preocupações de ordem política, o casamento é sempre mencionado com destaque, na medida em que através dele, vínculo à época reputado indissolúvel, é que se constituía a família. Reproduzindo-se semelhante raciocínio, as Constituições de 1946[23], 1967[24] e 1969[25], excepcionando-se a atual Carta, em que o casamento passou a receber um tratamento diverso.

Curiosamente, o Código Beviláqua disciplinava o Direito de Família no Livro I de sua Parte Especial, dado topológico – não replicado pelo Código Civil de 2002 – objeto de acirrada crítica pelo fato de que a matéria deveria ser estudada não ao final da Parte Geral, mas após conhecidas as importantes noções de Direitos Reais e Obrigacionais, que antecedem o Direito das Sucessões, por serem indispensáveis para o estudo do Direito de Família.[26]

Referido Livro I da Parte Especial era dividido em três grandes partes, que cuidavam respectivamente do casamento, das relações de parentesco e dos institutos da tutela, curatela e ausência. Quanto à primeira parte, do art. 180 ao 329, com amplo detalhamento, abordam-se todos os aspectos relacionados a formalidades, impedimentos, provas, hipóteses de nulidade e anulabilidade, direitos e deveres dos cônjuges, regime de bens, constituição de dote, entre outros.

[21] Cf. RODRIGUES, Silvio. Breve histórico sobre o direito de família nos últimos 100 anos. *Revista da Faculdade de Direito da Universidade de São Paulo*, São Paulo, v. 88, p. 239-254, 1993. p. 241.

[22] Art. 144. A família, constituída pelo casamento indissolúvel, está sob a proteção especial do Estado.

[23] Art. 163. A família é constituída pelo casamento de vínculo indissolúvel e terá direito à proteção especial do Estado.

[24] Art. 167. A família é constituída pelo casamento e terá direito à proteção dos Poderes Públicos.

[25] O art. 175 apresenta a mesma redação do dispositivo supratranscrito.

[26] Cf. VENOSA, Sílvio de Salvo. *Direito civil*: direito de família. 17. ed. São Paulo: Atlas, 2017. p. 34.

O casamento, tal como exposto nos tópicos seguintes, inseria-se em uma realidade bastante peculiar. Além de ser o requisito para a constituição de uma família legítima, o homem, ao casar-se, tornava-se chefe da sociedade conjugal e os filhos que fossem gerados fora do matrimônio recebiam um tratamento diferenciado.

Até o final da década de 70, não se permitia a dissolução do vínculo matrimonial, mas apenas a ruptura da sociedade conjugal através do desquite, um dentre outros aspectos daquele contexto que denotava a grande preocupação do legislador em preservar o casamento.[27]

Em suma, até o advento da Constituição Federal de 1988, o casamento figurou como a regra quanto à escolha de um meio juridicamente reconhecido para a união de "duas existencias, que confundindo-se uma na outra, correm os mesmos destinos, soffrem das mesmas dores e compartem, com egualdade, do quinhão de felicidade que a cada um cabe nas vicissitudes da vida."[28]

1.1.2 A noção de legitimidade sob a vigência do Código Civil de 1916

Como se comprovará pelo aprofundamento do presente tópico, o Código Civil de 1916 realmente não se preocupou em apresentar regramento para as denominadas famílias ilegítimas, entendidas como aquelas constituídas fora da união matrimonial. Evitou-se cuidar do casamento ao lado do concubinato por considerar que fazia parte de realidade estranha ao Direito de Família, geradora de efeitos meramente obrigacionais.[29]

De fato, o art. 229 daquele diploma, ao tratar dos efeitos jurídicos do casamento, estatuiu que a família legítima era por ele criada, legitimando-se também os filhos comuns, antes dele nascidos ou concebidos, não havendo dispositivos que conferissem semelhante tratamento às relações concubinárias.

[27] Cf. RODRIGUES, Silvio. Breve histórico sobre o direito de família nos últimos 100 anos. *Revista da Faculdade de Direito da Universidade de São Paulo*, São Paulo, v. 88, p. 239-254, 1993. p. 243.

[28] PEREIRA, Lafayette Rodrigues. *Direitos de Família*. Brasília, DF: Conselho Editorial do Senado Federal, 2004. (Série História do direito brasileiro, v. 7). p. 29-30. Preservou-se a grafia original.

[29] Cf. VENOSA, Sílvio de Salvo. *Direito civil*: direito de família. 17. ed. São Paulo: Atlas, 2017. p. 37.

No mesmo sentido, o art. 337, ao inaugurar capítulo específico acerca da filiação legítima, considerava legítimos os filhos concebidos na constância do casamento, mesmo que anulado em razão das hipóteses do art. 217 ou nulo, se contraído de boa-fé.

As poucas menções feitas ao concubinato, a exemplo dos arts. 284, IV, 1.177 e 1.719, III, tinham por objetivo não o reconhecimento das situações de fato, mas a proteção da família legítima. A única referência a essa realidade, com o objetivo de tomá-la em consideração, foi o art. 363, I, o qual franqueava ao investigante de paternidade o reconhecimento da condição de filho, caso provasse que sua mãe estava concubinada com o pai ao tempo da concepção.[30]

O predicado da impunha severas consequências à filiação. Os filhos legítimos, oriundos das justas núpcias, opunham-se aos ilegítimos, que podiam ser naturais, caso gerados por pais sem impedimento matrimonial que criasse obstáculo ao casamento, *ex soluta et soluto*, ou espúrios, subdividindo-se estes últimos em adulterinos (oriundos de relações extraconjugais) e incestuosos (provenientes de indivíduos com relação de parentesco).[31]

A condição dos filhos quanto à legitimidade estendia-se a diversos dispositivos legais, a exemplo dos seguintes:

a) Os impedimentos para o casamento contemplavam os irmãos, legítimos ou ilegítimos, germanos ou não e os colaterais, legítimos ou ilegítimos, até o terceiro grau inclusive (art. 183, IV);
b) Para o casamento dos filhos legítimos menores de vinte e um anos, fazia-se necessário o consentimento dos pais (art. 185);
c) Caso os pais fossem ilegítimos, também visando ao *placet*, bastava o consentimento do que houvesse reconhecido o menor ou, em caso de não reconhecimento, o consentimento materno (art. 186, parágrafo único);

[30] Cf. RODRIGUES, Silvio. Breve histórico sobre o direito de família nos últimos 100 anos. *Revista da Faculdade de Direito da Universidade de São Paulo*, São Paulo, v. 88, p. 239-254, 1993. p. 241-242.

[31] Cf. RODRIGUES, Silvio. *Direito* civil. 25. ed. São Paulo: Saraiva, 2000. v. 6: Direito de família. p. 281.

d) Sujeição ao pátrio poder apenas dos filhos legítimos, legitimados, legalmente reconhecidos e adotivos (art. 379);
e) O pedido de interdição por prodigalidade, além do cônjuge, apenas podia ser promovido por ascendentes ou descendentes legítimos (art. 460).

Também em regras de Direito Sucessório[32] notava-se com clareza a discriminação entre filhos legítimos e ilegítimos. Entre elas, a estampada pelo art. 1.605, § 1°, objeto de julgado comentado a seguir, segundo o qual se houver filho legítimo ou legitimado, apenas a metade do que lhe couber seria atribuída ao filho natural reconhecido na constância do casamento.

Nesse contexto, verificava-se concretamente a presunção herdada do Direito Romano no sentido de que a qualidade de mãe é sempre certa e de que a condição de pai é demonstrada pelas justas núpcias.[33] Na medida em que o art. 358 impedia terminantemente o reconhecimento de filhos incestuosos e adulterinos, natural indagar se estariam sempre fadados a não terem o genitor legalmente reconhecido.

A resposta surgiu no início da década de 40, em que se editou a Lei n° 4.737/42, permitindo-se que o filho gerado por uma relação extraconjugal pudesse ser reconhecido espontânea ou judicialmente.[34] Havia, entretanto, uma rígida condição: o reconhecimento só seria possível após o desquite, impedindo-se, portanto, que produzisse efeitos na constância da sociedade conjugal.[35]

[32] Cf. a) art. 470, II; b) art. 654, § 2°; c) art. 1.572; d) art. 1.574; e) art. 1.605, *caput* e § 2°; f) art. 1.646; g) art. 1.673; h) art. 1.675; i) art. 1.713; j) art. 1.723; l) art. 1.726; m) art. 1.797.

[33] D. 2, 4, 5. *Quia mater semper certa est, etiam si volgo conceperit: pater vero is est, quem nuptiae demonstrant.*

[34] Caio Mário da Silva Pereira faz notar que o reconhecimento voluntário ou judicial da filiação passou por diversas fases ao longo da história brasileira, ora privilegiando-se a atribuição de *status* ao filho, ora recusando-lhe toda condição jurídico-familiar. Quando facilitava a perfilhação, restringia-lhe os efeitos e vice-versa, variações essas que deram origem ao que se chamou de "lei da oscilação." Cf. PEREIRA, Caio Mário da Silva. *Instituições de direito civil.* 25. ed. rev. atual. e ampl. Atualizado por Tânia da Silva Pereira. Rio de Janeiro: Forense, 2017. v. 5: Direito de família. p. 398-399.

[35] Apesar dos avanços quanto ao reconhecimento de filhos adulterinos, o mesmo não se pode dizer a respeito dos incestuosos, cujo reconhecimento seguiu impossibilitado.

Outro diploma (Lei n° 883/49), editado sete anos depois, aprimorou o do início de referida década, deixando claro que após a dissolução da sociedade conjugal, qualquer dos cônjuges poderia reconhecer o filho adulterino e este próprio poderia ajuizar ação para que se lhe declarasse a filiação.

A princípio, reputava-se possível apenas o reconhecimento do filho adulterino *a patre*, filho de pai casado e mãe solteira. Com relação ao adulterino *a matre*, filho de mãe casada, o casamento válido lhe atribuía pai presumido. Posteriormente, passaram a ser proferidas decisões em que se admitia o reconhecimento do adulterino *a matre*, quando, de modo notório, o filho não pudesse ser do marido.[36]

A sequência de alterações legislativas operadas durante a vigência do Código Civil de 1916 instou a Suprema Corte a se posicionar em diversas ocasiões, como em um recurso extraordinário interposto no início da década de 70, com acórdão ementado nos seguintes termos:

> FILIAÇÃO. É NATURAL, E NÃO ADULTERINO, O FILHO DE PESSOA JÁ DESQUITADA, PORQUE, COM O DESQUITE, CESSOU O DEVER DE FIDELIDADE CONJUGAL. ASSIM, TEM ELE DIREITO DE RECEBER, POR MORTE DO PAI, NÃO A METADE MAS O MESMO QUE HERDOU CADA UM DOS FILHOS LEGÍTIMOS. NEM CABE OBJETAR COM O PAR. 1 DO ART. 1605 DO CÓDIGO CIVIL, PELO QUAL LHE TOCARIA A METADE, POIS O PRECEITO SE REFERE A FILHO NATURAL RECONHECIDO NA CONSTÂNCIA DO CASAMENTO E, NA ESPÉCIE, AS FILHAS NASCERAM E FORAM RECONHECIDAS DEPOIS DE DISSOLVIDA A SOCIEDADE CONJUGAL PELO DESQUITE. E, QUANTO A LEI 883, DE 21.10.1949, CERTO É QUE TEVE EM VISTA A FILIAÇÃO ADULTERINA. (RE 69.253/MG, Rel. Min. Luiz Gallotti, Data de Julgamento: 17/08/72).

[36] Cf. PEREIRA, Caio Mário da Silva. *Instituições de direito civil*. 25. ed. rev. atual. e ampl. Atualizado por Tânia da Silva Pereira. Rio de Janeiro: Forense, 2017. v. 5: Direito de família. p. 403-404.

O recurso examinado cuida do caso de um homem que depois de se desquitar de sua esposa legítima, com a qual teve dois filhos, passou a viver maritalmente com outra mulher, período em que nasceram mais três filhas reconhecidas pelo pai nos próprios termos de nascimento.

Os filhos legítimos do falecido ajuizaram ação para que suas irmãs unilaterais nascidas do segundo relacionamento do pai fossem consideradas adulterinas e não naturais, de modo a que tivessem direito a apenas metade dos bens deixados pelo *de cujus*.

Em primeiro grau, foi proferida sentença, confirmada pelo Tribunal de Justiça de Minas Gerais, em que se julgou improcedente o pedido formulado pelos irmãos concebidos na constância do matrimônio. Apresentaram em seguida recurso extraordinário ao Supremo Tribunal Federal, conhecido mas desprovido.

A fundamentação do acórdão relatado pelo Ministro Luiz Gallotti foi no sentido de que os filhos de pessoas desquitadas devem ser considerados naturais e não adulterinos porque cessa o dever de fidelidade com a decretação do desquite. Por essa razão, os filhos naturais devem receber o mesmo montante dos legítimos e não a metade.

Afastou-se, portanto, a aplicação do já mencionado art. 1.605, § 1º do Código Civil, o qual previa a atribuição de metade do que cabia em herança aos filhos naturais reconhecidos na constância do casamento, já que as irmãs unilaterais dos recorrentes foram reconhecidas após o desquite do pai.[37]

De fato, a grande relevância da legitimidade no Código Beviláqua, ainda que atenuada por alterações legislativas, moldou um cenário bastante peculiar que viria a ser profundamente transformado – e em grande parte extinto – com a promulgação da Constituição Federal de 1988.

[37] Note-se, a esse respeito, que a Constituição Federal de 1937 havia equiparado os filhos naturais aos legítimos também com relação ao quinhão a ser recebido por cada qual em razão do falecimento de ascendente. Art. 126: "Aos filhos naturais, facilitando-lhes o reconhecimento, a lei assegurará igualdade com os legítimos, extensivos àqueles os direitos e deveres que em relação a estes incumbem aos pais.".

1.1.3 O papel da mulher na sociedade conjugal

A posição da esposa na sociedade conjugal gozou de um tratamento semelhante àquele dispensado ao tema da legitimidade, ao se considerar que em ambos os casos o Código Civil de 1916 previa originalmente um regramento inflexível, paulatinamente mitigado pela atuação do legislador.

Não se pode olvidar, contudo, que mesmo antes de sua entrada em vigor, o Decreto nº 1.839/07, conhecido como Lei Feliciano Pena, havia promovido o cônjuge supérstite na ordem de vocação hereditária, passando a figurar como herdeiro necessário antes dos colaterais, constituindo notável avanço em benefício da mulher que se tornasse viúva.[38]

O art. 6º, II da codificação civil elencava as mulheres casadas como relativamente incapazes enquanto subsistisse a sociedade conjugal, sendo esta chefiada pelo marido, a quem competia, conforme rezava o art. 233, representar legalmente a família, administrar os bens comuns e particulares da mulher que lhe competissem em razão do regime de bens ou do pacto antenupcial, fixar e mudar o domicílio da família, autorizar a profissão da mulher e a residência fora do lar, bem como prover a manutenção da família.

O art. 240 estabelecia os contornos do papel da mulher na sociedade conjugal, ao afirmar que com o casamento assumia os apelidos do marido, a condição de sua companheira, consorte e auxiliar nos encargos da família, acompanhado do reforço do art. 242, que estabelecia um rol de quase dez condutas que lhe eram vedadas.

Entre elas, não podia a esposa, sem autorização do marido, alienar ou gravar de ônus real os imóveis de domínio particular, aceitar ou repudiar herança ou legado, aceitar tutela, curatela ou outro *munus* público, contrair obrigações que pudessem importar em alheação de bens do casal ou aceitar mandato.

Por outro lado, o diploma civil previa atividades para as quais a mulher presumia-se autorizada pelo marido, a exemplo da compra de utensílios necessários à economia doméstica e da obtenção de empréstimo para esse fim (art. 247), bem como atos que independiam de autorização, como a anulação

[38] Cf. RODRIGUES, Silvio. Breve histórico sobre o direito de família nos últimos 100 anos. *Revista da Faculdade de Direito da Universidade de São Paulo*, São Paulo, v. 88, p. 239-254, 1993. p. 240.

de fianças ou doações feitas pelo marido com infração de disposições legais e a elaboração de testamento ou disposições de última vontade (art. 248).

Também fez questão o Código Beviláqua de estabelecer as hipóteses excepcionais em que a mulher poderia dirigir a sociedade conjugal, quais fossem, nas ocasiões em que o marido estivesse em lugar remoto ou não sabido, em cárcere por mais de dois anos ou tivesse sido objeto de interdição judicialmente declarada (art. 251).

Traçado um breve panorama da condição da esposa nas primeiras décadas de vigência do Código, cumpre examinar o grande divisor de águas com relação ao tema, em razão da Lei n° 4.121/62, mais conhecida como Estatuto da Mulher Casada, promulgado no governo do Presidente João Goulart, através do qual foram promovidas sensíveis alterações no Código Civil. A título exemplificativo:

a) A mulher casada deixou de figurar como relativamente incapaz a certos atos ou à maneira de exercê-los, suprimindo-se o inciso que a contemplava no art. 6° do Código Civil;
b) A mulher passou a colaborar com o marido no exercício da chefia da sociedade conjugal, devendo observar o interesse comum do casal e dos filhos (art. 233, *caput*);
c) À esposa foi conferido o direito de recorrer ao Judiciário, caso a decisão do marido de fixar o domicílio da família houvesse lhe prejudicado (art. 233, III);
d) Possibilidade de trabalhar fora do lar sem a autorização do marido (supressão do art. 233, IV);
e) A instituição da denominada "reserva patrimonial", através da nova redação do art. 246 do CC/16, protegendo-se o produto do trabalho da mulher e os bens com ele adquiridos, podendo deles dispor livremente, observadas as devidas disposições legais.

Também no Código de Processo Civil de 1939, à época vigente, operou-se mudança quanto à figura da inventariante. A esposa poderia exercer a função no inventário do marido falecido, desde que estivesse com ele convivendo ao tempo de sua morte. O Estatuto da Mulher Casada a impediu de exercê-lo apenas se por culpa sua a convivência não tivesse sido mantida.

Na seção de pesquisa jurisprudencial do sítio eletrônico do Supremo Tribunal Federal, quando se insere o termo "Estatuto da Mulher Casada" aparecem poucos resultados digitalizados, entre os quais relata-se a aplicação do diploma pouco mais de quinze anos após a sua entrada em vigor:

> ESTATUTO DA MULHER CASADA. APLICAÇÃO IMEDIATA DO SEU ARTIGO 3°, VISTO QUE ESTE MODIFICA SITUAÇÃO ESTATUTÁRIA, OU SEJA, SITUAÇÃO LEGAL, IMPESSOAL E OBJETIVA. APLICAÇÃO, POIS, DESSE PRECEITO AOS CASAMENTOS CONTRAÍDOS ANTES DE ENTRAR O ALUDIDO DIPLOMA LEGAL EM VIGOR. RECURSO EXTRAORDINÁRIO NÃO CONHECIDO (RE 71.224/MG, Rel. Min. Leitão de Abreu, Data de Julgamento: 21/11/76).

No caso em tela, o emitente de uma nota promissória havia ingressado em juízo para executar o título não pago no vencimento. Não contestada a exordial, procedeu-se à penhora de bens que seriam praceados para satisfazer o credor.

A esposa do devedor, contudo, opôs embargos de terceiro invocando o art. 3° do Estatuto da Mulher Casada, o qual previa que pelos títulos de dívida de qualquer natureza que tivessem sido firmados por apenas um dos cônjuges, mesmo que casado no regime de comunhão universal de bens, somente responderiam os bens particulares do signatário e os comuns até o limite da meação.

O recurso não foi conhecido pelo relator, Ministro Leitão de Abreu, mantendo-se, em consequência, a decisão da Segunda Câmara Civil do Tribunal de Justiça de Minas Gerais, em que se deu provimento à apelação para excluir da penhora a meação da embargante.

A aplicação do dispositivo conferia uma importante proteção às mulheres porque não raro ocorria que o marido, ao realizar negócios malsucedidos, fosse contraindo dívidas sem conhecimento de sua esposa, que se surpreendia ao ver o patrimônio comum, amealhado durante o casamento, ser objeto de execuções.[39]

[39] Cf. RODRIGUES, Silvio. *Direito civil*. 25. ed. São Paulo: Saraiva, 2000. v. 6: Direito de família. p. 153.

1.1.4 O advento da lei do divórcio

Antes de o ordenamento jurídico brasileiro permitir o divórcio, os cônjuges dispunham do chamado "desquite", entendido como a dissolução da sociedade conjugal, se válido o casamento, ou seja, a separação sem rompimento do vínculo matrimonial.[40]

O art. 317 do Código Civil de 1916 dispunha que a ação de desquite apenas poderia se fundar em adultério, tentativa de morte, sevícia, injúria grave ou abandono voluntário do lar conjugal durante dois anos contínuos.

O dispositivo seguinte permitia o desquite amigável, por mútuo consentimento dos cônjuges, com a condição de que fossem casados por mais de dois anos. Apesar de amigável, não se dispensava a homologação judicial.

Um caso julgado pelo Supremo Tribunal Federal no início da década de 40 apresenta um claro panorama de como a matéria era tratada pouco mais de duas décadas após a promulgação do Código Beviláqua:

> DESQUITE LITIGIOSO – INJÚRIA ALEGADA DE PARTE A PARTE, MAS NÃO PROVADA POR NENHUM DOS CÔNJUGES – NÃO DECRETAÇÃO DO DESQUITE PELO ACÓRDÃO RECORRIDO – ACÓRDÃOS CONTRÁRIOS A ESSE ENTENDIMENTO SUFRAGANDO A DOUTRINA DE QUE A IRROGAÇÃO RECÍPROCA DE CULPA MOSTRA A IMPOSSIBILIDADE DE MANTER-SE A SOCIEDADE CONJUGAL, IMPORTANDO EM CONCORDÂNCIA ESSA ATITUDE DOS CÔNJUGES, PELO QUE DEVE SER DECRETADO O DESQUITE – INADMISSIBILIDADE DE TAL ENTENDIMENTO, QUE CONTRAVÉM FORMALMENTE AOS ARTS. 317, 320, 321 E 326 DO CÓDIGO CIVIL, NOS QUAIS SE PRESSUPÕE O DESQUITE DITO JUDICIAL NECESSARIAMENTE FUNDADO EM ALGUM DOS MOTIVOS ENUMERADOS, QUE SÃO AS CAUSAS LEGAIS DO DESQUITE, DECORRENDO DAÍ QUE A DECRETAÇÃO TERÁ DE DEFINIR A CULPA DE UM OU DE

[40] Cf. PONTES DE MIRANDA, Francisco Cavalcanti. *Tratado de direito privado*. Atualizado por Rosa Maria de Andrade Nery. São Paulo: Revista dos Tribunais, 2012. t. 8: Dissolução da sociedade conjugal. Eficácia jurídica do casamento. p. 97.

AMBOS – PRESCINDIR DA CULPA, OU DA SUA PROVA, OU DO EXAME DAS RAZÕES INVOCADAS, PARA FICAR SOMENTE COM A INCOMPATIBILIDADE E O PROPÓSITO DE AMBOS OS CÔNJUGES DE SE DESQUITAREM, SERIA ADMITIR O DESQUITE POR INCOMPATIBILIDADE DE GÊNIOS, QUE EM NOSSO DIREITO NÃO SE ADMITE, COMO NEM MESMO NA FRANÇA, ONDE EXISTIU EM CERTA ÉPOCA ESSA PORTA ABERTA ÀS SEPARAÇÕES (RE 4.423/SP, Rel. Min. Castro Nunes, Data de Julgamento: 15/05/41).

O marido, na ocasião, havia ajuizado uma ação de desquite contra a sua esposa sob alegação de ocorrência de injúria grave, disciplinada pelo art. 317, III daquele diploma. Sua mulher contestou o pedido e apresentou reconvenção valendo-se do mesmo fundamento.

A sentença proferida, mantida pelo Tribunal de Justiça de São Paulo, julgou improcedentes os pedidos contidos na ação e na reconvenção. A esposa interpôs recurso extraordinário alegando que em circunstâncias idênticas um acórdão do Tribunal carioca havia adotado solução diversa, decretando o desquite por estarem desentendidos os cônjuges e não ser possível preservar a sociedade conjugal contra a vontade de ambos.

O relator do acórdão, Ministro Castro Nunes, examinou se o desquite litigioso poderia ser decretado prescindindo-se da prova de culpa de um ou ambos os cônjuges, assentando que havia clara prescrição legal de que o decreto do desquite pressupunha a presença de um cônjuge inocente (arts. 320 e 326) ou culpado (art. 321) ou ainda ambos culpados (art. 326, § 1°), levando o intérprete a crer que a culpa estaria pressuposta nas causas legais de desquite previstas no mencionado art. 317.

Dito de outro modo, se nenhum dos cônjuges obtinha êxito ao provar contra o outro fato capaz de autorizar a decretação ou, então, se os fatos narrados não correspondessem à causa legal invocada, por consequência não seria possível a decretação do desquite, permitido apenas nos limites do rol exaustivo do Código Civil.

Não se admitia, portanto, no Direito à época vigente, desquite por incompatibilidade de gênios. Por outro lado, o desquite por mútuo consentimento traduzia situação distinta, em que havia um acordo entre marido e mulher, inclusive quantos aos bens e aos filhos, o que não sucedeu no caso examinado.

Ao final, negou-se provimento ao recurso extraordinário, mantendo-se a impossibilidade de desquite por injúria grave, tendo em vista não terem sido identificadas palavras ou atitudes dos cônjuges que pudessem configurá-la, ressalvando-se que a incompatibilidade entre ambos poderia ser resolvida por meio do aludido desquite por mútuo consentimento, caso se atingisse um acordo quanto aos aspectos patrimoniais e de filiação.

Como fê-lo notar Silvio Rodrigues, houve tentativas anteriores – não exitosas – de introduzir a permissão do divórcio no Brasil, não sem grandes embates entre diversos setores da sociedade. Em nenhuma delas, entretanto, alcançou-se o quórum de dois terços então exigido pela Carta Maior para aprovação de Emenda Constitucional. Foi necessária, portanto, a fixação de quórum menos rígido para que fosse bem-sucedida a emenda divorcista.[41]

A Emenda Constitucional n° 09, de 28 de junho de 1977, deu nova redação ao § 1° do art. 175 da Constituição Federal de 1969[42], que passou a vigorar nos seguintes termos: "O casamento somente poderá ser dissolvido, nos casos expressos em lei, desde que haja prévia separação judicial por mais de três anos."

Alguns meses após a promulgação da Emenda sob exame pelas Mesas da Câmara dos Deputados e do Senado Federal, foi editada a Lei n° 6.515/77, dividida em quatro capítulos enunciativos dos temas que pretendeu regular: Capítulo I: Da dissolução da sociedade conjugal; Capítulo II: Do divórcio; Capítulo III: Do Processo e; Capítulo IV: Das disposições finais e transitórias.

Referida Lei promoveu importante modificação no sistema dissolutório do casamento, ao fixar as seguintes espécies de separação judicial por pedido unilateral: a) separação-sanção, fundamentada em grave violação a dever conjugal; b) separação-ruptura, nos casos em que tenha cessado a vida em comum por mais de cinco anos consecutivos e; c) separação-remédio, face à

41 Cf. RODRIGUES, Silvio. *Direito civil*. 25. ed. São Paulo: Saraiva, 2000. v. 6: Direito de família. p. xvii (prefácio).

42 A redação anterior à Emenda Constitucional era cristalina no sentido da impossibilidade do divórcio: "O casamento é indissolúvel."

superveniência de grave doença mental de um dos cônjuges, com duração de cinco anos e reputada como de cura improvável.[43]

A separação-sanção manteve-se como espécie culposa em razão do descumprimento de dever conjugal, impondo-se a perda do direito aos alimentos pelo culpado. Por sua vez, a modalidade de separação-ruptura exigia marco temporal que depois viria a ser reduzido e suprimido. E a separação-remédio, por fim, pretendeu conferir proteção patrimonial à pessoa com deficiência mental.[44]

A respeito do tema, a redação original do art. 226, § 6°, da Constituição Federal de 1988, dispositivo que será melhor explorado no tópico seguinte, previa que o casamento civil podia ser dissolvido pelo divórcio, após prévia separação judicial por mais de um ano nos casos expressos em lei, ou comprovada separação de fato por mais de dois anos.

Um ano após a entrada em vigor da Constituição Federal, foi editada a Lei n° 7.841/89, que promoveu modificações pontuais em importantes dispositivos da Lei do Divórcio. Como exemplo, suprimiu-se o art. 38, cuja redação limitava a formulação de pedido de divórcio, em qualquer dos seus casos, a uma única vez.

No início da década de 90, sancionou-se a Lei n° 8.408/92, por meio da qual foram operadas modificações na Lei referida no parágrafo anterior. Passou-se a permitir a separação judicial caso um dos cônjuges tivesse provado a ruptura da vida em comum há mais de um ano e a impossibilidade de sua reconstituição. Também houve na ocasião mudanças a respeito da conversão da separação em divórcio e dos seus efeitos.

Todavia, com a promulgação da Emenda Constitucional n° 66/2010, foram suprimidos os requisitos temporais e de prévia separação judicial ou de fato, apresentando-se uma redação absolutamente facilitadora da dissolução do vínculo matrimonial: "O casamento civil pode ser dissolvido pelo divórcio."

[43] Cf. TAVARES DA SILVA, Regina Beatriz. História e futuro do divórcio no Brasil. *In*: MORAU, Caio (org.). *História e futuro do direito brasileiro*: estudos em homenagem a Ignacio Maria Poveda Velasco. São Paulo: LiberArs, 2019. p. 302-303.

[44] *Ibid.*, p. 303.

1.2 A súbita e avassaladora afirmação da afetividade como fundamento central do direito de família brasileiro

1.2.1 Os afetos no mundo jurídico: da inexistência à essencialidade

Pode-se notar, pelo quanto exposto nos tópicos precedentes, que no período da vigência do Código Civil de 1916 não havia qualquer menção à noção de afetividade nas normas legais e constitucionais concernentes ao Direito de Família[45]. Da mesma forma, com o advento da Constituição Federal de 1988, o cenário manteve-se inalterado: absolutamente nenhum dispositivo a cuidar da afetividade ou noções similares.[46]

Apesar do eloquente silêncio do constituinte e do legislador, começou a surgir na doutrina, mais de dez anos após a entrada em vigor da Carta Maior, a noção de afetividade na seara familiarista, já revestida de caráter principiológico.[47] O fundamento de sua presença implícita no texto constitucional seria outro princípio, o da dignidade da pessoa humana, disposto pelo art. 1°, III, da Constituição.

No final da década de 70, João Baptista Villela, um dos doutrinadores que abriria caminho para o desenvolvimento posterior do princípio da afetividade,

[45] A única menção do legislador ao amor ou a seus correspondentes se deu no art. 1.338 do Código Beviláqua, curiosamente a respeito da gestão de negócios: "O gestor responde pelo caso fortuito, quando fizer operações arriscadas, ainda que o dono costumasse fazê-las, ou quando preterir interesses deste por amor dos seus." Cf. RODRIGUES JUNIOR, Otavio Luiz. Amor e Direito Civil: normatividade, direito e amor. *In*: TAVARES DA SILVA, Regina Beatriz; BASSET, Ursula Cristina (coord.). *Família e pessoa*: uma questão de princípios. São Paulo: YK, 2018. p. 547.

[46] Apenas recentemente o termo passou a ser contemplado pela legislação. A Lei n° 11.340/06 (Maria da Penha) o previu em seu art. 5°, III: "Para os efeitos desta Lei, configura violência doméstica e familiar contra a mulher qualquer ação ou omissão baseada no gênero que lhe cause morte, lesão, sofrimento físico, sexual ou psicológico e dano moral ou patrimonial: III – em qualquer relação íntima de afeto, na qual o agressor conviva ou tenha convivido com a ofendida, independentemente de coabitação." Já o Estatuto da Criança e do Adolescente (ECA), por força da Lei n° 12.010/09, teve um parágrafo único acrescido ao seu art. 25 com o seguinte conteúdo: "Entende-se por família extensa ou ampliada aquela que se estende para além da unidade pais e filhos ou da unidade do casal, formada por parentes próximos com os quais a criança ou adolescente convive e mantém vínculos de afinidade e afetividade.".

[47] Cf. PEREIRA JÚNIOR, Antonio Jorge; OLIVEIRA NETO, José Weidson de. (In)viabilidade do princípio da afetividade. *Universitas JUS*, Brasília, DF, v. 27, n. 2, 2016. p. 114.

ainda que cuidando da realidade que cunhou de "desbiologização da paternidade", sustentou que a família, já naquela época, teria deixado de configurar uma unidade de caráter econômico, social e religioso para posicionar-se como grupo de afetividade e companheirismo.[48]

Décadas depois, outros estudiosos do Direito de Família, diante de um amplo horizonte desvelado pela Carta de 88 e crentes de que o Código de Civil de 2002 teria sido tímido nas alterações que propôs, começaram a envidar esforços por uma transformação ainda maior e – alegadamente – de vanguarda.

Maria Berenice Dias, uma das pesquisadoras que gozou de protagonismo no movimento em questão, apresenta o contexto que ensejou a adoção do princípio que se está a examinar: o casamento passa a ser dispensável para o reconhecimento da entidade familiar, as relações sexuais deixam de ocorrer exclusivamente no matrimônio e de ser necessárias para a procriação, importando em um pluralismo de formas familiares a exigir do Direito que empreste juridicidade ao vínculo afetivo que une as pessoas.[49]

Nesse contexto, a afetividade, enquanto princípio que fundamentaria o ramo familiarista em detrimento de considerações patrimoniais ou biológicas, seria ligada ao direito fundamental à felicidade. Argumenta-se ainda que a juridicização da união estável, contemplada expressamente pela Constituição, como se constitui sem o selo do casamento, significaria que é a afetividade – e não a manifestação de consentimento, como sempre sucedeu – que uniria e enlaçaria as pessoas.[50]

Faz-se ainda um esforço hermenêutico para procurar identificar a *valoração* do afeto no Código Civil, o qual estaria presente através da:[51]

a) comunhão plena de vida no casamento (art. 1.511, CC);
b) admissão de outra origem à filiação, para além do parentesco natural e civil (art. 1.593, CC);

[48] Cf. VILLELA, João Baptista. Desbiologização da Paternidade. *Revista da Faculdade de Direito da Universidade Federal de Minas Gerais*, Belo Horizonte, v. 27, n. 21, p. 400-418, maio 1979. p. 412.

[49] Cf. DIAS, Maria Berenice. Sociedade de afeto. *Portal Jurídico Investidura*, Florianópolis, 15 dez. 2004. p. 1. Disponível em: investidura.com.br/biblioteca-juridica/artigos/direito-civil/2072-sociedade-de-afeto. Acesso em: 27 mar. 2020.

[50] *Id. Manual de direito das famílias*. 4. ed. São Paulo: Revista dos Tribunais, 2016. p. 84-85.

[51] *Ibid.*, p. 85-86.

c) igualdade com relação à filiação (art. 1.596, CC);
d) irrevogabilidade da perfilhação (art. 1.604, CC);
e) abordagem do casamento e de sua correspondente dissolução, atribuindo-se primazia a questões pessoais em detrimento das patrimoniais.

Contudo, não há nenhuma menção à afetividade como princípio ou valor tanto na exposição de motivos do Código Civil de 2002 como em trabalhos acadêmicos dos membros que compuseram a Comissão de Reforma do Código Civil de 1916. Trata-se, portanto, de uma interpretação não autêntica, porquanto não adotada durante os trabalhos legislativos.

Não se quer com isso dizer que o legislador, ao formular as novas regras do Código, não tenha podido considerar os laços afetivos ao cuidar de questões pertinentes ao Direito de Família. Mas – isto sim é possível e razoável – pode-se concluir que não houve intenção de colocar a afetividade em seu centro, nem de alçá-la a vetor interpretativo.

Evidentemente, *um princípio não pode ser considerado central e implícito ao mesmo tempo.* O que se pretende revestir de centralidade ou essencialidade é inequivocamente expresso. Assim o fez o codificador, a título exemplificativo, ao fixar autênticas cláusulas gerais que permeiam o Direito Civil, como a função social dos contratos, a boa-fé objetiva e a vedação ao enriquecimento sem causa.

Quanto à afetividade, havia instrumentos e boa técnica para atribuir-lhe contornos de crucialidade com relação às regras de Direito de Família, fosse esse o desejo do Parlamento, por meio dos redatores do anteprojeto e da aprovação de seus membros. A toda evidência, esse desejo não existiu e ainda que houvesse existido, o fato é que não se concretizou.

Equivocadamente, Maria Berenice Dias afirma que o termo *affectio societatis* poderia ser utilizado no Direito de Família, apresentando a noção de afeição entre duas pessoas para formar uma nova sociedade, qual seja, a família[52]. *Affectio*, contudo, não diz respeito a afeição, mas a afecção. Tratava-se de uma vontade duradoura, houvesse sentimento ou não.[53]

[52] DIAS, Maria Berenice. *Manual de direito das famílias*. 4. ed. São Paulo: Revista dos Tribunais, 2016. p. 84.

[53] Cf. MARCHI, Eduardo C. Silveira Vita. Matrimônio moderno e matrimônio romano clássico – divórcio e "soneto de fidelidade". *In*: TAVARES DA SILVA, Regina Beatriz; BASSET,

A imprecisão conceitual em tela faz parte de um contexto bastante mais amplo – e com muitos outros protagonistas – por meio do qual se procura definir a noção de afetividade – ou apenas tecer comentários a respeito – e lhe atribuir contornos jurídicos, identificando-se, a partir do resultado desse intento, mais traços de divergência do que de similitude em todas essas tentativas. Passa-se à transcrição de algumas referências doutrinárias a título eminentemente exemplificativo:

a) "A palavra afeto dá a ideia de sentimento de carinho com o próximo. Sua importância ocorre pela vinculação do seu significado à expectativa de família. Por conta dessa crescente importância, passamos a encontrar valoração jurídica a essa palavra [...]. Com a constatação que a afetividade é parte integrante da estrutura familiar, por mais que, às vezes, venha a ser um termo subjetivo, percebe-se a evolução da compreensão de nicho familiar e a forma como se forma."[54];
b) "Na relação entre cônjuges e entre companheiros o princípio da afetividade incide enquanto houver afetividade real, pois esta é pressuposto da convivência. Até mesmo a afetividade real, sob o ponto de vista do direito, tem conteúdo conceptual mais estrito (o que une as pessoas com objetivo de constituição de família) do que o empregado nas ciências da psique, na filosofia, nas ciências sociais [...]"[55];
c) "Amálgama essencial das relações intersubjetivas familiares, desde sempre, quaisquer que sejam as formações culturais humanas, servindo como elemento coerentizador primordial do princípio da dignidade

Ursula Cristina (coord.). *Família e pessoa*: uma questão de princípios. São Paulo: YK, 2018. p. 325. "Tal *affectio* (e seus sinônimos nas fontes: *consensus, mens coentium* etc.) indicava, pois, mais especificamente, uma vontade duradoura, não momentânea, vale dizer, um constante estado de ânimo em relação à manutenção do matrimônio. Nesse aspecto, a palavra *affectio*, ao invés de significar "afeição", corresponderia, mais propriamente – em comparação com as atuais línguas neolatinas como o português – a "afecção". É o vocábulo hoje a indicar "estado de enfermidade" ou "processo constante de uma doença", vale dizer, uma situação que perdura. O significado sentimental de *affectio* como "afeição", nada mais é, na vida dessa palavra, do que um derivativo secundário daquele outro sentido psíquico, originário e principal, de uma vontade duradoura – análogo ao de "afecção"."

54 HEMPRICH, Mariana Campolina Silva e. O rompimento do afeto. *Revista de Direito de Família e das Sucessões*, São Paulo, v. 3, n. 7, p. 63-76, jan./mar. 2016. p. 7-8.

55 LÔBO, Paulo. *Direito civil: famílias*. 4. ed. São Paulo: Saraiva, 2011. p. 71.

da pessoa humana [...] Nesse diapasão caminha o direito de família moderno, sem jamais banalizar a família, estabelecendo a premissa de que a família é um núcleo socioafetivo moldado pela afetividade [...]"[56];

d) "Todo o moderno Direito de Família gira em torno do princípio da afetividade. Não nos propomos, com isso, a tentar definir o amor, pois tal tarefa afigurar-se-ia impossível a qualquer estudioso, filósofo ou cientista [...] O fato é que o amor – a afetividade – tem muitas faces e aspectos e, nessa multifária complexidade, temos apenas a certeza de que se trata de uma força elementar, propulsora de todas as nossas relações de vida [...] Aliás, como já dissemos antes, o próprio conceito de família, elemento-chave de nossa investigação científica, deriva – e encontra a sua raiz ôntica – da própria afetividade."[57]

Não há dúvidas de que o rol exemplificativo acima delineado é consentâneo com a afirmação de que "[...] a família, na atualidade, não se justifica sem a existência do afeto, pois é o elemento formador e estruturador das entidades familiares."[58]

Não fosse suficiente a heterogeneidade das definições, no ano de 2022 foi lançada a obra "Teoria Geral do Afeto", em que os autores pretendem "contribuir para o seu preciso enquadramento, a partir das teorias explicativas dos princípios e das regras, para ultrapassar a mera exaltação retórica de sua aplicabilidade no Direito das Famílias".[59] Logo no primeiro capítulo, há um tópico intitulado "Afeto, afetividade e amor nas relações jurídicas como centro gravitacional do Direito das Famílias".

[56] HOGEMANN, Edna Raquel. O direito personalíssimo à relação familiar à luz do princípio da afetividade. *Espaço Jurídico Journal of Law*, Joaçaba, v. 16, n. 1, p. 89-106, jan./jun. 2015. Disponível em: https://periodicos.unoesc.edu.br/espacojuridico/article/view/2363. Acesso em: 3 jun. 2020. p. 100-101.

[57] GAGLIANO, Palbo Stolze; PAMPLONA FILHO, Rodolfo. *Manual de direito* civil: volume único. 4. ed. São Paulo: Saraiva Educação, 2020. p. 4.765-4.766 (versão *epub*).

[58] PESSANHA, Jackelline Fraga. *A afetividade como princípio fundamental para a estruturação familiar.* Disponível em: http://www.ibdfam.org.br/_img/artigos/Afetividade%2019_12_2011.pdf. Acesso em: 15 jun. 2020. p. 2.

[59] Cf. FARIAS, Cristiano Chaves de; ROSA, Conrado Paulino da. *Teoria geral do afeto.* Salvador: JusPodivm, 2022.

Também os Tribunais passaram a acolher, em grande medida, as formulações doutrinárias a respeito da afetividade, em amplitude maior do que aquela a que se dispõe a enfrentar o presente trabalho, circunscrito, como já se ressalvou, à sua consideração para fins de formação e manutenção de uniões.

Também à guisa de exemplo, o Recurso Extraordinário n° 898.060/SC, relatado pelo Min. Luiz Fux, o qual, apesar de ter discutido a possibilidade de reconhecimento da dupla paternidade (as chamadas "socioafetiva" e "biológica"), trouxe alguns apontamentos que interessam sobremaneira ao eixo principal do presente trabalho no que diz respeito às uniões.

No acórdão sob exame, assenta-se que a compreensão jurídica "cosmopolita" das famílias passa a exigir a ampliação da tutela normativa de modo a abranger todas as formas através das quais a parentalidade se torna presente, quais sejam, a presunção oriunda do casamento ou de outras hipóteses legais, a descendência biológica e, por fim, a afetividade.

Reconhece-se, como se verá na terceira parte deste estudo no que toca ao denominado Direito Civil Constitucional, que a família teria se deslocado do eixo central de seu regramento legal para o plano constitucional, demandando uma reformulação de seu tratamento jurídico com base no sobreprincípio da dignidade humana e na busca da felicidade, os quais permitiriam a superação de eventuais obstáculos legais ao desenvolvimento das famílias constituídas pelos afetos.

A exacerbação do individualismo, a ser examinada em tópico próprio ainda nesta primeira parte, é igualmente contemplada pelo aresto, afirmando-se que a eleição individual dos próprios objetivos de vida gozaria de preferência absoluta em relação a eventuais formulações legais definidoras de modelos preconcebidos, na esteira do que decidido pelo Tribunal Constitucional da Alemanha (BVerfGE 45, 187).

Em acréscimo, o direito de perseguir a própria felicidade, com as capacidades consectárias de autodeterminação, autossuficiência e liberdade de escolha dos próprios objetivos, tornaria soberanos os meios escolhidos pelos cidadãos para verem realizados os seus desejos individuais.

Já no Recurso Extraordinário 878.694/MG, de relatoria do Min. Luís Roberto Barroso, no seio do qual se decidiu pela inconstitucionalidade da diferenciação entre os regimes sucessórios dos cônjuges e dos companheiros, a fundamentação também invocou o princípio da afetividade.

"A cara da família mudou", cita referido voto, para defender a posição de que o elemento central para o moderno marco normativo-constitucional seria precisamente a configuração dos laços de afetividade, sem os quais não seria possível identificar uma visão pluralista da família, independentemente das demais características que venha a assumir.

Quanto ao objeto central daquele julgado, qual seja, o regramento da sucessão dos companheiros pelo diploma civil, menciona-se a necessidade de observar os pressupostos do modelo familiar elencados a partir do art. 226 da Carta Maior, não admitindo-se a existência de famílias de primeira e segunda categoria, "cujo elemento central deve ser a afetividade."

A jurisprudência, portanto, acima mencionada em recorte evidentemente não exaustivo, passou a valer-se do princípio da afetividade em quatro contextos precisos: a) reconhecimento de famílias atípicas; b) reconhecimento de parentesco em razão de vínculo socioafetivo, quando não há vínculo genético entre parentes em linha reta; c) dano moral em virtude do abandono de descendente por ascendente; d) concessão de guarda ou adoção aos que possuem ligação afetiva com menores. O presente trabalho, não é demais repisar, pretende ocupar-se apenas do primeiro.[60]

Nesse cenário de inexistência rumo a outro de essencialidade dos afetos na seara familiarista, é bastante razoável argumentar que a falta de uma compreensão adequada sobre o que seria próprio da família como projeto existencial e social de caráter transcendente, somada à superficialidade e sensorialidade que dominam a atmosfera da sociedade, contribuíram para o advento e o enraizamento do princípio da afetividade no Direito de Família.[61]

Vislumbra-se, portanto, a tendência a confundir a família com um genérico grupo social primário, sendo vista como a convivência entre pessoas

[60] Cf. CORREIA, Atalá. Filosofia, afetividade e Direito. *In*: TAVARES DA SILVA, Regina Beatriz; BASSET, Ursula Cristina (coord.). *Família e pessoa*: uma questão de princípios. São Paulo: YK, 2018. p. 176.

[61] Cf. PEREIRA JÚNIOR, Antonio Jorge. A família entre as modalidades convivenciais do Direito e a distinção entre ser, pensar, agir e sentir-se família. *In*: TAVARES DA SILVA, Regina Beatriz; BASSET, Ursula Cristina (coord.). *Família e pessoa*: uma questão de princípios. São Paulo: YK, 2018. p. 153.

que compartilham "sentimentos de familiaridade", traduzidos por estar ou sentir-se juntos.[62]

Como clara demonstração do que se cuida no presente tópico, foi apresentado o Projeto de Lei do Senado nº 470/2013, pela ex-Senadora Lídice da Mata (PSB/BA), mais conhecido como "Estatuto das Famílias", por meio do qual se pretendeu promover mudanças substanciais no Direito de Família com esteio na centralidade da afetividade. O art. 3º do texto original, por exemplo, pretendia estatuir que "é protegida a família em qualquer de suas modalidades e as pessoas que a integram."

Segundo a proposição normativa, a Constituição Federal de 1988 teria operado uma verdadeira "revolução copernicana", apresentando um paradigma familiar completamente remodelado, fundado na comunhão de vida e tendo por base, entre outros elementos, a afetividade e a liberdade de constituição.

O projeto em tela nada mais é do que a atribuição de *status* jurídico de família como um produto *on demand*, em um contexto particularmente individualista em que se exige do legislador que contemple as mais diversas situações fáticas, mesmo que não compartilhem os elementos centrais das outras entidades já reconhecidas, a exemplo da configuração como unidade constitutiva da sociedade.[63]

Nesse contexto de ampla e quase uníssona defesa da incorporação da afetividade ao discurso jurídico no Direito de Família, importantes vozes têm alertado para os problemas oriundos da apreensão de uma noção notadamente exógena. Para uma das principais, a juridicização do amor importaria em três grandes consequências[64]:

[62] Cf. FERNANDES, André Gonçalves. Família e sua dimensão personalizante primordial. *In*: TAVARES DA SILVA, Regina Beatriz; BASSET, Ursula Cristina (coord.). *Família e pessoa*: uma questão de princípios. São Paulo: YK, 2018. p. 114.

[63] Cf. PEREIRA JÚNIOR, Antonio Jorge. Da afetividade à efetividade do amor nas relações de família. *In*: DIAS, Maria Berenice; BASTOS, Eliene Ferreira; MORAES, Naime Márcio Martins (coord.). *Afeto e estruturas familiares*. Belo Horizonte: Del Rey, 2009. p. 73.

[64] RODRIGUES JUNIOR, Otavio Luiz. Amor e direito civil: normatividade, direito e amor. *In*: TAVARES DA SILVA, Regina Beatriz; BASSET, Ursula Cristina (coord.). *Família e pessoa*: uma questão de princípios. São Paulo: YK, 2018. p. 545.

a) conversão do amor em um conceito ou valor jurídico;
b) criação de deveres jurídicos baseados no amor, tornando o ato de amar suscetível de controle judicial;
c) extração de consequências jurídicas da ausência de amor em uma relação, tanto negociais (ex: pactos antenupciais ou contratos familiaristas) como delituais (ex: condenação em danos morais por ausência de amor em uma dada relação intersubjetiva).

O efeito nocivo das consequências em questão – apenas enunciado a essa altura – será amplamente abordado ao longo do presente estudo.

1.2.2 Narrativa *versus* realidade: a afetividade e os tomates italianos

O modo como parte da doutrina conseguiu – com notável sucesso, diga-se – transformar uma ideia não contemplada pelo constituinte e pelo legislador em princípio central do Direito de Família e alegadamente implícito na Constituição Federal merece algumas breves notas.

Como terá sido possível que um princípio que veicula noção absolutamente extrajurídica, sem qualquer lastro normativo ou semelhante utilização em países dos quais o Brasil tradicionalmente recebe influência no Direito Privado, tenha sido alçado à posição que hodiernamente ocupa?

Convém ratificar que a pretensão dessa parcela de familiaristas não foi a de revestir a afetividade da característica de acessoriedade. Ao contrário, pretenderam posicioná-la com traços de essencialidade, como se fosse possível afirmar que sem ela a província civilista sob exame seria destituída de seu próprio sentido.

Na visão desses doutrinadores, a história do Direito de Família brasileiro seria, portanto, separada em duas grandes fases, elegendo-se como parâmetro de divisão a afetividade, cuja pretensa relevância seria capaz de finalmente distanciar essa seara do Direito Civil, entre outros valores, de um antiquado e antipersonalista patrimonialismo.

Não pretendemos dizer que o período anterior à emergência da afetividade, em especial na vigência das Constituições anteriores, tenha sido perfeito ou isento de erros ou necessidades de melhoria. Como já se ressaltou, aliás, a promulgação da Constituição de 1988 trouxe notáveis avanços.

Contudo, o fato de se reconhecer os aperfeiçoamentos promovidos pela Carta Maior não implica, *ipso facto*, em concordância quanto aos contornos atribuídos à afetividade e ao modo como foi elevada e superestimada por setores da doutrina e por muitos julgadores.

O processo de enaltecimento e supervalorização dos afetos ocorreu de modo bastante peculiar. Se é certo que só se vê a ilha quando se está fora dela, convém fazer um breve excurso, com pequenos retornos à jornada principal, para que se tenha dimensão de como determinadas ideias passam a gozar de credibilidade, mesmo apartadas de rigor científico.

Em seu *Scienza e sentimento*, Antonio Pascale questiona – e procura responder à pergunta que formula – o porquê de homens e mulheres reconhecidos como intelectuais em seus meios tenderem a simplificar, com uso excessivo de adjetivos, superlativos e paralelismos, problemas notadamente complexos.

Parte-se, para tanto, de um caso aparentemente banal, qual seja, a coluna de um conhecido crítico literário do jornal *La Repubblica*, Pietro Citati, em que escrevia que os tomates produzidos atualmente não seriam mais como aqueles de outrora.[65]

A transformação de questões sérias em símbolos de fácil leitura, mediante emprego de hipérboles, metáforas e demais recursos retóricos é revestida de aparente segurança, reforçada também pela criação de categorias antagônicas como forma de separar com clareza o que se propõe daquilo que se rechaça.

Os defensores da afetividade como elemento central no novo Direito de Família tratam o período anterior como patrimonialista, preocupado apenas em cuidar de questões econômicas no seio familiar, ao passo que a sua concepção atual prestigiaria os anseios individuais, *repersonalizando* essa seara através do princípio da dignidade da pessoa humana.[66]

Todavia, como se examinará na terceira parte do trabalho, a simplificação comparativa entre patrimonialismo e repersonalização é demasiadamente frágil, podendo mesmo ser refutada empiricamente pelo grande aumento de demandas judiciais com conteúdo econômico fundadas precisamente na afetividade.

65 Cf. PASCALE, Antonio. *Scienza e sentimento*. Torino: Giulio Einaudi editore, 2008. p. 3-5.

66 Cf. PEREIRA, Caio Mário da Silva. *Instituições de direito civil*. 25. ed. rev. atual. e ampl. Atualizado por Tânia da Silva Pereira. Rio de Janeiro: Forense, 2017. v. 5: Direito de família. p. 6-7.

A utilização dos recursos retóricos em questão aponta para um objetivo principal: promover a felicidade dos membros de uma família[67]. Ora, quem poderia sustentar o contrário? É evidente que se trata de um legítimo objetivo a ser perseguido. Contudo, a reiteração de que a consideração da afetividade está a serviço da felicidade dos indivíduos[68], ao tornar o discurso verdadeiramente atraente, dificulta a atuação dos que pretendam opor-lhe obstáculos científicos.

A receptividade do discurso é ainda fortalecida ao colocar-se o atual estágio do Direito de Família como a *idade de ouro* dessa província, renegando todo o passado a uma breve nota histórica e sem contributos, como se atualmente não houvesse males sociais advindos de uma altíssima quantidade de divórcios, em prejuízo dos ex-cônjuges e de seus filhos. Trata-se de uma espécie de narrativa que tem poucas chances de êxito no campo científico.[69]

A simplificação operada por parte da doutrina é reforçada também pela juridicização de um conceito inegavelmente extrajurídico, pertencente a campos como os da filosofia, psicologia e antropologia, sem qualquer consenso e uniformidade. Se o estudo da afetividade, mesmo naquelas searas, é exigente em razão da sua complexidade e subjetividade, sua incorporação ao mundo jurídico, em menoscabo dessa realidade, importa – repise-se – em temerária simplificação.

Nesse sentido, a afirmação de que "onde há afetos, há família" é reveladora precisamente da evidente simplificação de que se está a cuidar, deixando de refletir a complexidade de um fenômeno que envolve sentimentos personalíssimos, subjetivos, não enquadráveis em racionalizações ou categorizações.[70]

Por essa razão, toda tentativa de simplificação, renunciando-se, por quaisquer motivos, a um esforço integrado e interdisciplinar de investigação da afetividade, também no interior da própria civilística, conduz a um

[67] O termo "felicidade" é mencionado duas dezenas de vezes no manual de uma das principais entusiastas da centralidade da afetividade. Cf. DIAS, Maria Berenice. *Manual de direito das famílias*. 4. ed. São Paulo: Revista dos Tribunais, 2016.

[68] O problema que a felicidade individual coloca face à felicidade da família considerada em conjunto será abordado no próximo capítulo.

[69] Cf. PASCALE, Antonio. *Scienza e sentimento*. Torino: Giulio Einaudi editore, 2008. p. 46.

[70] Cf. CORREIA, Atalá. Filosofia, afetividade e direito. *In*: TAVARES DA SILVA, Regina Beatriz; BASSET, Ursula Cristina (coord.). *Família e pessoa*: uma questão de princípios. São Paulo: YK, 2018. p. 177-178.

empobrecimento da discussão, com conclusões naturalmente passíveis de questionamentos objetivos.[71]

A generalização desprovida do método e do rigor próprios da pesquisa científica, como se procurará demonstrar ao longo do trabalho, enseja justas críticas. Nesse sentido, com qual fundamento se diz que todos os tomates de antigamente eram melhores que os de hoje? Houve mudança no modo de produção? Passou-se a empregar insumos que retiraram o sabor original? De igual modo, sob qual justificativa se pode dizer que *todas* as uniões em que esteja presente o afeto devem ser reconhecidas como objeto de proteção estatal? Haverá em algumas delas afronta ao bem comum e aos seus próprios membros? Os parâmetros constitucionais e legais seriam obedecidos em um cenário como esse?

Se a afetividade, com uma ampla variedade de acepções, quanto mais com *status* principiológico, tudo pretende justificar, por consequência nada representa. O rei está nu, e é preciso que haja uma criança corajosa para dizê-lo.[72]

A disciplina científica, nesse contexto, é exigente e recomenda o teste das hipóteses apresentadas. Se a afetividade fundamenta qualquer tipo de união, o que se dirá a respeito de grupos de amigos, membros de comunidades religiosas, relações incestuosas e extraconjugais? Não há sequer indícios de que toda essa gama de realidade tenha sido colocada à prova pelos que se filiam à corrente que superestima a afetividade.

A expressão "afetividade", aliás, reveste-se de grande poder argumentativo se analisada em seu sentido unicamente positivo, como pretende a corrente majoritária em questão, indicando-a como o caminho para se alcançar a felicidade.

Dito de outro modo, a afetividade é excelente companheira de qualquer argumento retórico, mesmo que revestido de caráter jurídico. Cercar-se do "amor" ou de sentimentos congêneres acaba por representar um salvo-conduto contra refutações puramente técnicas, de modo semelhante ao que parece

[71] Cf. PASCALE, Antonio. *Scienza e sentimento*. Torino: Giulio Einaudi editore, 2008. p. 65.

[72] Cf. RODRIGUES JUNIOR, Otavio Luiz. Estatuto epistemológico do direito civil contemporâneo na tradição de civil law em face do neoconstitucionalismo e dos princípios, *Mertitum*, Belo Horizonte, v. 5, n. 2, p. 1352, jul./dez. 2010. Disponível em: http://www.fumec.br/revistas/meritum/article/view/1054. Acesso em: 4 jun. 2020. p. 61.

suceder com a "dignidade da pessoa humana", de que se ocupará na terceira parte do presente trabalho. [73]

Se é necessário apresentar razões concretas e convincentes para demonstrar que os tomates italianos dos tempos que correm são bastante inferiores aos que se produziam em outras épocas, quanto mais não se revela imprescindível, no campo científico, cuidar de expor com clareza e fundamentos sólidos o porquê de a afetividade ter se tornado, como se alega, o eixo central do moderno Direito de Família.

1.2.3 A constituição de 1988: um novo direito de família?

A Constituição Federal promulgada em 1988 destinou, dentro do Título VIII ("Da ordem social"), o Capítulo VIII para tratar especificamente da família, da criança, do adolescente e do idoso. Pouco mais de vinte anos após a sua entrada em vigor, o título foi modificado por meio da Emenda Constitucional nº 65/10, passando a contar expressamente com o termo "jovem".

O tratamento da família e de seus componentes, partindo-se da Constituição de 1891 e avançando-se quase um século até a atual Carta, traduz uma significativa ampliação de escopo, deixando de haver uma singela menção ao casamento civil, na Constituição do final do século XIX, para passar a cuidar de diversos direitos e deveres de inegável importância.[74]

A Constituição em vigor, como já se antecipou, passou a reconhecer a especial proteção do Estado, disposta no *caput* do art. 226, não só à família oriunda do casamento, mas também àquela que decorre das uniões estáveis (§ 3º), à monoparental (composta por qualquer dos pais e seus descendentes – § 4º) e à adotiva (art. 227, § 6º).

A união estável, como se aprofundará no tópico seguinte, passa a ser objeto de atenção do Constituinte, sendo brevemente enunciada no parágrafo

[73] Cf. RODRIGUES JUNIOR, Otavio Luiz. Amor e direito civil: normatividade, direito e amor. *In*: TAVARES DA SILVA, Regina Beatriz; BASSET, Ursula Cristina (coord.). *Família e pessoa*: uma questão de princípios. São Paulo: YK, 2018. p. 553.

[74] Cf. MENDES, Gilmar Ferreira; STRECK, Lenio Luiz; SARLET, Ingo Wolfgang; LEONCY, Léo Ferreira; CANOTILHO, J. J. Gomes. *Comentários à Constituição do Brasil*. São Paulo: Saraiva: Almedina, 2013. Páginas do Kindle 127480-127481.

acima mencionado, vindo a ser regulamentada posteriormente por normas infraconstitucionais.

Quanto à sociedade conjugal, cujos traços principais já foram objeto de exame no presente capítulo, de modo inequivocamente acertado, o § 5° do art. 226 passou a prever que é exercida igualmente pelo homem e pela mulher, gozando ambos dos mesmos direitos e deveres.

Outra novidade inaugurada pela Constituição de 1988 diz respeito ao planejamento familiar como objeto de livre decisão do casal, amparado nos princípios da dignidade da pessoa humana e da paternidade responsável, cabendo ao Estado fornecer os recursos educacionais e científicos para o exercício do direito em questão, proibindo-se qualquer espécie de coerção por parte de instituições oficiais ou privadas.

Há autores que classificam as mudanças operadas na Carta como uma "primeira e grande revolução no Direito de Família brasileiro", composta por três eixos, a saber: a) a pluralidade familiar, com várias formas de constituição; b) a igualdade na filiação e; c) a consagração da igualdade entre homens e mulheres. Entretanto, quanto ao primeiro eixo, afirma-se que a Constituição teria "virado as costas" para os diferentes arranjos familiares, ao apresentar modelo superado que abarcaria apenas as famílias matrimoniais, formadas por união estável e monoparentais.[75]

Na mesma linha, Paulo Lôbo sustenta que o "modelo igualitário da família constitucionalizada contemporânea" seria oposto ao modelo autoritário do Código Civil de 1916. Os fundamentos dos arts. 226 a 230 da Constituição, responsáveis por uma "imensa mudança reputada paradigmática", seriam o consenso, a solidariedade e o respeito à dignidade humana. Os traços principais do Direito de Família, por força da Constituição, seriam os seguintes: [76]

a) a proteção do Estado alcança qualquer entidade familiar, sem restrições;
b) a família, entendida como entidade, assume claramente a posição de sujeito de direitos e obrigações;

[75] Cf. MADALENO, Rolf. *Curso de direito de família*. 8. ed. rev. atual. e ampl. Rio de Janeiro: Forense, 2018. p. 43-44.

[76] Cf. LÔBO, Paulo. *Direito civil:* famílias. 4. ed. São Paulo: Saraiva, 2011. p. 33-36.

c) os interesses das pessoas humanas, integrantes da família, recebem primazia sobre os interesses patrimonializantes;
d) a natureza socioafetiva da filiação torna-se gênero, abrangente das espécies biológica e não biológica;
e) consuma-se a igualdade entre os gêneros e entre os filhos;
f) reafirma-se a liberdade de constituir, manter e extinguir entidade familiar e a liberdade de planejamento familiar, sem imposição estatal;
g) a família configura-se no espaço de realização pessoal e da dignidade humana de seus membros.

Tornou-se recorrente, também na maioria dos manuais de Direito Civil, afirmar que as disposições constitucionais sobre questões familiaristas redundaram na despatrimonialização, descodificação e publicização dessa província civilista.[77] A propósito, como é amplamente conhecido, o contexto em que se inserem é de forte influência da corrente do Direito Civil Constitucional, cujos contornos principais serão estudados adiante.

Um exame detido sobre o (des)acerto do diagnóstico realizado por ampla maioria da doutrina será feito na terceira parte do presente trabalho, em que se terá ocasião de tratar do tema com a profundidade necessária e já – àquela altura – com a contribuição dos estudos realizados na primeira e segunda partes.

1.2.4 A união estável como projeto de vida

Realidade antes ignorada pelo ordenamento brasileiro, a união no plano dos fatos entre duas pessoas não impedidas de se casar e de sexos diferentes passou a ser objeto de disciplina constitucional e, posteriormente, de regramento infraconstitucional, alcançando o próprio Código Civil.

O art. 226, § 3° da Constituição Federal inaugurou uma previsão ausente nas Cartas anteriores de que, para efeito de proteção estatal, reconhece-se a

[77] Cf. PEREIRA, Caio Mário da Silva. *Instituições de direito civil*. 25. ed. rev. atual. e ampl. Atualizado por Tânia da Silva Pereira. Rio de Janeiro: Forense, 2017. v. 5: Direito de família. p. 4-7. Note-se que a obra citada, apesar de mencionar as "novas" características dessa seara, não deixa de analisá-las criticamente, especialmente com relação à publicização, devidamente refutada.

denominada união estável entre o homem e a mulher como entidade familiar, acrescentando-se que a lei deve facilitar a sua conversão em casamento.

Convém, entretanto, ressaltar que, antes disso, em 1964 abriu-se caminho, ainda que tímido, para o ulterior reconhecimento das uniões estáveis, através da edição da Súmula 380 pelo Supremo Tribunal Federal, em razão da qual, comprovada a existência de sociedade de fato entre os concubinos, seria cabível a sua dissolução judicial, com a consequente partilha do patrimônio adquirido pelo esforço comum.

Pouco mais de meia década após a promulgação da Constituição Federal de 1988, foi editada a Lei nº 8.971/94 com o fito de regular os direitos dos companheiros a alimentos e à sucessão. Ainda no primeiro mandato do governo Fernando Henrique Cardoso, foi sancionada a Lei nº 9.278/96, que pretendeu regular o § 3º do art. 226 da Carta Maior, estabelecendo logo em seu primeiro artigo o conceito de união estável, apresentada como a convivência duradoura, pública e contínua entre um homem e uma mulher, com o objetivo de constituição de família.

A incorporação da união estável ao rol de entidades familiares constitucionalmente albergadas não se deu sem dificuldades, por se tratar de uma constatação fática com questionável possibilidade de apreensão jurídica. Ao situar-se entre o concubinato – os concubinos, ao contrário dos conviventes são impedidos de casar – e o casamento, os companheiros procuram justamente gozar de ampla liberdade na constituição e dissolução do vínculo informal, rejeitando tanto quanto possível a incidência de normas jurídicas.[78]

Apesar de os companheiros intentarem fugir da normatização, o Direito foi convocado a oferecer uma disciplina minimamente suficiente para disciplinar a união de fato. Com esse objetivo, socorreu-se das normas relativas ao casamento à falta de uma categoria própria. Evidentemente, não há encaixe perfeito das regras matrimoniais às convivenciais, conduzindo o legislador a fazer prudentes ressalvas, como a que se refere ao regime da comunhão parcial de bens, adotado, "no que couber", às uniões estáveis.

[78] Cf. LEITE, Eduardo de Oliveira. *Estudos de direito de família e pareceres de direito civil*: em homenagem à Dra. Regina Bilac Pinto, a "grande dama da editoração jurídica brasileira". Rio de Janeiro: Forense, 2011. p. 275-277.

Referida disciplina, contudo, não pretendeu consagrar a convivência de duas pessoas como união regular concorrente com o casamento. O que se desejou, mediante a atribuição de efeitos jurídicos a situações de fato, foi exigir responsabilidade e conferir segurança aos conviventes. Especialmente em termos patrimoniais, o legislador não poderia deixar os efeitos da dissolução à própria sorte dos ex-companheiros, caso não houvesse acordo entre ambos.[79]

A esse respeito, não se pode silenciar quanto à inequívoca diferença entre o casamento e a união estável. Há notável desigualdade quanto ao grau de compromisso, consubstanciado na intenção ou não de viver como pessoas casadas, como também com relação à diferença de sentido, já que o casamento é necessariamente um ato solene e a cujo início dá-se publicidade. Apesar de demonstrar a intenção de convivência *more uxorio*, a união estável seria uma espécie menor da realidade maior "entidades familiares." Por fim, são objeto de conversão realidade diferentes, nunca iguais. De outro modo, o constituinte não teria cuidado da conversão de união estável em casamento, tal como prevê o art. 226, § 3° da Carta Maior. [80]

As Cortes Superiores, de modo equivocado em nosso sentir, têm proferido importantes decisões no sentido da equiparação entre ambos. É o que se infere, a título exemplificativo, do Recurso Extraordinário n° 878.694/MG, relatado pelo Min. Luís Roberto Barroso, em que se definiu a tese de que, no sistema constitucional vigente, é inconstitucional a distinção de regimes sucessórios entre cônjuges e companheiros, devendo ser aplicado nos dois casos o regime fixado pelo art. 1.829 do Código Civil.

Muito embora se cuide de situação fática que não exige formalização, tem-se tornado cada vez mais frequente a confecção de instrumento público ou particular, levado ou não a registro no Cartório de Títulos e Documentos, em que geralmente é fixada a data de início da união e o regime de bens aplicável.[81]

Nos casos em que não se deseja celebrar contrato de convivência, é somente após o rompimento da união que o Direito é chamado a se manifestar. A lei

[79] *Ibid.*, p. 278.

[80] LEITE, Eduardo de Oliveira. *Estudos de direito de família e pareceres de direito civil*: em homenagem à Dra. Regina Bilac Pinto, a "grande dama da editoração jurídica brasileira". Rio de Janeiro: Forense, 2011. p. 279-285.

[81] Cf. NADER, Paulo. *Curso de direito civil*. Rio de Janeiro: Forense, 2016. v. 5: Direito de família. p. 781-782.

era antes dispensável pelos conviventes e a união prosseguia seu curso normal. Com o término, torna-se imprescindível a incidência das normas jurídicas, especialmente quando não há consenso a respeito da partilha do patrimônio amealhado, de alimentos e da guarda dos filhos.

No Código Civil de 2002, a união estável encontra-se disciplinada nos arts. 1.723 a 1.727. O primeiro dispositivo reproduz, ainda que com breves ajustes redacionais, o teor do art. 1° da Lei n° 9.278/96, deixando de elencar, por exemplo, requisito temporal como o fixado pela Lei n° 8.971/94.[82]

Apesar da natureza de união de fato, o atual diploma civil, com o aludido fito de exortar à responsabilidade os conviventes, elencou os deveres dos companheiros por meio do art. 1.724, em que figuram os de lealdade, respeito, assistência, além de guarda, sustento e educação dos filhos.

Note-se que o legislador preferiu não contemplar o requisito da habitação comum para a configuração de união estável. Nesse sentido, a Súmula n° 382 do STF já dispunha que a vida em comum sob o mesmo teto, *more uxorio*, não é indispensável à caracterização do concubinato.[83]

Importantes disposições foram consignadas no breve regramento constante do diploma civil, a exemplo da incidência dos impedimentos matrimoniais[84] para a constituição da união estável, a instituição de deveres dos conviventes, em grande parte semelhantes aos dos cônjuges[85], a fixação do regime legal como o de comunhão parcial de bens e a importante ressalva de que as relações não eventuais entre o homem e a mulher que estejam impedidos de casar constituem concubinato.

[82] Art. 1º A companheira comprovada de um homem solteiro, separado judicialmente, divorciado ou viúvo, que com ele viva há mais de cinco anos, ou dele tenha prole, poderá valer-se do disposto na Lei nº 5.478, de 25 de julho de 1968, enquanto não constituir nova união e desde que prove a necessidade. Parágrafo único. Igual direito e nas mesmas condições é reconhecido ao companheiro de mulher solteira, separada judicialmente, divorciada ou viúva.

[83] Apesar de fazer referência ao concubinato, realidade que atualmente se diferencia da união estável, a Súmula é aplicável a esta última. Discorda-se, nesse ponto, pelas razões que serão apresentadas na segunda parte do presente trabalho, da afirmação de que o concubinato seria um instituto sem utilidade. Cf. DIAS, Maria Berenice. Concubinato, um instituto que já morreu. *Revista Consultor Jurídico*, São Paulo, 18 nov. 2020. Disponível em: https://www.conjur.com.br/2020-nov-18/dias-concubinato-instituto-morreu. Acesso em: 25 mar. 2021.

[84] O mesmo não se diga a respeito das causas suspensivas do art. 1.523, que não têm o condão de impedir a caracterização da união estável.

[85] Substituiu-se o dever de fidelidade entre os casados pelo de lealdade entre os companheiros.

Apesar de a redação dos dispositivos constitucionais e legais em matéria de união estável mencionar a necessidade de diversidade de sexos para a sua constituição, em julgamento conjunto da ADI nº 4.277 e da ADPF nº 132, com relatoria do Min. Ayres Britto, conferiu-se interpretação conforme a Constituição Federal para excluir qualquer significado do art. 1.723 do Código Civil que obste o reconhecimento da união entre pessoas do mesmo sexo como entidade familiar.

O fato é que a união estável tornou-se o meio para realizar o projeto de vida de muitos que, como já se disse, não querem se submeter às formalidades e ao grau de exigência e compromisso próprios ao casamento.

É precisamente nesse contexto, deixando o matrimônio de gozar do monopólio legal de outrora e passando a dividir o protagonismo com a união estável, em que novas formas de uniões passam a ser reclamadas por alguns setores da sociedade e mesmo da doutrina, elegendo-se a afetividade como justificativa para sua incorporação ao universo jurídico.

2. A ADEQUADA COMPREENSÃO DA AFETIVIDADE

2.1 A noção de afetividade

O amor humano, de que a afetividade é uma pequena parte, tem sido há muito objeto de interesse na filosofia. Da Baixa Idade Média até o Renascimento, era comumente tratado a partir de três questões, quais sejam, a sua essência (afirmação comprazida que o amante faz do amado), sua causa (índole boa do amado) e seus efeitos (a saída de si – êxtase – e a união com o amado).[86]

O destino do amor, tanto extático como unitivo, é traduzido pela sua própria origem etimológica, derivando de expressões gregas que significam "semelhante" (os que amam são semelhantes), "desejar ardentemente" (amar é querer intensamente) e "conectar" (é próprio do amor unir os que se amam).[87]

O amor se faz presente tanto no apetite sensitivo como no intelectivo. Quando se encontra no sensitivo, seara em que se insere a afetividade, comporta as paixões e pode-se chamar amor em sentido próprio, ao passo que o que se insere no intelectivo chama-se dileção *(dilectio)*, por compreender uma escolha própria desse campo.[88]

Nessa esteira, o ser humano, enquanto ente em busca permanente, aspira, pretende, move-se à consecução de algo, de modo que do seu ser brotam inúmeras tendências, as quais emitem uma resposta causada pela repercussão de

[86] Cf. CRUZ CRUZ, Juan. *O êxtase da intimidade*: ontologia do amor humano em Tomás de Aquino. Traduzido por Carlos Nougué. Rio de Janeiro: Sétimo Selo, 2011. p. 1.
[87] *Ibid.*, p. 2.
[88] *Ibid.*, p. 5.

um agente externo ao sujeito, sendo o afeto justamente um ato ou movimento da tendência.[89]

Um aspecto importante acerca dos afetos e cujo significado é extraído diretamente do próprio termo é a sua passividade, ou seja, apesar da vontade e da liberdade do indivíduo, este é *afetado* pelos sentimentos. Dito de outro modo, não pode criar artificialmente os afetos. Experimenta-os e pode confirmá-los ou refutá-los, mas não originá-los.[90]

A afetividade, portanto, é a faculdade psíquica pela qual as vivências afetam o indivíduo, entendidas estas como experiências conscientes, originadas em atos da percepção, imaginação, memória, pensamento, desejo ou comportamento, nas quais coloca-se a atenção. Por consequência, aquilo que não é objeto da consciência não afeta o indivíduo, ou seja, não produz nenhuma reação emocional.[91]

Curiosamente, a investigação específica da afetividade – e não do amor em sentido mais amplo, como se verá em tópico próprio – como uma realidade nobre da alma humana, colaboradora para a realização da excelência humana, é recente na história da filosofia.[92]

Dietrich von Hildebrand, filósofo alemão radicado nos Estados Unidos, foi um dos grandes defensores, ao longo do século XX, da ideia de que a afetividade deve ser considerada no mesmo grau de nobreza atribuído à inteligência e à vontade, rechaçando a ideia de que seria uma realidade que apenas aproximaria os homens dos animais.[93]

Nesse contexto, o êxodo, a saída que faz o amante rumo ao amado só pode dizer respeito à afetividade no seu grau mais elevado, qual seja, o da intimidade. Não se trata de um simples sentimento, mas de uma autêntica

[89] *Ibid.*, p. 26.

[90] Cf. PEREIRA JÚNIOR, Antonio Jorge. Da afetividade à efetividade do amor nas relações de família. *In*: DIAS, Maria Berenice; BASTOS, Eliene Ferreira; MORAES, Naime Márcio Martins (coord.). *Afeto e estruturas familiares*. Belo Horizonte: Del Rey, 2009. p. 75.

[91] Cf. SARRÁIS, Fernando. *Compreender a afetividade*. São Paulo: Cultor de Livros, 2018. p. 21.

[92] Cf. PEREIRA JÚNIOR, Antonio Jorge. Da afetividade à efetividade do amor nas relações de família. *In*: DIAS, Maria Berenice; BASTOS, Eliene Ferreira; MORAES, Naime Márcio Martins (coord.). *Afeto e estruturas familiares*. Belo Horizonte: Del Rey, 2009. p. 58.

[93] Cf. HILDEBRAND, Dietrich von. *El corazón*. 6. ed. Traduzido por Juan Manuel Burgos. Madrid: Ediciones Palabra, 2009.

participação no outro. Já que o amante não pode se transformar no amado – porque deixaria de ser, existir – essa união se canaliza por meio dos afetos.[94]

Portanto, os afetos têm um papel relevante a desempenhar, o que não equivale a dizer que são o elemento central do amor ou mesmo que se confundem com este. Nesse sentido, nada mais são do que a ação ou o efeito de sentir, de experimentar sensações, uma agitação repentina do ânimo produzida por um evento que impressiona o indivíduo por meio dos sentidos, em razão de causas internas ou externas.[95]

Dentro do gênero afetividade, pode-se falar em emoções (afetos breves, intensos, reativos), sentimentos (afetos duradouros, moderados, internos) e estados de ânimo (afetos de fundo, leves e fisiológicos). Os afetos positivos são desejados, originados de algo bom e favorecem o funcionamento racional e livre da pessoa, ao passo que os negativos são padecidos, oriundos de algo mau e dificultam ou impedem referido funcionamento.[96]

Essa distinção entre afetos positivos e negativos é extremamente importante para que o indivíduo tenha condições de avaliá-los, aceitando-os ou rechaçando-os. De modo sistemático, embora não exaustivo, é possível declinar os principais afetos[97]:

[94] Cf. CRUZ CRUZ, Juan. *O êxtase da intimidade*: ontologia do amor humano em Tomás de Aquino. Traduzido por Carlos Nougué. Rio de Janeiro: Sétimo Selo, 2011. p. 50.

[95] Cf. RUBIO, Jorge del Picó. La afectividad y su relevancia en la unión civil de la pareja. *In*: TAVARES DA SILVA, Regina Beatriz; BASSET, Ursula Cristina (coord.). *Família e pessoa*: uma questão de princípios. São Paulo: YK, 2018. p. 440.

[96] Cf. SARRÁIS, Fernando. *Compreender a afetividade*. São Paulo: Cultor de Livros, 2018. p. 29.

[97] *Ibid*., p. 27.

Quadro 1 – Principais espécies de afetos

POSITIVOS	NEGATIVOS
Alegria, contentamento, entusiasmo, euforia	1. Tristeza, descontentamento, mal-estar, sofrimento
Tranquilidade, calma, paz, sossego, serenidade	2. Ansiedade, intranquilidade, agitação, inquietação
Esperança, otimismo, empolgação	3. Medo, temor, preocupação, pânico, angústia, terror
Amor, carinho, gosto, atração, admiração	4. Desespero, pessimismo, desilusão
Segurança, comodidade, conforto	5. Ódio, rejeição, desprezo, desgosto
Sentir-se útil, precioso, orgulhoso, importante	6. Repulsa, nojo, asco, despeito
Satisfação, aceitação, conformidade, agrado	7. Insegurança, incomodidade, desconforto
Confiança, sentir-se acompanhado, pleno, realizado	8. Pressa, impaciência
Surpresa positiva	9. Aborrecimento, esgotamento, tédio
	10. Sentir-se inútil, humilhado, desprezado, inferiorizado, fracassado
	11. Solidão, vazio, insatisfação
	12. Surpresa negativa, desengano, desacordo
	13. Ira, enfado, cólera, irritabilidade, frustração
	14. Dúvida, incerteza, perplexidade, depressão, desprazer
	15. Culpa, arrependimento, vergonha
	16. Ciúmes, inveja
	17. Saudade, nostalgia
	18. Pena, compaixão
	19. Suspeita, desconfiança

Evidentemente, não seria útil, para os fins a que se propõe o presente trabalho, debruçar-se sobre as noções de cada um dos afetos acima mencionados. Trata-se apenas de uma necessária constatação de que a grande variedade de suas espécies, com conotação negativa e positiva, não permite, como já se ressaltou, afirmações genéricas sobre a afetividade, como se fosse dotada de uma homogeneidade e univocidade incompatíveis com a sua verdadeira natureza.

Como se verá nos tópicos seguintes, os afetos, caso não temperados pela inteligência e pela vontade, podem criar sensações ou imaginações que estacionam em perspectiva eminentemente subjetiva, o que pode levar o indivíduo a agir de modo contrário ao seu próprio bem.[98]

A afetividade, portanto, não admite uma interpretação que a reduza a um simples fenômeno da consciência ou a um mero comportamento, sendo ambos aspectos inseparáveis de uma mesma experiência. Trata-se, em suma, de uma realidade complexa que procuraremos desvelar mais adiante.[99]

2.2 A relevante diferenciação entre afetos e amor

Tem sido frequente, sobretudo em uma sociedade permeada pelo emotivismo, conceito a ser aprofundado no próximo capítulo, uma deliberada confusão entre a percepção dos afetos, uma realidade passiva (o sujeito é *afetado*), e o amor, uma realidade ativa, ou seja, um ato típico da vontade.

A estrutura de uma relação familiar autêntica é construída através de um compromisso antes de ser uma pura relação de afeto. Nem por isso deve-se deixar de colocar os meios para que o afeto, bálsamo da entrega, possa crescer. A decisão de amar (amor como ato da vontade) gera um vínculo sólido e é intermediada pela capacidade racional de aderir a um projeto de doação de si e pela vontade de determinar-se, extrapolando a mera satisfação sensorial.[100]

98 Cf. PEREIRA JÚNIOR, Antonio Jorge. A família entre as modalidades convivenciais do Direito e a distinção entre ser, pensar, agir e sentir-se família. *In*: TAVARES DA SILVA, Regina Beatriz; BASSET, Ursula Cristina (coord.). *Família e pessoa*: uma questão de princípios. São Paulo: YK, 2018. p. 151.

99 Cf. MALO PÉ, Antonio. *Antropología de la* afectividad. Navarra: EUNSA, 2004. p. 229.

100 Cf. PEREIRA JÚNIOR, Antonio Jorge. Da afetividade à efetividade do amor nas relações de família. *In*: DIAS, Maria Berenice; BASTOS, Eliene Ferreira; MORAES, Naime Márcio Martins (coord.). *Afeto e estruturas familiares*. Belo Horizonte: Del Rey, 2009. p. 69-70.

A fragilidade das estruturas familiares está muitas vezes relacionada ao apoio exclusivo nos afetos, olvidando-se a realidade de que não se pode cobrar dos afetos mais do que podem dar, na medida em que não fornecem às uniões a força necessária para que se mantenha a adesão anteriormente manifestada. Em outras palavras, os afetos podem servir como grande estímulo para a formação e manutenção das uniões, mas definitivamente não são o seu pilar de sustentação.[101]

O amor, por sua vez, é um ato da vontade que enxerga o bem, mesmo que não haja o incentivo de sentimentos favoráveis à realização da ação. Apresenta ainda uma relação estreita com o bem na medida em que só é possível amar aquilo que é bom. Apesar de poder ser acompanhado de afetos positivos como alegria, tranquilidade, segurança, confiança e autoestima, nem sempre isso sucede, em clara demonstração de que o amor não se confunde com tais afetos.[102]

Não raro, o amor não só está desacompanhado de afetos positivos, como se vê circundado por outros de natureza inequivocamente negativa, como a tristeza, a qual surge quando se toma consciência de uma necessidade insatisfeita desse mesmo amor, na medida em que este, como se tem reiterado, está sempre relacionado a algo (material, psicológico, moral e espiritual) ou alguém bom.[103]

Se o amor é uma saída que se faz com a vontade, iluminada pela inteligência, em direção ao amado (bem real), a afetividade tanto pode caminhar no mesmo sentido (os sentimentos colaboram para o ato da vontade), como pode aparecer como verdadeiro obstáculo (os afetos desejam que a vontade não atue ou o faça de outro modo).[104]

O grande equívoco daqueles que tomam afetos e amor por sinônimos é supor que o conhecimento sensível, em que se insere a afetividade, é capaz de captar a essência de uma realidade. A razão é simples: apenas através da

[101] DIAS, Maria Berenice; BASTOS, Eliene Ferreira; MORAES, Naime Márcio Martins (coord.). *Afeto e estruturas familiares*. Belo Horizonte: Del Rey, 2009. p. 70.

[102] Cf. SARRÁIS, Fernando. *Compreender a afetividade*. São Paulo: Cultor de Livros, 2018. p. 84.

[103] *Ibid*., p. 50.

[104] Cf. CRUZ CRUZ, Juan. *O êxtase da intimidade*: ontologia do amor humano em Tomás de Aquino. Traduzido por Carlos Nougué. Rio de Janeiro: Sétimo Selo, 2011. p. 15.

inteligência se pode conhecer o que é o bem. Se os homens não dispusessem dela, seriam pobres reféns da subjetividade.[105]

Do mesmo modo que não se pode confundir o amor com os afetos, é equivocado considerar como equivalentes estes últimos e a felicidade. Por mais que seja possível experimentar esta última em forma de paz interior, alegria ou fruição do bem do amado, há diversas outras ocasiões em que se pode gozá-la desacompanhada de sentimentos.[106]

O amor de doação nem sempre se experimenta afetivamente, razão pela qual é possível inclusive falar em um amor sem afetos. Por essa breve constatação – o afeto pode ser diminuto ou vir a faltar – já se pode rechaçar a afirmação de que o sentimento seria o único critério para viver de modo autêntico.[107]

Para ilustrar a diversidade de natureza entre o amor e os afetos, pode-se apresentar interessante distinção que colabora para sua compreensão: emprega-se o verbo "gostar" para fazer referência a ato próprio da afetividade, ao passo que "amar" é um ato típico da vontade.[108]

Nesse sentido, para que se ame é preciso conhecer o ser amado, possuindo pela inteligência a forma do bem que leva a amar, fazendo com que o amante se entregue para o bem do amado. Gostar, por outro lado, implica uma autocentralidade, já que o gosto pressupõe uma experiência sensorial de algo deleitável, voltando-se o sujeito que gosta para si mesmo.[109]

Pode suceder que ambos os movimentos – gostar e amar – dirijam-se em um mesmo sentido. Contudo, o desejo de uma satisfação imediata pode com frequência obscurecer a busca de um bem mais elevado, contexto em que a ausência de ponderação quanto aos afetos experimentados pode ser altamente prejudicial ao sujeito.[110]

Ainda quanto à essa relevante dualidade entre gostar e amar, pode-se amar uma pessoa de quem não se gosta – ou se deixou de gostar – dando-se uma clara prova de que a subjetividade e a transitoriedade dos afetos não são um

[105] *Ibid.*, p. 29.

[106] Cf. MALO PÉ, Antonio. *Antropología de la afectividad*. Navarra: EUNSA, 2004. p. 213.

[107] MALO PÉ, Antonio. *Antropología de la afectividad*. Navarra: EUNSA, 2004. p. 231.

[108] Cf. PEREIRA JÚNIOR, Antonio Jorge. Da afetividade à efetividade do amor nas relações de família. *In*: DIAS, Maria Berenice; BASTOS, Eliene Ferreira; MORAES, Naime Márcio Martins (coord.). *Afeto e estruturas familiares*. Belo Horizonte: Del Rey, 2009. p. 64.

[109] *Ibid.*, p. 64.

[110] PEREIRA JÚNIOR, Antonio Jorge. *Op. cit.*, p. 64.

obstáculo intransponível para amar. Ama-se porque se quer e não em razão de tal ou qual sentimento que impele ou afasta o amante.

Ocorre que ao invés de mais pessoas alcançarem com frequência as altas exigências do amor, nota-se um rebaixamento dos padrões, produzindo um alargamento do conjunto de experiências referidas pela expressão "amor". Como exemplo, se em uma única noite duas pessoas que não se conheciam se relacionam sexualmente, diz-se que "fizeram amor".[111]

A confusão dos afetos – passageiros, fugazes, voláteis – com o autêntico amor é impulsionada pela cultura do consumismo, que oferece produtos e serviços para uso imediato, proporcionando uma satisfação instantânea, desejos sem ansiedade, esforços sem suor. Os afetos oriundos dos relacionamentos instantâneos equiparam-se, portanto, a uma relação de consumo e, consequentemente, de descarte.[112]

Nesse contexto, assim como os cartões de crédito permitem a satisfação instantânea dos desejos, nas uniões efêmeras o consumo deve ser igualmente imediato. Se as mercadorias – ou as pessoas – forem reputadas defeituosas ou não satisfatórias, podem ser trocadas por outras. O relacionamento, aliás, é considerado como um investimento que demanda dinheiro, tempo e esforços e a respeito do qual espera-se uma devolução com lucro.[113]

Em suma, quando os afetos estão dissociados do amor, ignorando-se a procura pelo bem do outro, o próprio relacionamento sexual passa a aspirar que seja autossustentável e autossuficiente, sendo avaliado exclusivamente pela satisfação que possa proporcionar por si mesmo, razão pela qual tem crescido substancialmente sua capacidade de gerar frustração.[114]

111 Cf. BAUMAN, Zygmunt. *Amor líquido*: sobre a fragilidade dos laços humanos. Traduzido por Carlos Alberto Medeiros. Rio de Janeiro: Zahar, 2004. p. 19.

112 BAUMAN, Zygmunt. *Amor líquido*: sobre a fragilidade dos laços humanos. Traduzido por Carlos Alberto Medeiros. Rio de Janeiro: Zahar, 2004. p. 21.

113 *Ibid.*, p. 27-29. "É claro. Relacionamentos são investimentos como quaisquer outros, mas será que alguma vez lhe ocorreria fazer juras de lealdade às ações que acabou de adquirir? Jurar ser fiel para sempre, nos bons e maus momentos, na riqueza e na pobreza, "até que a morte nos separe"? Nunca olhar para os lados, onde (quem sabe?) prêmios maiores podem estar acenando?" *Ibid.*, p. 29.

114 *Ibid.*, p. 63. "As íntimas conexões do sexo com o amor, a segurança, a permanência e a imortalidade via continuação da família não eram, afinal de contas, tão inúteis e constrangedoras como se imaginava, se sentia e se acusava que fossem [...]. Talvez as contradições de que a sensualidade está endemicamente tomada não tenham maiores possibilidades de

2.3 Responsabilidade *versus* sentimento de responsabilidade

Não há dúvidas de que constitui missão do jurista defender a instituição familiar, núcleo fundamental em que repousa toda a organização social, de modo a evitar a sua completa desagregação, fortalecendo-a, amparando-a e, por fim, neutralizando os elementos dissolventes, a exemplo do "temor das responsabilidades".[115]

Essa missão torna-se ainda mais exigente ao se considerar que atualmente o compromisso e especialmente o compromisso a longo prazo seriam a grande armadilha a evitar-se nos relacionamentos modernos, sendo os seus participantes advertidos de que estariam impedindo possibilidades românticas mais satisfatórias e completas no futuro. Seria recomendável, portanto, deixar todas as portas sempre abertas.[116]

Evidentemente, fazer uma escolha definitiva não importa em tolher a liberdade, mas em empregá-la de modo excelente, especialmente quando se dirige objetivamente ao bem. Uma das principais características da maturidade é precisamente a de saber fazer escolhas definitivas e perseverar nelas, especialmente no campo que se está a cuidar.

Quando se assume um compromisso de modo público e solene – como se dá no casamento e pode suceder também com a união estável – o que se está a assumir é uma efetiva responsabilidade, a qual pode ter sido incentivada pela presença dos afetos, mas que não pode deles depender para sua manutenção.

A recorrente tentativa, especialmente durante a constância dessas uniões – se não correm como se esperava – de converter uma responsabilidade categoricamente assumida em um mero sentimento de responsabilidade, acaba por enfraquecer sobremaneira o vínculo constituído, que teria passado a depender de algo instável e efêmero.[117]

serem resolvidas (mitigadas, esvaziadas, neutralizadas) na ausência de "restrições" do que na presença destas." *Ibid.*, p. 63.

115 Cf. MONTEIRO, Washington de Barros. *Curso de direito civil*. 42. ed. rev. e. atual. por Regina Beatriz Tavares da Silva de acordo com o novo Código Civil. São Paulo: Saraiva, 2012. v. 2: Direito de família. p. 16.

116 Cf. BAUMAN, Zygmunt. *Amor líquido*: sobre a fragilidade dos laços humanos. Traduzido por Carlos Alberto Medeiros. Rio de Janeiro: Zahar, 2004. p. 10-11.

117 Cf. HILDEBRAND, Dietrich von. *El corazón*. 6. ed. Traduzido por Juan Manuel Burgos. Madrid: Ediciones Palabra, 2009. p. 38.

O ser humano assume responsabilidades solenemente porque é livre o suficiente para fazê-lo. Quando as assume, fá-lo precisamente porque se compromete firmemente a manter a união apesar de todas as previsíveis dificuldades, entre as quais uma possível mornidão dos sentimentos, de que se cuidará no tópico seguinte.

A responsabilidade assumida em um casamento ou mesmo em uma união estável pode ser cumprida sem a ajuda dos sentimentos ou mesmo diante de outros obstáculos objetivos, justamente porque o ser humano é capaz de transcender as valorações espontâneas de sua própria natureza, podendo experimentar ao mesmo tempo prazer e tristeza, dor e alegria, apto que é a protagonizar atos de amor em direção ao outro, mesmo que atribulado interiormente.[118]

A responsabilidade difere de um sentimento de responsabilidade na medida em que se ingressa em uma união, solenemente, sem a premissa de que o cônjuge ou companheiro seja substituível. Dito de outro modo, constituir um relacionamento com um segundo plano em mente é um combustível que pode destruí-lo desde o início.

Quando se vai percebendo que a convivência constante com o cônjuge ou companheiro, tal como uma mercadoria usada repetidamente, cria obstáculos à busca por variedade e, a cada momento, a aparência de novidade e a sensação de ineditismo vão se esfacelando, surge o impulso de transformar uma responsabilidade concreta e publicamente assumida em um mero sentimento de responsabilidade.[119]

Outro aspecto que tem conduzido à sentimentalização da responsabilidade é a consideração amplamente difundida de que a constituição e manutenção de vínculos sólidos seria um grande obstáculo à conquista da felicidade individual, objeto de tópico posterior deste trabalho, pois deve-se estar sempre aberto a possibilidades que surgiriam no futuro.

Entretanto, a estrutura de uma relação familiar autêntica é construída antes pelo compromisso assumido e não pela relação afetiva. Em outras palavras, a reiteração do ato da vontade no sentido de amar, gerador de um

[118] Cf. MALO PÉ, Antonio. *Antropología de la afectividad.* Navarra: EUNSA, 2004. p. 208.

[119] Cf. BAUMAN, Zygmunt. *Amor líquido*: sobre a fragilidade dos laços humanos. Traduzido por Carlos Alberto Medeiros. Rio de Janeiro: Zahar, 2004. p. 68.

vínculo sólido, é perpassada pela capacidade racional de aderir a um projeto de doação ao cônjuge ou companheiro.[120]

Nesse sentido, as estruturas familiares frágeis são construídas – melhor seria dizer destruídas – com base exclusiva nos afetos. Sucede que por sua própria natureza (instáveis, transitórios, positivos e negativos) não podem assegurar a solidez que se espera em uma união. Quando prevalece sobre a capacidade de comprometer-se, o mau uso da afetividade torna-se reflexo de uma imaturidade que coloca em risco a duração de relacionamentos pretensamente estáveis e duradouros.[121]

Por essa razão, quando se assume uma efetiva responsabilidade em uma união ao invés de um mero sentimento de responsabilidade, quer-se dizer que dificuldades ou mudanças nos afetos não serão suficientes para abalar a solidez da promessa realizada. A responsabilidade, portanto, é concreta e insuscetível a subjetivismos.

2.4 A transformação do *eros*

Durante muito tempo, em um contexto de estratégia familiar em que importavam as condições econômicas e o prestígio social das famílias dos nubentes, os chamados casamentos arranjados colocavam de escanteio quaisquer possíveis afetos que pudessem, *a priori*, nutrir entre si, isto é, podia até suceder que viessem a se enamorar, mas não se cuidava de um requisito a ser verificado prefacialmente.[122]

Notadamente a partir do século XIX, com o advento do romantismo, os afetos passaram a ser especialmente prestigiados, figurando, em matéria de uniões, como o objetivo principal a ser perseguido. Se não se experimentam

[120] Cf. PEREIRA JÚNIOR, Antonio Jorge. Da afetividade à efetividade do amor nas relações de família. *In*: DIAS, Maria Berenice; BASTOS, Eliene Ferreira; MORAES, Naime Márcio Martins (coord.). *Afeto e estruturas familiares*. Belo Horizonte: Del Rey, 2009. p. 69-70.

[121] *Ibid.*, p. 70.

[122] Sobre o tema dos casamentos arranjados, cf. CHAMPION, Bernard. Du "mariage arrangé à "l'amour passion". *In*: BASDEVANT-GAUDEMET, Brigitte. *Église et autorités*. Limoges: Presses Universitaire Limoges, 2006.

sentimentos, não há propriamente um fundamento para se unir a outra pessoa.[123]

Em consequência, acaba por surgir uma nova forma de organização familiar substancialmente diversa das anteriores e que se caracteriza, entre outros aspectos, por uma "revolução" da afetividade, tornando-se o casamento cada vez mais associado aos sentimentos e à sexualidade e por uma dissociação paulatina entre o desejo sexual e a procriação.[124]

O estímulo à consideração dos afetos constitui um importante avanço que passou a ser operado naquele período. A experiência sensível não deve ser apartada dos relacionamentos. Ao contrário, é uma espécie de combustível que confirma as escolhas racionais dos que pretendem se unir de modo público e solene.

Entretanto, bem diversa é a referida consideração dos afetos como elemento central das uniões em questão. Sua supervalorização e seu superdimensionamento acabam por transformá-lo em um deus, o qual, louvado sem reservas e obedecido incondicionalmente, passa a ser um demônio.[125]

O perigo do *eros* como um deus conduz a que muitos "amem" com intensidade uma e outra vez, uma e outra pessoa, sempre convencidos de que amam o ser ideal. Contudo, ninguém lhes poderá satisfazer na realidade a sua necessidade de amor porque amam apenas o que está em sua imaginação, projetando nos indivíduos por quem se apaixonam uma ideal imaginário.[126]

A idealização do cônjuge ou companheiro, aceitando-o não pelo que efetivamente é, mas pela representação que se faz a seu respeito produz uma maior propensão a sucumbir às crises, por se enxergar a natural variação dos sentimentos como falta de amor. Há uma ilusão de que se ama o parceiro,

[123] A respeito das mudanças operadas pelo romantismo, cf. DAUMARD, Adeline. Affaire, amour, affection: le mariage dans la société bourgeoise au XIXème sicècle. *Romantisme*, Lyon, n. 68, p. 33-47, 1990. *Amours et société.*

[124] LUCAS, Douglas César; GHISLENI, Pâmela Copetti. O amor e o direito pertencem a "idiomas" distintos: uma crítica à judicialização do afeto. *Revista Brasileira de Sociologia do Direito*, São Paulo, v. 4, n. 3, p. 106-131, set/dez. 2017. Disponível em: http://revista.abrasd.com.br/index.php/rbsd/article/view/155. Acesso em: 10 maio 2022. p. 113-114.

[125] Cf. LEWIS, C. S. *Os quatro amores.* Traduzido por Paulo Salles. São Paulo: Martins Fontes, 2005. p. 153.

[126] Cf. SARRÁIS, Fernando. *Compreender a afetividade.* São Paulo: Cultor de Livros, 2018. p. 56.

ao passo que a única realidade que se verifica é a da mera autocontemplação do amante.[127]

Como se disse, é natural que o amor romântico (*eros*) seja sentido em seus inícios como enamoramento, ou seja, um sentimento que não pode fundamentar o amor humano, mas apenas prepará-lo, razão pela qual não deve ser considerado um fim. Trata-se, portanto, da primeira etapa de um processo em que a união – apresentada como já alcançada pelo enamoramento – deve realizar-se a cada dia.[128]

O enamoramento de que se está a cuidar, ou seja, a percepção afetiva de um interesse no campo do amor erótico por outra pessoa, não pode ser gerado voluntariamente, embora possa ser canalizado através da vontade uma vez produzido.[129] Por esse motivo, já se sublinhou o caráter passivo dos afetos – o indivíduo é *afetado* por cada um deles.

À medida em que se vão conhecendo os defeitos e as faltas do cônjuge ou companheiro, pode surgir a percepção equivocada de que o enamoramento inicial teria sido uma ilusão, instalando-se a percepção de que já não se ama. Por essa razão, é necessário conhecê-lo tal como é, sem idealizações, aceitando-se as virtudes e os limites, querendo-o como de fato é.[130]

Se é natural o enamoramento quando se acaba de conhecer a pessoa amada, momento em que tudo se reveste de ares de novidade e empolgação, é igualmente natural que, conforme os anos passam, o sentimento inicialmente experimentado passe a perder a intensidade.

A mitigação da intensidade não é, contudo, um sinal visível de que o amor teria se encerrado ou mesmo de que nunca teria efetivamente existido. Trata-se, em verdade, do sintoma da construção de um amor maduro, referenciado

127 Cf. CABELEIRA, Caio Martins. A ditadura do afeto: uma crítica à introdução do sentimento como valor jurídico. *Revista de Direito de Família e das Sucessões*, São Paulo, v. 1, n. 1, p. 43-60, jul./set. 2014. p. 56-57.

128 Cf. MALO PÉ, Antonio. *Antropología de la afectividad*. Navarra: EUNSA, 2004. p. 223.

129 Cf. RUBIO, Jorge del Picó. La afectividad y su relevancia en la unión civil de la pareja. *In*: TAVARES DA SILVA, Regina Beatriz; BASSET, Ursula Cristina (coord.). *Família e pessoa*: uma questão de princípios. São Paulo: YK, 2018. p. 440.

130 RUBIO, Jorge del Picó. La afectividad y su relevancia en la unión civil de la pareja. *In*: TAVARES DA SILVA, Regina Beatriz; BASSET, Ursula Cristina (coord.). *Família e pessoa*: uma questão de princípios. São Paulo: YK, 2018. p. 224.

no outro, pleno de entrega e doação, em que os estímulos sensíveis dos inícios não são mais necessários, muito embora possam perdurar.

Não raro sucede que compromissos sejam assumidos sob o influxo exclusivo das emoções, em especial do endeusamento do *eros*, revelando um fenômeno que se pode denominar "emocionalização da consciência", em que determinadas ações são levadas a cabo como consequência imediata da percepção de alguns sentimentos, sem quaisquer ponderações.[131]

Quando os sentimentos se dissipam ou perdem a intensidade, cabe à vontade, enquanto inclinação ao que a inteligência captou como bem e tendência racional que realiza as possibilidades da ação, convertendo-as em ato humano, concretizar uma atuação em favor do cônjuge ou companheiro, ou seja, permanecer unido a ele por um amor autêntico, insuscetível a elementos efêmeros e transitórios.[132]

Nessa esteira, a vontade *ut natura*, que se origina da identificação do bem em geral e se refere ao fim último e a vontade *ut ratio*, que cuida dos meios que, ao contrário do fim, são elegíveis, figuram como dois elementos de uma única volição, considerando-se que todo ato da vontade se dá com a inclinação ao que é percebido como bom e julgado pelo indivíduo como um bem *hic et nunc*.[133]

Note-se, contudo, que a vontade nunca é criadora do seu objeto. Cuida apenas da capacidade de alcançá-lo e de unir-se a ele. A inteligência identifica o bem e a vontade coloca-se em marcha para persegui-lo. Esta última não busca o prazer, como a afetividade com relação ao que é apetecível sensorialmente, mas apetece o sujeito porque é bom (*quia bonum*), isto é, trata-se de uma realidade objetiva boa para e por si mesma.[134]

Como o amor está essencialmente radicado na vontade, apesar de também se revelar em sua dimensão afetiva, não deve causar preocupação ao casal o fato de os afetos que os estimularam a se unir terem se transformado. Sempre será possível amar de modo autêntico mesmo sem a colaboração dos sentimentos. Precisamente nesse contexto em que são suavizados ou mesmo desvanecem é que se exige o fortalecimento da vontade.

131 Cf. MALO PÉ, Antonio. *Antropología de la afectividad*. Navarra: EUNSA, 2004. p. 181.
132 *Ibid.*, p. 182-183.
133 *Ibid.*, p. 185-187.
134 Cf. CRUZ CRUZ, Juan. *O êxtase da intimidade*: ontologia do amor humano em Tomás de Aquino. Traduzido por Carlos Nougué. Rio de Janeiro: Sétimo Selo, 2011. p. 16.

2.5 A atuação do juízo racional

Pelo fato de a afetividade não ser dotada de um aspecto racional, mas sim emocional, a identificação do bem deve se dar através da razão, a qual impulsiona a ação livre, dependente esta última da vontade, de modo que os afetos não devem atuar de modo soberano ou exclusivo.[135]

A razão exerce sobre os apetites um controle não tirânico, mas flexível, considerando-se que ela e a afetividade não têm origens contrárias, como se pudessem nascer de dois indivíduos diferentes. Evidentemente, é a mesma pessoa que sente as inclinações, reflete a respeito delas e depois atua através da vontade.[136]

Nesse contexto, a racionalidade é chamada a interpretar a afetividade, valorando os diversos significados dos fenômenos afetivos. De modo ilustrativo, para que se descubra a causa de um determinado sofrimento, não basta senti-lo, mas é preciso desvelar de modo racional a sua causa. Como a subjetividade experimenta vagamente a ausência de algo necessário, invoca-se a razão para iluminar esse modo obscuro de percepção.[137]

De tal feita, ao se analisar a qualidade da emoção que uma experiência consciente provoca no indivíduo, franqueia-se o conhecimento sobre se o afeto é positivo ou negativo, agradável ou desagradável, desejado ou indesejável, de modo que a relação entre a afetividade e a consciência é bilateral.[138]

Não só a razão é necessária para interpretar adequadamente os afetos. O sujeito deve dispor de uma consciência reta de modo que, ciente de suas inclinações e do bem que pretende alcançar no caso concreto, faça o discernimento de seus afetos, rejeitando-os ou absorvendo-os, para que depois possa empregar a vontade.

Nesse sentido, os afetos não podem ser vislumbrados como uma realidade que se impõe sem que o indivíduo possa ponderá-la. Ao contrário, o esperado é que os avalie percucientemente, examinando a sua adequação com as circunstâncias concretas e com o bem que é pretendido.

135 Cf. SARRÁIS, Fernando. *Compreender a afetividade*. São Paulo: Cultor de Livros, 2018. p. 9.
136 Cf. MALO PÉ, Antonio. *Antropología de la afectividad*. Navarra: EUNSA, 2004. p. 176.
137 *Ibid.*, p. 177-178.
138 Cf. SARRÁIS, Fernando. *Op. cit.*, p. 21.

Não à toa, em função de a afetividade não funcionar, como se ressaltou acima, de acordo com as leis da razão, quando um indivíduo se comporta movido pelos impulsos afetivos, abrindo mão de um juízo racional, o seu modo de agir desperta perplexidade nos observadores que procuram compreender a sua conduta.[139]

Com frequência, é possível notar pessoas com personalidade imatura e patológica precisamente porque o funcionamento psíquico está como que dominado pelas emoções, com destaque para aquelas negativas, reativas que são aos acontecimentos igualmente negativos da vida.[140]

Deve-se ainda considerar que o processo de interiorização dos afetos não é passivo, mas fundamentalmente ativo, na medida em que depende do conhecimento que o "eu" tem acerca de si e do desejo que esse mesmo "eu" tem de seguir conhecendo-se com maior profundidade. Nesse sentido, os afetos impõem duas perguntas principais: a) "o que me sucede?"; b) "por que me sucede?". A resposta a ambas revela uma importante constatação: o significado do afeto *per se* e o seu significado para a pessoa não são equivalentes.[141]

A valoração da razão não diminui nem desprestigia a afetividade, mas a situa em um contexto de maior amplitude. Através dela, a pessoa percebe a sua subjetividade em uma determinada circunstância desde o ponto de vista do bem pretendido em cada ação, habilitando-se a agir de modo mais livre.[142]

A razão desempenha também importante papel ao considerar-se o amado como pessoa objetiva, com ênfase em seu caráter dinâmico e qualitativo. A dinamicidade importa em que a pessoa seja vista como inacabada, criadora, projetada para desenvolver suas potências. A qualidade expressa o fato de que a pessoa humana goza de uma interioridade inesgotável e que não pode ser abarcada por qualquer espécie de índice.[143]

Em termos práticos, considerar a pessoa amada nesses termos significa não tratá-la como um ser inerte e quantificável. Inerte porque algo acabado e cujo futuro está já incluído no presente e quantificável porque mensurável

139 SARRÁIS, Fernando. *Compreender a afetividade*. São Paulo: Cultor de Livros, 2018. p. 17.

140 *bid.*, p. 19.

141 Cf. MALO PÉ, Antonio. *Antropología de la afectividad*. Navarra: EUNSA, 2004. p. 180-181.

142 MALO PÉ, Antonio. *Antropología de la afectividad*. Navarra: EUNSA, 2004. p. 182.

143 Cf. CRUZ CRUZ, Juan. *O êxtase da intimidade*: ontologia do amor humano em Tomás de Aquino. Traduzido por Carlos Nougué. Rio de Janeiro: Sétimo Selo, 2011. p. 69.

com o esquema do mais ou do menos. Trata-se de parâmetros que, aplicados às pessoas, acabam por retificá-las.[144]

A atuação da razão, com a natural presença da vontade, na forma de considerar e enxergar o cônjuge ou companheiro, é de extrema importância para não permitir que os afetos indiquem que o amado deva ser tratado como se coisa fosse e com avaliações impróprias para esse campo, a exemplo de útil/inútil, eficiente/ineficiente, produtivo/improdutivo.

Se os afetos não são submetidos ao crivo da razão e da vontade, para que sejam regulados em intensidade e qualidade aos estímulos que os originam, podem impedir o funcionamento psíquico normal, com a possibilidade de superveniência de doenças físicas e psíquicas, com comportamentos prejudiciais ao próprio indivíduo e às pessoas de seu convívio.[145]

O controle sobre a afetividade é exercido pela vontade, dirigida pela razão. Esta é capaz de julgar a correspondência do sentimento com o evento que o ensejou, examinando a sua intensidade e indicando qual ação interna e externa é adequada à finalidade do indivíduo, qual seja, o alcance da felicidade.[146]

2.6 O sacrifício como forma primordial do amor

Amar alguém, como já se viu nos tópicos precedentes, não se resume e sequer depende do aspecto sentimental, mas comporta uma decisão, um juízo e uma promessa, com grande destaque para a vontade, já que se o amor equivalesse somente a percepções subjetivas e passageiras, seria desprovido de uma base suficientemente sólida.[147]

Nesse contexto, a imaturidade na vivência da afetividade importa na ausência de controle sobre si mesmo, redundando em um preocupante aumento nos

[144] CRUZ CRUZ, Juan. *O êxtase da intimidade*: ontologia do amor humano em Tomás de Aquino. Traduzido por Carlos Nougué. Rio de Janeiro: Sétimo Selo, 2011. p. 69.

[145] Cf. SARRÁIS, Fernando. *Compreender a afetividade*. São Paulo: Cultor de Livros, 2018. p. 26.

[146] *Ibid.*, p. 97.

[147] Cf. RUBIO, Jorge del Picó. La afectividad y su relevancia en la unión civil de la pareja. *In*: TAVARES DA SILVA, Regina Beatriz; BASSET, Ursula Cristina (coord.). *Família e pessoa*: uma questão de princípios. São Paulo: YK, 2018. p. 440.

conflitos sociais e familiares, bem como em vícios e transtornos psicológicos, tornando as uniões frágeis, instáveis e suscetíveis a quaisquer dissabores.[148]

Essa instabilidade e fragilidade das uniões se opõe à noção de família como relação social em que há a promoção de concreta circulação de bens interpessoais cujo fundamento é a doação ou entrega de si[149], realidade bastante diversa de uma visão romântica da família, que deve ser habitada por pessoas reais e não idealizadas.[150]

Na sociedade do liberalismo emotivista – expressão que será detalhada no próximo capítulo – é comum identificar o prazer e o gozo com a verdade a respeito de uma determinada pessoa, como se fossem os sinais a partir dos quais se pudesse atestar a autenticidade de uma conduta.

Contudo, os atos que produzem prazer sensível não podem ser considerados como perfectivos da pessoa enquanto tal. Nenhum objeto, mesmo quando querido e efetivamente possuído, é capaz de apagar o desejo de infinito inscrito no coração humano, já que se trata de realidades materiais e contingentes.[151]

Portanto, a busca primordial do prazer no seio de uma união, ou seja, a escolha de uma realidade finita como fim, acaba por produzir uma grande alienação do indivíduo e a realidade, substituída por estados subjetivos, se esfacela. A eleição dos afetos como fim existencial, em suma, acaba por tolher um dos bens mais preciosos do ser humano, qual seja, a liberdade.[152]

A referida busca pelo prazer, ignorando-se as exigências naturais em qualquer tipo de união, equivale a pretender “comer o bolo e ao mesmo tempo conservá-lo; desfrutar das doces delícias de um relacionamento evitando, simultaneamente, seus momentos mais amargos e penosos.”[153]

[148] Cf. SARRÁIS, Fernando. *Compreender a afetividade*. São Paulo: Cultor de Livros, 2018. p. 12.

[149] Cf. FERNANDES, André Gonçalves. Família e sua dimensão personalizante primordial. *In*: TAVARES DA SILVA, Regina Beatriz; BASSET, Ursula Cristina (coord.). *Família e pessoa*: uma questão de princípios. São Paulo: YK, 2018. p. 109.

[150] Cf. COSTA FILHO, Venceslau Tavares. O direito de família é o cárcere do amor? *In*: TAVARES DA SILVA, Regina Beatriz; BASSET, Ursula Cristina (coord.). *Família e pessoa*: uma questão de princípios. São Paulo: YK, 2018. p. 728.

[151] Cf. MALO PÉ, Antonio. *Antropología de la* afectividad Navarra: EUNSA, 2004. p. 208.

[152] *Ibid.*, p. 209.

[153] Cf. BAUMAN, Zygmunt. *Amor líquido*: sobre a fragilidade dos laços humanos. Traduzido por Carlos Alberto Medeiros. Rio de Janeiro: Zahar, 2004. p. 9.

O ser humano se conhece como sujeito e, ao contrário dos animais, pode enxergar-se como "eu". A pessoa tem sempre de ser tratada como um fim em si mesma e não como meio para que se alcance, por exemplo, o prazer. Nesse sentido, a pessoa é autoteleológica. Um cônjuge ou companheiro não pode enxergar o outro como meio, justamente porque goza de uma grande dignidade que não lhe permite ser considerado como mero atalho para um fim qualquer.[154]

É precisamente nesse cenário em que o outro não é considerado como meio que o amante se dilata através da doação ao amado, de modo que amar implica estar a serviço, colocar-se à disposição, aguardar a ordem. É a autossobrevivência através da alteridade, em que o "eu" consome-se pelo outro em um autêntico esquecimento de si próprio.[155]

O sacrifício em uma união, portanto, nada mais é do que reafirmar diariamente a escolha feita, confirmando-a com novas ações. O objetivo de manter a afinidade viva e saudável pressupõe uma luta cotidiana e vigilante, especialmente em um tempo em que se rejeita o que é sólido e durável.[156]

O sacrifício pressupõe colocar o "eu" em segundo plano para conseguir compreender o "tu". Sem esse esforço denodado para apreender o outro, a convivência e a comunicação ficam enturvecidas, gerando-se conflitos sucessivos que causam sofrimento considerável aos cônjuges ou companheiros.

O desejo de evitar os sacrifícios contidos em qualquer união conduz ao surgimento de fenômenos como os CSSs ("casais semisseparados"), reputados como "revolucionários do relacionamento", tendo sido capazes de romper a "sufocante bolha do casal". A convivência nessa modalidade de relacionamento é parcial. Causa-lhes repulsa a ideia de viver sob o mesmo teto e de compartilhar a mesma conta bancária e o mesmo círculo de amizade.[157]

Se não houver disposição em sacrificar a própria vontade em favor do cônjuge ou companheiro, corre-se o risco de se viver uma relação de egoísmo a dois, convertendo-se a casa em um centro de lazer multiuso em que os membros da

[154] Cf. CRUZ CRUZ, Juan. *O êxtase da intimidade*: ontologia do amor humano em Tomás de Aquino. Traduzido por Carlos Nougué. Rio de Janeiro: Sétimo Selo, 2011. p. 42.
[155] Cf. BAUMAN, Zygmunt. *Amor líquido*: sobre a fragilidade dos laços humanos. Traduzido por Carlos Alberto Medeiros. Rio de Janeiro: Zahar, 2004. p. 24.
[156] *Ibid.*, p. 46.
[157] *Ibid.*, p. 53.

família vivam separadamente lado a lado, contexto em que a solidão dentro de um quarto com o respectivo celular aparenta ser uma condição mais segura do que compartilhar o ambiente familiar.[158]

A doação ao cônjuge ou companheiro não se faz através da pergunta "o que ele pode fazer por mim?", mas sim "o que eu posso fazer por ele?". Se ambos conseguem formular as perguntas reciprocamente, o bem do outro passa a se posicionar antes do seu próprio e a união avança e se consolida.

O amor de doação em que se funda o sacrifício vai precisamente *ad intima amati*, de modo que o seu ato mais autêntico é a aprovação que uma intimidade faz da outra. *Intimus* origina-se de *intus* ("dentro"). O ato de amar importa em uma saída (êxtase) que penetra no íntimo do amado (*ponit amantem extra seipsum*). A intimidade, em suma, estreia como autoposse consciente e se coroa como amor.[159]

O aludido amor de doação se contrapõe ao amor imperfeito ou de posse, que se dirige a coisas e pode obstruir a relação pessoal com o outro. Dito de outro modo, uma personalidade descentrada e sem ordem não possui verdadeira intimidade, pouco havendo o que comunicar no amor. Contudo, o fato de um outro amar verdadeiramente faz com que o amado consiga se centrar e ordenar.[160]

Por outro lado, busca-se com amor imperfeito o que se deseja como puro objeto de gozo ou prazer, isto é, não se procura o bem em si, mas o gozo, fonte da atração que seduz o sujeito. Não se deseja o bem para alguém *per se*, mas o bem deste alguém para o amante. No mesmo sentido, evidencia-se a distinção

[158] *Ibid.*, p. 84.

[159] Cf. CRUZ CRUZ, Juan. *O êxtase da intimidade*: ontologia do amor humano em Tomás de Aquino. Traduzido por Carlos Nougué. Rio de Janeiro: Sétimo Selo, 2011. p. 79. "A intimidade não é um "reduto", um espaço fechado ou um lugar isolado na obscuridade interior, mas um centro de relações, um núcleo qualitativo de referências: une por dentro as pessoas, enquanto estas não se consideram entre si como coisas inertes e quantificáveis. Entrar na própria intimidade não é fechar-se ao outro pessoal, mas abrir-se ao seu nível mais alto. A intimidade não é o que nos fecha, mas o que nos abre como pessoas: não há outro modo de abertura pessoal total além da realizada na intimidade. O que esta expressa é o ser mesmo, em sua identidade e mesmidade, ou seja, no que tem de insubstituível ou próprio. Por isso, é a personalidade mesma – não uma parte sua ou uma dimensão computável – o que se dá e se recebe na relação de amor perfeito." *Ibid.*, p. 79.

[160] *Ibid.*, p. 11-12.

entre amor de doação (ama-se o amado por si mesmo) e de posse (o amado não o é por si mesmo, mas para o bem do amante).[161]

Sucede com frequência que o que deveria ser tratado como "amor de pessoas" acaba por ser um "amor de coisas". O raciocínio empregado é simples: quero o outro pelo bem que me proporciona (ou por um simples afeto que me é provocado) e não porque desejo o bem do amado. Instrumentaliza-se, portanto, o ser amado, o qual se torna um simples meio para que o amante alcance o que deseja.

Essa realidade parece ser desconhecida por grande parte da sociedade contemporânea, cujos indivíduos entram – e decidem por permanecer ou não – em um relacionamento mensurando o que cada qual pode ganhar, havendo motivo para perseverar na união apenas se o "amado" continuar proporcionando satisfações suficientes.[162]

Para que se consiga alcançar a felicidade, acompanhada que é dos sentimentos de paz e alegria, é necessário amar e, por isso mesmo, estar disposto ao sacrifício, caminho necessário para que a abertura ao outro seja efetiva e não apenas retórica, com o autêntico desejo de lhe proporcionar um bem.

O amor é centrífugo, ao passo que o apetite é centrípeto. O amor, através da realidade do sacrifício, lança-se para fora, ocupando-se do ser amado. O apetite é autocentrado, ensimesmado. De fato, "[..] o amor começa ali onde termina o apetite."[163]

Para muitos, o sacrifício exigido no amor autêntico se apresenta como uma tarefa praticamente inexequível. Essas pessoas amam apenas a si mesmas, comprazendo-se no bem que têm ou imaginam ter, englobando tudo o que possuem de material ou pessoal. Esse egoísmo faz com que amem com uma permanente insatisfação, pois são incapazes de sair de si para se dirigir ao outro.[164]

A doação e a entrega ao cônjuge ou ao companheiro constituem, portanto, a verdadeira essência do amor que os une. Trata-se, como se pode perceber,

[161] *Ibid.*, p. 67.

[162] Cf. BAUMAN, Zygmunt. *Amor líquido*: sobre a fragilidade dos laços humanos. Traduzido por Carlos Alberto Medeiros. Rio de Janeiro: Zahar, 2004. p. 111.

[163] Cf. CRUZ CRUZ, Juan. *O êxtase da intimidade*: ontologia do amor humano em Tomás de Aquino. Traduzido por Carlos Nougué. Rio de Janeiro: Sétimo Selo, 2011. p. 22-23.

[164] Cf. SARRÁIS, Fernando. *Compreender a afetividade*. São Paulo: Cultor de Livros, 2018. p. 56.

de uma visão absolutamente destoante daquela individualista, tão cultuada nos tempos que correm, de que se passará a cuidar a partir de agora.

2.7 A "felicidade individual" no seio das uniões

Muito embora tenha sido alvissareira a previsão expressa em muitos ordenamentos jurídicos acerca da proteção à dignidade da pessoa humana, fruto dos desastres experimentados durante a Segunda Grande Guerra, tem sido possível notar uma infeliz tentativa de fazer crer que referido prestígio à dignidade de todos os homens seria revestido de um caráter eminentemente individualista.

No Direito de Família, a exacerbação do individualismo tem sido associada à conquista da felicidade. Não se fala, por exemplo, na felicidade de um casal ou de uma família, mas apresenta-se como objetivo a ser alcançado em nível estritamente individual.

O individualismo tem também se ocultado sob as vestes da nobreza do amor, o qual tem servido como verdadeiro cavalo de Troia, permitindo o ingresso no Direito de Família de muitas situações indesejáveis.[165]

A noção de "felicidade individual" nessa província civilista procura circular de modo sofisticado e elegante ("garantir a felicidade através da plena realização dos integrantes de qualquer arquétipo de ente familiar, lastreado na consecução do afeto"[166]), tornando atraente a ideia de que cada qual, ainda que inserido em uma união ou célula familiar, persiga a felicidade no nível do "eu".

Apesar de se esperar que os cônjuges ou companheiros atuem em prol do bem comum e de seus filhos, de modo curioso invoca-se justamente o princípio da dignidade da pessoa humana para estimular-lhes uma realização meramente individual. Em outras palavras, não são os indivíduos que

[165] Cf. COSTA FILHO, Venceslau Tavares. O Direito de Família é o cárcere do amor? *In*: TAVARES DA SILVA, Regina Beatriz; BASSET, Ursula Cristina (coord.). *Família e pessoa*: uma questão de princípios. São Paulo: YK, 2018. p. 729.

[166] Cf. MADALENO, Rolf. *Curso de direito de família*. 8. ed. rev. atual. e ampl. Rio de Janeiro: Forense, 2018. p. 44.

devem se sacrificar pela família, mas é esta que deve se imolar pelos que a compõem.[167]

Nesse contexto, ignora-se que a própria Constituição Federal reconhece interesses superiores àqueles meramente individuais, como o faz com o serviço militar obrigatório e com a própria família, vislumbrada como sujeito de direitos autônomo com relação aos seus membros, tal como se extrai do art. 220, §3º, II da Constituição Federal: "[...] estabelecer os meios legais que garantam à pessoa e à família a possibilidade de se defenderem [...]".[168]

Na mesma esteira, o próprio art. 1.567 do Código Civil estabelece que marido e mulher, enquanto responsáveis pela direção da sociedade conjugal, devem conduzi-la "sempre no interesse do casal e dos filhos". Note-se que o dispositivo em questão não fala em "interesse próprio", "interesse do marido", "interesse de um dos filhos". O interesse é inequivocamente da célula familiar.[169]

Segundo os que superestimam a "felicidade individual", as pessoas teriam passado a viver em uma sociedade mais tolerante e com maior liberdade, buscando realizar *o sonho de ser feliz* sem a opressão de estruturas preestabelecidas e engessadoras, ensejando uma *democratização dos sentimentos*, em que se preservam o respeito mútuo e a liberdade individual, de sorte que os indivíduos passam a ter o direito de escolha que lhes permite transitar de uma comunidade de vida para outra que lhes pareça mais atrativa e gratificante.[170]

Convém notar que essa faculdade de transitar de uma comunidade para outra abarca inclusive a situação de um pai de família que, levado por sentimentos despertados por outra mulher que reputa atraente, abandona a esposa e os filhos, com o simples e egoísta objetivo de "ser feliz".

[167] Cf. CABELEIRA, Caio Martins. A ditadura do afeto: uma crítica à introdução do sentimento como valor jurídico. *Revista de Direito de Família e das Sucessões*, São Paulo, v. 1, n. 1, p. 43-60, jul./set. 2014. p. 58-69.

[168] *Ibid.*, p. 70.

[169] CABELEIRA, Caio Martins. A ditadura do afeto: uma crítica à introdução do sentimento como valor jurídico. *Revista de Direito de Família e das Sucessões*, São Paulo, v. 1, n. 1, p. 43-60, jul./set. 2014. p. 72.

[170] Cf. DIAS, Maria Berenice. Sociedade de afeto. *Portal Jurídico Investidura*, Florianópolis, 15 dez. 2004. p. 2. Disponível em: investidura.com.br/biblioteca-juridica/artigos/direito-civil/2072- sociedade-de-afeto. Acesso em: 27 mar. 2020.

Nesse cenário, as famílias estão tornando os filhos individualistas, sobretudo em virtude da "privatização familiar", cuja origem remonta à ausência de uma ética social comum. A família, como consequência, resta reduzida a uma "intersecção de trajetórias vitais individuais, de pessoas que se agregam e desagregam com maior ou menor contingência."[171]

Retornando-se ao quadro normativo que rechaça a consideração meramente individualista dos membros de uma família, o § 8° do art. 226 da Constituição Federal, ao mencionar que "o Estado assegurará a assistência à família na pessoa de cada um dos que a integram, criando mecanismos para coibir a violência no âmbito de suas relações", direciona o foco precisamente para o coletivo e não para o singular – trata primeiro daquele para depois chegar a este.[172]

A característica topológica do artigo mencionado, inserido que está na "Ordem social" (Título VIII da Constituição Federal) e não no Título II ("Dos direitos e garantias fundamentais") reforça a necessidade de se afastar as compreensões meramente individualistas e que, portanto, distanciam-se dos objetivos do constituinte.[173]

Fato é que a busca da felicidade individual conduz à banalização das rupturas conjugais, em grande prejuízo dos cônjuges e dos filhos. Em um passado não tão distante, a existência de uma crise afetiva entre os que estavam formalmente unidos não era considerada grave o suficiente para promover a separação ou o divórcio. Hoje, a falta de uma consciência clara acerca dos ônus e bônus de uma relação sólida pode deixar os que se unem para um projeto de vida em comum suscetíveis à natural e previsível variação dos afetos.[174]

[171] Cf. FERNANDES, André Gonçalves. Família e sua dimensão personalizante primordial. *In*: TAVARES DA SILVA, Regina Beatriz; BASSET, Ursula Cristina (coord.). *Família e pessoa*: uma questão de princípios. São Paulo: YK, 2018. p. 115-120.

[172] Cf. PEREIRA JÚNIOR, Antonio Jorge. A família entre as modalidades convivenciais do Direito e a distinção entre ser, pensar, agir e sentir-se família. *In*: TAVARES DA SILVA, Regina Beatriz; BASSET, Ursula Cristina (coord.). *Família e pessoa*: uma questão de princípios. São Paulo: YK, 2018. p. 145.

[173] PEREIRA JÚNIOR, Antonio Jorge. A família entre as modalidades convivenciais do Direito e a distinção entre ser, pensar, agir e sentir-se família. *In*: TAVARES DA SILVA, Regina Beatriz; BASSET, Ursula Cristina (coord.). *Família e pessoa*: uma questão de princípios. São Paulo: YK, 2018. p. 145.

[174] *Ibid.*, p. 155.

Os afetos em questão, frise-se, são comumente relacionados aos hábitos, fazendo com que um termo designado para expressar uma emoção seja empregado também para indicar uma virtude ou um vício, como sucede com a ira. Referida conexão pode ser explicada pela tendência dos afetos se arraigarem em uma pessoa, passando a figurar como verdadeiros estados de ânimo disposicionais.[175]

Portanto, um egoísta que sempre ratifique os afetos que o levam a preferir o seu próprio bem ao do seu cônjuge ou companheiro acaba por criar hábitos egoístas, que não podem ser rechaçados por uma simples negação, mas pela árdua modificação de suas atitudes e através da valoração da realidade.[176]

Nesse sentido, se a busca pela felicidade individual sugere abandonar a esposa e os filhos, a preocupação do aspirante à referida felicidade passa a ser: "como romper o relacionamento sem dor e com a consciência limpa?"[177]

A felicidade individual no seio das uniões se manifesta também através dos filhos, ou melhor, da ausência deles. Por serem considerados "as aquisições mais dispendiosas que um consumidor médio pode fazer", são verdadeiros objetos de consumo, acerca dos quais pondera-se sobre o custo implicado no investimento.[178]

175 Cf. MALO PÉ, Antonio. *Antropología de la afectividad.* Navarra: EUNSA, 2004. p. 216.

176 MALO PÉ, Antonio. *Antropología de la afectividad.* Navarra: EUNSA, 2004. p. 217.

177 Cf. BAUMAN, Zygmunt. *Amor líquido*: sobre a fragilidade dos laços humanos. Traduzido por Carlos Alberto Medeiros. Rio de Janeiro: Zahar, 2004. p. 11-12. "Ao contrário dos relacionamentos antiquados (para não falar daqueles com "compromisso", muito menos dos compromissos de longo prazo), elas parecem feitas sob medida para o líquido cenário da vida moderna, em que se espera e se deseja que as "possibilidades românticas" (e não apenas românticas) surjam e desapareçam numa velocidade crescente e em volume cada vez maior, aniquilando-se mutuamente e tentando impor aos gritos a promessa de "ser a mais satisfatória e a mais completa". *Ibid.*, p. 12.

178 BAUMAN, Zygmunt. *Amor líquido*: sobre a fragilidade dos laços humanos. Traduzido por Carlos Alberto Medeiros. Rio de Janeiro: Zahar, 2004. p. 60-61. "Em termos puramente monetários, eles custam mais do que um carro luxuoso do ano, uma volta ao mundo em um cruzeiro ou até mesmo uma mansão. Pior ainda, o custo total tende a crescer com o tempo, e seu volume não pode ser fixado de antemão nem estimado com algum grau de certeza. Num mundo que não oferece mais planos de carreira e empregos estáveis, assinar um contrato de hipoteca com prestações de valor desconhecido, a serem pagas por um tempo indefinido, significa, para pessoas que saem de um projeto para o outro e ganham a vida nessas mudanças, expor-se a um nível de risco atipicamente elevado e a uma fonte prolífica de ansiedade e medo." *Ibid.*, p. 61.

Nesse contexto, como os contatos entre os indivíduos que querem se relacionar exigem menos tempo e esforço para a criação do vínculo, também para rompê-lo vislumbra-se uma notável facilidade. É nesse contexto de alta fragilidade que ganham força os anseios da felicidade individual.[179]

Esses anseios, desgraçadamente, têm transformado uniões duradouras em "parcerias frouxas e eminentemente revogáveis", revestidas de grande debilidade e vulnerabilidade, suprimindo-se a responsabilidade moral pelo outro.[180]

[179] *Ibid.*, p. 82.
[180] *Ibid.*, p. 112.

3. O INFLUXO DO EMOTIVISMO NO DIREITO DE FAMÍLIA BRASILEIRO

3.1 O *status quo* da moralidade moderna

O trabalho do filósofo escocês Alasdair Chalmers MacIntyre, especialmente em sua obra mais prestigiada, "Depois da virtude", pretende diagnosticar o mal de que padece o pensamento moderno, procurando oferecer-lhe uma solução para escapar da situação catastrófica em que se encontra.

A catástrofe – termo empregado por ele próprio – traduz o ambiente em que a moral deixa de fazer sentido e em que é substituída por simulacros sem consistência e justificação partilhada, vedando-se a busca de raízes e convertendo-se a prática das virtudes em um exercício incompreensível, além de se defender um sistema de justiça impessoal e neutro, apartando a legalidade da moralidade e colocando todas as opções ao alcance do indivíduo, nenhuma delas com fundamentos sólidos.[181]

No mundo atual, a linguagem moral se encontra gravemente desordenada, havendo apenas fragmentos de um esquema conceitual em que estão ausentes os contextos dos quais derivam os significados. Como resultado, perdeu-se muito – ou tudo – da compreensão teórica e prática da moralidade.[182]

[181] Cf. MOTA, Francisco Sassetti da. *Da catástrofe às virtudes*: a crítica de Alasdair MacIntyre ao liberalismo emotivista. São Paulo: Edições Loyola, 2014. p. 8-10.

[182] Cf. MACINTYRE, Alasdair. *Depois da virtude*: um estudo em teoria moral. Traduzido por Jussara Simões. Bauru: EDUSC, 2001. p. 14.

O homem moderno se fia tanto de sua expressão moral, da sua conduta e da retórica de sua moralidade que sequer considera poder ser traído pela própria linguagem que emprega. Em consequência, vive-se em um contexto em que quase ninguém reconhece ou pode reconhecer esse emprego deformado da moralidade.[183]

A natureza passa a estar sempre à mercê do homem, carecendo a sua vontade de de um horizonte ou fim para onde apontar. O ser racional, afastada a antiga harmonia que mantinha com a natureza, é sempre o sujeito perante quem o mundo é somente uma imagem (*weltbild*), não se tolerando nenhuma finalidade a não ser como meio.[184]

O discurso moral contemporâneo se apoia em argumentos *a priori* utilizados por cada parte rival, mas as premissas que os originam partem de conceitos absolutamente diversos sem que possuam um ponto em comum, impossibilitando a mensuração dos argumentos para que se chegue a uma legitimação racional do debate.[185]

Uma das características principais desse discurso é a interminabilidade, considerando-se que na ampla maioria das disputas morais, nenhuma resolução é alcançada. Ao contrário, as partes continuam – ou separam-se diante da repulsa em face do interlocutor – apresentando versões de argumentos que simplesmente não podem, em seus próprios termos, chegar a uma conclusão pela qual um se mostra racionalmente superior ao outro.[186]

Nessa linha, em busca da sistematização de seu raciocínio, MacIntyre enuncia três características proeminentes a respeito da atual forma de debater e discordar, a seguir resumidas[187]:

[183] *Ibid*., p. 18-19.

[184] Cf. MOTA, Francisco Sassetti da. *Da catástrofe às virtudes*: a crítica de Alasdair MacIntyre ao liberalismo emotivista. São Paulo: Edições Loyola, 2014. p. 14.

[185] Cf. OLIVEIRA, Júlio Aguiar de; LESSA; Bárbara Alencar Ferreira. A teoria do direito natural de Tomás de Aquino na filosofia do direito contemporâneo. *Revista Opinião Jurídica*, Fortaleza, v. 12, n. 16, jan./dez. p. 208-231, 2014. p. 211-121.

[186] Cf. MITCHELL, Mark T. *Tradition, individualism and the crisis of freedom*. Indiana: University of Notre Dame Press, 2019. p. 97.

[187] Cf. MACINTYRE, Alasdair. *Depois da virtude*: um estudo em teoria moral. Traduzido por Jussara Simões. Bauru: EDUSC, 2001. p. 24-28.

a) a "incomensurabilidade conceitual dos argumentos adversários", já comentada em termos mais práticos: cada argumentação é logicamente válida ou pode se expandir e tornar-se válida, mas as premissas adversárias são colocadas de tal modo que não há meios racionais de confrontar uma afirmação com a outra, já que cada premissa emprega um conceito normativo ou avaliativo bastante diverso da outra;
b) as discussões se fazem passar por argumentações racionais *impessoais*, costumando apresentar-se de maneira apropriada a essa *impessoalidade*. A análise é feita de modo independente da relação entre o falante e o ouvinte, pressupondo a existência, pouco importando as preferências ou opiniões de ambos, de padrões de justiça, generosidade ou dever. Utilizam-se expressões cuja função habitual é representar um apelo a padrões objetivos;
c) as premissas conceitualmente distintas e incomensuráveis das argumentações opostas têm uma grande diversidade quanto às origens históricas, cujo catálogo demonstra a amplitude e heterogeneidade das fontes morais das quais as culturas são herdeiras. Ignora-se que os conceitos que embasam o discurso moral são oriundos de totalidades maiores de teoria e prática, inseridas em contextos originais que são abstraídos quando das discussões, razão pela qual a linguagem da moralidade se encontra em um estado de desordem.

Com essas características, as discordâncias morais contemporâneas simplesmente não podem ser resolvidas. Aliás, não se pode resolver qualquer discordância moral nesses termos, no passado, no presente ou no futuro.[188]

Esse panorama altamente desafiador conduz à necessidade de enfrentar essa teoria filosófica que cria obstáculos insuperáveis a quaisquer tentativas de acordo moral. Trata-se do emotivismo, de que se passará a tratar.

[188] MACINTYRE, Alasdair. *Depois da virtude*: um estudo em teoria moral. Traduzido por Jussara Simões. Bauru: EDUSC, 2001. p. 18.

3.2 Os contornos do emotivismo

MacIntyre dedica boa parte de seus esforços em "Depois da virtude" para definir os aspectos principais da teoria emotivista, entendida como aquela em que todos os juízos valorativos e morais não passam de expressões de preferências, sentimentos ou atitudes.[189]

O emotivismo emprega os juízos morais não apenas para expressar o que se sente ou se prefere, mas para *produzir esses resultados em outras pessoas*, tendo a pretensão de explicar *todo e qualquer juízo de valor*. Quando um indivíduo, ao proceder nesses termos, diz "isto é bom", quer transmitir que "aprovo isto; aprove também" ou então "viva isto!".[190]

Nessa ótica, *a afetividade ocupa a centralidade da avaliação moral*, de modo que os juízos realizados expressam sentimentos com intuito persuasivo – e não propriamente fatos. De tal feita e de modo contraditório, sendo os fatos verdadeiros ou falsos, a avaliação a respeito deles não é verdadeira e nem falsa, reputando-se impossível uma avaliação objetiva dos comportamentos morais.[191]

A linguagem moral emotivista se distancia em muito de seu sentido originário e se aparta fortemente da tradição aristotélica – que MacIntyre pretende recuperar, como se verá – por ter deixado de ser funcional, ignorando-se que o ser humano tem uma natureza essencial, uma finalidade que deve ser desenvolvida e aperfeiçoada. Os fatos, portanto, deixam de ter por referência um determinado bem que se pretende alcançar, passando a figurar como algo neutro que o homem capta sem mediação, deixando a sociedade de ser informada pela busca do bem comum.[192]

Nesse mesmo contexto, é possível enunciar quatro argumentos principais em torno dos quais orbita a teoria emotivista:[193]

[189] *Ibid.*, p. 30.
[190] *Ibid.*, p. 31-32.
[191] *Ibid.*, 52-60.
[192] Cf. MOTA, Francisco Sassetti da. *Da catástrofe às virtudes*: a crítica de Alasdair MacIntyre ao liberalismo emotivista. São Paulo: Edições Loyola, 2014. p. 71-74.
[193] PINHEIRO, Victor Sales; RODRIGUES FILHO, Antonio Marinho de Melo. Emotivismo e judicialização do afeto: a problemática metaética da legitimidade jurídica do princípio da afetividade no Direito de Família. *Revista de Direito de Família e das Sucessões*, São Paulo, v. 20, p. 9-38, maio 2020. p. 12.

a) os juízos morais não seriam primordialmente enunciados descritivos, como defendem intuicionistas e naturalistas;
b) os juízos morais não seriam suscetíveis de serem declarados verdadeiros ou falsos;
c) os termos "bom", "mau", "certo", "errado", entre outros, não designariam propriedades dos objetos ou eventos enfocados, mas expressões de preferência ou desagrado por parte dos enunciadores;
d) os juízos morais teriam como única função ordenar ou recomendar algo a alguém ou estimular a reprodução em outro da atitude similar do enunciador com relação àquilo de que se fala.

Não fosse suficiente, o emotivismo sustenta que não existe e sequer poderia existir justificativa racional válida para qualquer afirmação da existência de padrões morais objetivos e impessoais. Em outras palavras, toda tentativa, passada ou presente, de justificar racionalmente uma moralidade objetiva teria fracassado rotundamente.[194]

Fato é que a redução da moralidade a mera preferência pessoal ganhou eco mesmo nos trabalhos daqueles que não se apresentam como emotivistas. Na filosofia analítica, contudo, essa corrente é objeto de grandes ressalvas, precisamente porque expressões de sentimento não permitem articulações lógicas como "logo" e "se...então...".[195]

A instalação do emotivismo em uma sociedade faz com que os indivíduos vejam na vida social apenas um ponto de encontro para os seus desejos individuais, cada qual imbuído de suas próprias preferências e atitudes, figurando o mundo somente como uma arena para a realização da sua própria satisfação.[196]

A moral, ao ser concebida a partir da "soberania do indivíduo", acaba por impossibilitar a definição de princípios gerais, a não ser que os membros de uma sociedade negociem livremente, o que importa na escolha de princípios

194 Cf. MACINTYRE, Alasdair. *Depois da virtude*: um estudo em teoria moral. Traduzido por Jussara Simões. Bauru: EDUSC, 2001. p. 43-44.

195 MACINTYRE, Alasdair. *Depois da virtude*: um estudo em teoria moral. Traduzido por Jussara Simões. Bauru: EDUSC, 2001. p. 45.

196 *Ibid.*, p. 54.

desprovidos de racionalidade. Por essa razão, escolher a moral, tal como propõe o emotivismo, não faz sentido.[197]

Procurando, uma vez mais, conferir sistematicidade ao seu pensamento, o filósofo escocês elenca três razões pelas quais o emotivismo, segundo seu juízo, é uma teoria fracassada[198]:

a) se a teoria tem como objetivo aclarar o significado de uma classe de enunciados através da expressão de sentimentos ou atitudes, é necessário identificar e caracterizar os sentimentos ou atitudes que estão em jogo. Contudo, quando se afirma que os juízos morais, segundo a visão emotivista, expressam sentimentos ou atitudes e se questiona qual a sua espécie, geralmente responde-se "sentimentos ou atitudes de aprovação". Ao se retrucar e indagar qual espécie de aprovação, obtém-se o silêncio ou então menciona-se "aprovação moral", dando provas de uma circularidade vazia;
b) o emotivismo pretende caracterizar como equivalentes dois tipos de expressões cuja função característica na linguagem é oriunda da contradição e da diferença entre ambas. Não são o mesmo, em absoluto, as expressões de preferência pessoal e as expressões valorativas (inclusive morais): as primeiras dependem de quem as emite e para quem; as segundas não exigem forma semelhante para exercer o poder justificativo;
c) como mencionado no item "a", o emotivismo se apresenta como teoria sobre o significado de enunciados. Entretanto, a expressão de sentimentos ou atitudes não é, na origem, função do significado dos enunciados, mas do uso em dadas ocasiões.[199]

[197] Cf. MOTA, Francisco Sassetti da. *Da catástrofe às virtudes*: a crítica de Alasdair MacIntyre ao liberalismo emotivista. São Paulo: Edições Loyola, 2014. p. 18.

[198] Cf. MACINTYRE, Alasdair. *Op. cit.*, p. 32-35.

[199] Veja-se preciso comentário de MacIntyre em outra obra de sua lavra: "*The difficulties which can be raised about emotivism are of several different kinds. The notion of "emotive meaning" is itself not clear. What makes certain statements guides to, or directives of, action is not that they have any meaning over and above a factual or descriptive one. It is that their utterance on a specific occasion has import for, or relevance to, the speaker or hearer's interests, desires, or needs. "The White House is on fire" does not have any more or less meaning when uttered in a news broadcast in London than it does when uttered as a warning to the President in bed, but its function as a guide to action is quite different. Emotivism, that is,*

Esse contexto leva MacIntyre, em termos práticos, a procurar justificações razoáveis a perguntas como "o que tem valor?", "o que na vida da sociedade deve ser protegido e promovido?" ou "o que constitui a decisão moral?".[200] Com esse objetivo, resgata a ética das virtudes, desenvolvendo o pensamento de Aristóteles e Santo Tomás de Aquino.

3.3 A necessidade de resgate das virtudes

MacIntyre figura como um dos principais filósofos contemporâneos a sustentar a necessidade de resgatar a ética aristotélico-tomista, única forma possível, segundo seu pensamento, de conferir coerência ao discurso moral, trazendo de volta ao terreno público, além das virtudes, noções como as de vida boa, educação moral e racionalidade prática.[201]

Uma das características mais evidentes da filosofia moral moderna, para o filósofo escocês, é o destaque conferido às regras e a negligência com relação ao conceito de virtude. Ao contrário, a ética aristotélico-tomista é orientada em torno das virtudes e demanda uma teleologia subjacente ("que tipo de pessoa devo ser para alcançar minha finalidade?"). As regras, por sua vez, ainda que jamais descartadas, assumem um papel acessório no esquema geral.[202]

No estado atual, portanto, o dever moral tem como origem necessária uma autoridade legislativa que cria o Direito positivo e impõe sua observância.

does not attend sufficiently to the distinction between the meaning of a statement which remains constant between different uses, and the variety of uses to which one and the same statement can be put. (Of course, meaning and possible range of use are intimately related; but they are not the same.)." MACINTYRE, Alasdair. *A short history of ethics*: a history of moral philosophy from the homeric age to the twentieth century. 2. ed. London: Routledge, 1998. p. 165.

200 Cf. MACINTYRE, Alasdair. *Depois da virtude*: um estudo em teoria moral. Traduzido por Jussara Simões. Bauru: EDUSC, 2001. p. 41.

201 Cf. OLIVEIRA, Júlio Aguiar de; LESSA; Bárbara Alencar Ferreira. A teoria do direito natural de Tomás de Aquino na filosofia do direito contemporâneo. *Revista Opinião Jurídica*, Fortaleza, v. 12, n. 16, jan./dez. p. 2018-23, 2014. p. 210-212.

202 Cf. MITCHELL, Mark T. *Tradition, individualism and the crisis of freedom*. Indiana: University of Notre Dame Press, 2019. p. 102.

Trata-se do despojamento de uma "justiça de homens" rumo a uma "justiça de leis", em que estas últimas ganham o *status* de "consciência pública."[203]

Deixa de haver um diálogo possível na sociedade acerca da moral, tal como ocorria enquanto vigorava a descrição aristotélica da natureza humana, já que desaparece a consciência partilhada de que a ética deve consistir em desenvolver o homem em seu estado bruto ("human-nature-as-it-happens-to-be") para o homem como devia ser se realizasse a sua finalidade ("human-nature-as-it-could-be-if-it-realized-its-*telos*").[204]

O homem moderno, ao abandonar a reflexão necessária para elaborar um juízo moral, contenta-se com um conhecer precário e abdica da plenitude de sua condição de humano, conformando-se a um padrão reducionista e deficiente em que se raciocina sempre a partir de balizas determinadas e limitantes.[205]

Nesse contexto, resgatar as virtudes significa permitir que as regras sejam coerente e racionalmente aplicadas, desde que aquelas estejam presentes e forneçam a estas a orientação para a sua aplicação. O resgate também importa em que o bem de um indivíduo esteja intimamente ligado ao bem comum, de modo que se os bens individuais são conquistados na vida em sociedade, não se pode considerá-los ignorando-se a necessidade de se alcançar o bem da comunidade.[206]

Como consequência, as ações que são governadas por regras só são genuinamente boas na medida em que são expressões das virtudes, tanto mais considerando-se que o próprio ato de seguir regras requer a virtude da prudência, de que se tratará adiante.[207]

[203] Cf. MORAU, Caio. A alienação da consciência e a clausura das ideologias. *Estado da Arte*: revista de cultura, arte e ideias, São Paulo, 16 ago. 2019. Disponível em: https://estadodaarte.estadao.com.br/a-alienacao-da-consciencia-e-a-clausura-das-ideologias/. Acesso em: 10 fev. 2021.

[204] Cf. MOTA, Francisco Sassetti da. *Da catástrofe às virtudes*: a crítica de Alasdair MacIntyre ao liberalismo emotivista. São Paulo: Edições Loyola, 2014. p. 69.

[205] *Ibid*., p. 69.

[206] Cf. MITCHELL, Mark T. *Tradition, individualism and the crisis of freedom*. Indiana: University of Notre Dame Press, 2019. p. 103-104.

[207] Cf. MACINTYRE, Alasdair. *Whose Justice? Which Rationality?* Indiana: University of Notre Dame Press, 1988. p. 194.

MacIntyre condena frontalmente a rejeição moderna da consideração de cada vida humana como uma unidade capaz de proporcionar à virtude uma finalidade adequada. O indivíduo moderno é segmentado com base nas funções que desempenha, sendo a sua atuação em cada seara (trabalho, lazer, vida pessoal, etc.) determinada por normas e modalidades próprias de comportamento.[208]

Nos tempos que correm, a atividade humana é analisada de modo atomista, cuidando-se de atos complexos em termos de componentes simples, como se as ações particulares não fossem parte de um todo maior. O resultado é que a vida passa a ser uma mera sequência de atos e episódios individuais, sem conexão unitária. Nesses termos, fragmentando-se o "eu" em papéis que ocupa socialmente, não se pode vislumbrá-lo como portador de virtudes – pelo menos não do modo concebido por Aristóteles.[209]

Para ilustrar o que se acaba de dizer, se um homem é diligente no trabalho, ocupando-se de suas tarefas com presteza e dedicação, relacionando-se bem com seus colegas e clientes, cumprindo fielmente as tarefas que lhe são designadas, mas não dispensa o mínimo cuidado para com a esposa e os filhos, sem oferecer-lhes apoio e dedicar-lhes tempo, por certo não se poderá dizer que se está diante de um homem que porta a virtude da diligência.

Ora, só se possui a virtude em questão (diligência é oriunda de *diligere*, que significa amar), oposta ao vício da acídia, se o indivíduo é globalmente diligente, ou seja, se escolhe amar – e age em consequência – o que merece ser amado em todos os campos da vida, de modo que não se pode dizer que alguém é virtuoso em apenas uma faceta de sua vida.

Para que uma vida seja unitária, é preciso, como se disse, considerar todos os aspectos da vida de um indivíduo. Esses aspectos, contudo, têm de ser avaliados no contexto de uma narrativa que o situe entre a vida e a morte, com começo, meio e fim. Em outras palavras, não se pode avaliar um comportamento a despeito das intenções e estas não podem ser caracterizadas desprezando-se os cenários que as tornam inteligíveis, tanto para os agentes como para terceiros.[210]

208 Cf. MACINTYRE, Alasdair. *Depois da virtude*: um estudo em teoria moral. Traduzido por Jussara Simões. Bauru: EDUSC, 2001. p. 343.

209 *Ibid.*, p. 343-344.

210 *Ibid.*, p. 345-347.

Os princípios morais só fazem sentido reconhecendo-se a pertinência do conceito de verdade, razão pela qual é preciso criticar o liberalismo, que transformou a sociedade em um campo de guerra de interesses e o emotivismo, herdeiro direto do iluminismo, que tornou frágeis os juízos morais, ambos sustentando a impossibilidade de qualquer acordo sobre os princípios da verdade e do bem.[211]

Ao propor uma ética das virtudes, como se ressaltou, MacIntyre apoia-se especialmente em Aristóteles, razão pela qual se julga oportuno rememorar os seus traços principais para que, à frente, compreenda-se melhor o seu papel na formação dos juízos morais.

3.3.1 As virtudes em Aristóteles

Em sua Ética a Nicômaco, Aristóteles – em quem se inspirou Santo Tomás de Aquino mais de mil e quinhentos anos depois – afirma que as virtudes não são paixões e tampouco faculdades, mas disposições de espírito louváveis que tornam o homem bom e o fazem desempenhar bem a sua função.[212]

Uma das dificuldades para se praticar ações virtuosas reside em que é possível agir de modo errado de diversas maneiras, já que o mal pertence à classe do ilimitado e o bem à do limitado, somente podendo se acertar de um único modo. Entretanto, é precisamente a virtude que proporciona a felicidade, que nada mais é do que uma atividade da alma conforme à virtude perfeita.[213]

Aristóteles divide as virtudes em intelectuais e morais. As primeiras devem, em grande parte, a sua conformação ao ensino, exigindo-se experiência e tempo, sendo constituídas, por exemplo, pela sabedoria filosófica, a compreensão e a sabedoria prática. Entre as morais, adquiridas pelo hábito, figuram, também a título exemplificativo, a liberalidade e a temperança.[214]

[211] Cf. MOTA, Francisco Sassetti da. *Da catástrofe às virtudes*: a crítica de Alasdair MacIntyre ao liberalismo emotivista. São Paulo: Edições Loyola, 2014. p. 19-24.

[212] Cf. ARISTÓTELES. *Ética a Nicômaco*. Tradução Torrieri Guimarães. São Paulo: Martin Claret, 2008. p. 39-47.

[213] *Ibid.*, p. 33-47.

[214] *Ibid.*, p. 39-40.

As virtudes morais, em especial, devem visar sempre ao meio-termo entre o excesso e a falta, ou seja, atuam como disposições de caráter para escolher, com o auxílio da razão prática, a mediania.[215]

Por ser difícil encontrar o equilíbrio entre a falta e o excesso, o ser humano deve se afastar primeiro do que lhe é mais contrário, já que um dos dois extremos é mais errôneo que o outro, sendo possível se contentar com o menor dos males se não se alcança o meio-termo.[216]

Aristóteles faz uma advertência no sentido de que, em tudo, o homem deve se precaver quanto ao que é agradável e causa prazer, pois não se é capaz de julgar com imparcialidade quando se está diante do que apraz aos sentidos. Em outras palavras, quando se procurar agir de modo virtuoso, se não forem dados ouvidos ao prazer, corre-se um menor risco de errar.[217]

Nesse sentido, compete ao ser humano, durante o seu desenvolvimento, aprender a reconhecer que a conexão entre bem e prazer não é absoluta e que há muitíssimos bens cuja obtenção não produz, pelo menos imediatamente, o prazer como retorno. Trata-se de uma aprendizagem gradual que separa a criança do adulto.[218]

Um aspecto bastante relevante da teoria aristotélica das virtudes e muito distinto do liberalismo emotivista diz respeito à distinção essencial entre o que qualquer pessoa reputa ser bom para si e o que realmente é. A prática das virtudes se dirige ao que efetivamente é bom e não ao que aparenta – em um juízo precário – sê-lo.[219]

Nesse particular, uma inteligência deformada, aliada à volatilidade e subjetividade dos afetos, pode indicar a alguém que determinada opção corresponde ao seu bem quando, em verdade, representa o contrário.

Portanto, somente através da prática das virtudes, buscando-se o bem – individual e comum – em cada conduta, é que se pode viver de modo autêntico e livre, alcançando-se o *telos* para que cada ser humano foi criado.

215 *Ibid.*, p. 39-47.

216 ARISTÓTELES. *Ética a Nicômaco*. Tradução Torrieri Guimarães. São Paulo: Martin Claret, 2008. p. 54.

217 *Ibid.*, p. 55.

218 Cf. MOTA, Francisco Sassetti da. *Da catástrofe às virtudes*: a crítica de Alasdair MacIntyre ao liberalismo emotivista. São Paulo: Edições Loyola, 2014. p. 156.

219 Cf. MACINTYRE, Alasdair. *Depois da virtude*: um estudo em teoria moral. Traduzido por Jussara Simões. Bauru: EDUSC, 2001. p. 255.

O *telos* ou o "bem supremo" do homem é precisamente a felicidade, a vida plenamente realizada segundo a razão (*eudaimonia*). Entretanto, não se pode atingi-la de modo subjetivo porque o homem não pode criar o seu próprio bem e, por essa mesma razão, não pode dispor livremente dos critérios de correção moral.[220]

Para que se atue de modo virtuoso, encontrando-se o justo meio, é necessário dispor de um saber prático capaz de determinar, em cada situação concreta, entre outros elementos, *o que* fazer, *quando* fazer e em que *circunstâncias* fazer. O saber em questão é a chamada *phronesis,* conhecida também como sabedoria prática ou prudência.[221]

3.4 A incidência do emotivismo na seara familiarista

Fortes indícios acerca da presença do emotivismo na ordem jurídica pós-moderna são precisamente a relativização da norma positivada e a desconsideração de institutos jurídicos objetivos, cedendo lugar a novos elementos pertencentes a esferas subjetivas, pessoais e emocionais, com forte destaque para a autonomia privada.[222]

Nesse sentido, nota-se uma clara substituição de elementos racionais, objetivos e de fácil identificação nas relações sociais por critérios determinados em âmbito estritamente individual e, também, por sentimentos, tanto dos cidadãos como dos julgadores, em claro menoscabo dos princípios da legalidade e da impessoalidade.[223]

Essa substituição é operada de modo a evitar o conflito entre a mente (razão e vontade) e a afetividade, lançando-se mão de estratégias psicológicas para impedir a constatação de que a afetividade pode sugerir uma conduta

[220] Cf. BARZOTTO, Luis Fernando. *Filosofia do direito*: os conceitos fundamentais e a tradição jusnaturalista. Porto Alegre: Livraria do Advogado Editora, 2010. p. 163.

[221] BARZOTTO, Luis Fernando. *Filosofia do direito*: os conceitos fundamentais e a tradição jusnaturalista. Porto Alegre: Livraria do Advogado Editora, 2010. p. 163.

[222] Cf. PINHEIRO, Victor Sales; RODRIGUES FILHO, Antonio Marinho de Melo. Emotivismo e judicialização do afeto: a problemática metaética da legitimidade jurídica do princípio da afetividade no Direito de Família. *Revista de Direito de Família e das Sucessões,* São Paulo, v. 20, p. 9-38, maio 2020. p. 19.

[223] *Ibid.*, p. 19.

má. Cuida-se, portanto, de um autoengano para dizer a si mesmo que o que se deseja fazer não é ruim, mas bom, porque faz com que a pessoa se sinta bem.[224]

O uso da afetividade no Direito de Família se insere em um quadro de grande influência de correntes metaéticas emotivistas, as quais colocam em xeque a utilidade de métodos racionais e objetivos sob o fundamento de que os juízos valorativos seriam expressões de preferências subjetivas do enunciador, com o fito de gerar empatia e convencimento do interlocutor.[225]

Nesse sentido, a consideração de que não é possível aferir se determinada proposta é benéfica à sociedade, já que se trata com frequência apenas de anseios de alguns indivíduos, o Estado deixa de legislar para atender ao bem da sociedade e da própria célula familiar, reforçando uma concepção liberal na seara familiarista, em que os indivíduos podem requerer a chancela estatal de quaisquer tipos de uniões, mesmo que frontalmente contrárias ao bem comum.

O liberalismo emotivista encontrou um grande aliado para a sua disseminação no Direito Privado, qual seja, a corrente teórica do Direito Civil Constitucional, de que vamos nos ocupar na terceira parte do presente trabalho. Essa corrente, como se verá, amolda-se perfeitamente aos cânones do emotivismo.

Não por acaso, se o influxo dos afetos no Direito de Família soa, para muitos, libertador, por outro lado implica uma considerável fragilidade das uniões.[226] Não só. Além de frágeis, não raro aviltam a dignidade dos seus próprios membros e, por via de consequência, todo o organismo social. É o que se passará a ver na segunda parte deste estudo.

[224] Cf. SARRÁIS, Fernando. *Compreender a afetividade*. São Paulo: Cultor de Livros, 2018. p. 23.

[225] Cf. PINHEIRO, Victor Sales; RODRIGUES FILHO, Antonio Marinho de Melo. *Op. cit.*, p. 9.

[226] Cf. LUCAS, Douglas César; GHISLENI, Pâmela Copetti. O amor e o direito pertencem a "idiomas" distintos: uma crítica à judicialização do afeto. *Revista Brasileira de Sociologia do Direito*, São Paulo, v. 4, n. 3, p. 106-131, set./dez. 2017. Disponível em: http://revista.abrasd.com.br/index.php/rbsd/article/view/155. Acesso em: 10 maio 2022. p. 114.

SEGUNDA PARTE:
EXAME DE UNIÕES PRETENSAMENTE FUNDADAS NA AFETIVIDADE

4. UNIÕES POLIGÂMICAS

4.1 Poliafetividade, poliamor, concubinato, poligamia, poliginia e poliandria: em busca de um acordo semântico

O título do presente capítulo anuncia que seus tópicos aprofundarão o tema das uniões poligâmicas e não há dúvidas de que será este o mote desta parte do trabalho, muito embora se deseje tratar também das outras realidades em epígrafe. Contudo, aconselha a prudência que se alcance antes um acordo semântico acerca dos termos envolvidos na discussão.

O acordo se faz ainda mais necessário diante do recorrente uso dos termos "poliafetividade" e "poliamor", cujo crescente destaque se deve inequivocamente ao superdimensionamento do princípio da afetividade como grande sustentáculo do Direito de Família.

Quando se utiliza o termo poliamor, quer-se fazer referência às relações afetivas que se dão entre diversas pessoas, tanto em uma união estável e duradoura como em relacionamentos causais e esporádicos. Há, portanto, uma ou mais pessoas adicionais com relação ao modelo monogâmico.[227]

Para que se configure o poliamor, os participantes devem recusar a exclusividade afetiva própria da monogamia, sendo possível estabelecer a relação de forma aberta, em que se permite o envolvimento afetivo com terceiros não integrados à relação nuclear afetiva, e também com caráter fechado, situação

[227] Cf. ROTONDANO, Ricardo Oliveira. Entre monogamia e poliamor: o futuro da família no Brasil. *Revista de la Facultad de Derecho*, Montevideo, n. 44, 244-275, jan./jun. 2018. p. 4-7.

em que as relações devem ser compartilhadas de forma igual por todos os membros, sem a presença de estranhos ao núcleo.[228]

Importante destacar que no Direito anglo-saxão tem-se utilizado a expressão *consensual non-monogamy* como um guarda-chuva para albergar o poliamor e as diversas outras relações sexualmente abertas. Como exemplo de "CNM", expressão frequentemente utilizada para abreviar o termo, pode-se pensar em um casal de namorados que resolva incorporar, com o consentimento de todos, uma terceira pessoa ao relacionamento.[229]

O termo poliafetividade, também distante de uniformidade quanto à sua conceituação, faz alusão a uma relação amorosa composta por mais de duas pessoas, de caráter familiar, em que se dispensam a exclusividade e o dever de fidelidade, partindo-se, como regra, de uma relação de estabilidade e coabitação.[230]

O concubinato, também referido como mancebia, ao contrário das demais pretensas uniões, não apresenta dúvidas conceituais, já que o próprio Código Civil vigente, em seu art. 1.727, define-o como constituído por relações não eventuais entre o homem e a mulher impedidos de casar.[231]

Os impedimentos para o casamento, como se sabe, são relacionados pelo art. 1.521 do mesmo diploma e contemplam as seguintes hipóteses: a) ascendentes com os descendentes, seja o parentesco natural ou civil; b) os afins em linha reta; c) o adotante com quem foi cônjuge do adotado e o adotado com quem o foi do adotante; d) os irmãos, unilaterais ou bilaterais, e demais colaterais até o terceiro grau inclusive; e) o adotado com o filho do adotante; f) as pessoas casadas; g) o cônjuge sobrevivente com o condenado por homicídio ou tentativa de homicídio contra o seu consorte.

[228] *Ibid.*, p. 4-7.

[229] Cf. SMITH, Heather; HAWKINS, Alan J. Is there a battle of the sexes in "consensual" non-monogamy? *The Public Discourse*, 3 Nov. 2019. Disponível em: https://www.thepublicdiscourse.com/2019/11/57751/. Acesso em: 12 jun. 2020.

[230] Cf. MADALENO, Rolf. *Curso de direito de família*. 8. ed. rev. atual. e ampl. Rio de Janeiro: Forense, 2018. p. 65-66.

[231] Note-se que antes do surgimento da união estável no Direito brasileiro, conceituava-se o concubinato como a união extramatrimonial entre um homem e uma mulher, de caráter estável, mais ou menos prolongada, tendo como um dos fins a satisfação sexual. Cf. RODRIGUES, Silvio. *Direito civil.* 25. ed. São Paulo: Saraiva, 2000. v. 6: Direito de família. p. 253.

A poligamia, por sua vez, pode ser definida como a união conjugal de uma pessoa com várias outras, sendo o gênero de duas espécies, quais sejam, a poliginia e a poliandria, dizendo a primeira respeito às uniões entre um homem e duas ou mais mulheres, ao passo que a segunda se refere aos relacionamentos em que uma mulher se relaciona com mais de um homem.[232]

Evidentemente, mesmo nos países em que a poligamia é amplamente praticada, a poliginia compõe a maioria avassaladora das uniões entre mais de duas pessoas, justificando-se, portanto, o enfoque dos tópicos seguintes a essa modalidade.

A poligamia diferencia-se notadamente do concubinato na medida em que naquela há um reconhecimento recíproco entre as esposas, ao passo que nas relações extraconjugais não há nem publicidade e tampouco a chancela ou mesmo o conhecimento do cônjuge que guarda a fidelidade.[233]

Feitas as delimitações conceituais, pode-se avançar aos tópicos seguintes, sem prejuízo de eventual retomada a essa seara, quando seja necessário lançar luz a alguma incompreensão quanto aos fatos.

4.2 Aspectos históricos acerca da poligamia

O estudo das uniões poligâmicas é indissociável da consideração histórica de algumas tradições religiosas, em que se permite ou mesmo se incentiva que um homem contraia casamento com duas ou mais mulheres.

Nos dias que correm, nota-se a prática da poligamia em países majoritariamente muçulmanos e também em Estados africanos e asiáticos, como a Índia, que não adotam o Islã como religião oficial. Nesse sentido, pesquisas apontam que sua prática é permitida em 33 países, dos quais 25 são localizados na África.[234]

[232] Cf. SIMÃO, José Fernando. Há limites para o princípio da pluralidade familiar na apreensão de novas formas de conjugalidade e de parentesco? *Revista Brasileira de Direito Civil*, Rio de Janeiro, v. 2, n. 2, p. 61-79, out./dez. 2014. p. 75.

[233] Cf. BROOKS, Thom. The problem with polygamy. *Philosophical Topics*, Charlottesville, v. 37, n. 2, p. 109-122, 2009. p. 111.

[234] Cf. PERVEZ, Aneeza; BATOOL, Syeda Shahida. Polygamy: chaos in the relationship of children. Paskistan *Journal of Social and Clinical Psychology*, New York, v. 14, n. 1, p. 30-35, 2016. p. 30.

O Alcorão, livro sagrado dos islâmicos, prevê que os homens podem se unir a até quatro mulheres, em condições determinadas e desde que procurem ser justos com todas. Não sendo possível tratar com isonomia as esposas, aconselha-se a monogamia.[235]

No século XVI, os anabatistas, protestantes cuja principal bandeira consistia em rejeitar o batismo em tenra idade, passaram a praticar a poligamia em larga escala na cidade de Münster, na Alemanha.

Melchior Hoffmann, autor de ideias apocalípticas e anunciador da vinda iminente de Cristo pela segunda vez, após romper com a Reforma Luterana, reuniu diversos seguidores em regiões da Europa, dentre eles Jan Matthys, através do qual se proclamou a instauração do Reino de Jerusalém em Münster.[236]

Todos os que não aderiram aos ideais anabatistas, inclusive quanto à poligamia, foram expulsos da cidade ou mesmo executados, ocasionando-se diversos males sociais a serem explorados no presente capítulo, a exemplo de estupro, casamento forçado, rivalidade doméstica, abuso de esposas e filhos, além de homicídio.[237]

Também os mórmons, cristãos pertencentes à Igreja de Jesus Cristo dos Santos dos Últimos Dias, fundada por Joseph Smith Jr. na década de 1820 nos Estados Unidos, permitiam a prática da poligamia em razão de revelações que teriam sido dirigidas ao fundador da denominação.

A doutrina e os convênios de n° 132 da Igreja Mórmon[238] mencionam personagens do Antigo Testamento e apresentam os seguintes fundamentos para

[235] "E, se temeis não ser equitativos para com os órfãos, esposai as que vos aprazam das mulheres: sejam duas, três ou quatro. E se temeis não ser justos, esposai uma só." (Alcorão 4:3).

[236] Cf. ROSA, Wanderley Pereira da. Teologia social e política nos Anabatistas. *Estudos de Religião*, São Bernardo do Campo, v. 30, n. 2, maio/ago. 2016. p. 136.

[237] *Cf. KACZOR, Christopher.* Why governments haven't, and shouldn't, recognize polygamy. *The Public Discourse*, 26 abr. 2016. p. 2. Disponível em: thepublicdiscourse.com/2016/04/16666/. Acesso em: 2 fev. 2020.

[238] "34 Deus deu a ordem a Abraão e Sara entregou-lhe Agar como esposa. E por que ela o fez? Porque essa era a lei; e de Agar descendeu muita gente. Isso, portanto, foi para o cumprimento, entre outras coisas, das promessas. 35 Estava Abraão, portanto, sob condenação? Em verdade vos digo que não; porque eu, o Senhor, dei-lhe essa ordem. 36 Foi ordenado a Abraão que sacrificasse seu filho Isaque; não obstante, estava escrito: Não matarás. Abraão, contudo, não se negou e isso lhe foi imputado por retidão. 37 Abraão recebeu concubinas e elas geraram-lhe filhos; e isso lhe foi atribuído como sendo retidão, porque elas lhe foram dadas

o que denominam de casamento plural: a) o cumprimento do mandamento de Deus no sentido de que os homens deveriam se multiplicar e encher a terra; b) dever de cumprir a aliança de Deus com Abraão, fazendo com que sua descendência fosse tão abundante como as estrelas no céu e as areias das praias; c) a monogamia seria tão-somente uma exceção histórica; d) necessidade de reformar o mundo moral e socialmente, sendo a monogamia um convite para a imoralidade; e) reconhecimento de que os filhos de Deus esperam na vida terrena gozar de uma paternidade nobre que os auxilie a entrar no Reino de Deus.[239]

Tanto mórmons como anabatistas – e mesmo os muçulmanos quando argumentam que outras religiões permitiam a poligamia – mencionam figuras do Antigo Testamento que se uniam até mesmo a centenas de mulheres.

De fato, apreende-se das Escrituras que o rei Salomão tinha setecentas esposas e trezentas concubinas[240], ao passo que Abraão, o primeiro dos

e ele obedeceu à minha lei; como também Isaque e Jacó nada mais fizeram do que aquilo que lhes fora ordenado; e porque nada mais fizeram do que as coisas que lhes foram ordenadas, entraram para a sua exaltação, de acordo com as promessas; e assentam-se em tronos, e não são anjos, mas são deuses. 38 Davi também recebeu muitas esposas e concubinas, assim como Salomão e Moisés, meus servos; e também muitos outros de meus servos, desde o princípio da criação até agora; e em nada pecaram, a não ser nas coisas que não receberam de mim. 39 As esposas e concubinas de Davi foram-lhe dadas por mim, pela mão de Natã, meu servo, e outros profetas que possuíam as chaves desse poder; e em nenhuma dessas coisas pecou ele contra mim, a não ser no caso de Urias e sua mulher; e, portanto, caiu de sua exaltação e recebeu sua porção; e não as herdará fora do mundo, porque as dei a outro, diz o Senhor. 40 Eu sou o Senhor teu Deus e dei a ti, meu servo Joseph, uma designação; e restauro todas as coisas. Pede o que desejares e ser-te-á dado de acordo com minha palavra.". A IGREJA DE JESUS CRISTO DOS SANTOS DOS ÚLTIMOS DIAS. *Doutrina e convênios n. 132*. [*S. l*]: [*S. n*], [2022]. Disponível em: https://www.churchofjesuschrist.org/study/scriptures/dc-testament/dc/132?lang=por. Acesso em: 2 fev. 2022.

239 Cf. MEDINA, Graciela. La poligamia: límites a la autonomía de la voluntad en el derecho de família. *Revista de Direito de Família e das Sucessões*, São Paulo, v. 4, p. 183-194, abr./jun. 2015. p. 190.

240 "O rei Salomão, além da filha do faraó, amou muitas mulheres estrangeiras: moabitas, amonitas, edomitas, sidônias e hiteias, pertencentes às nações das quais o Senhor dissera aos israelitas: "Não tereis relações com elas, nem elas tampouco convosco, porque certamente vos seduziriam os corações arrastando-os para os seus deuses". A estas nações uniu-se Salomão por seus amores. Teve setecentas esposas de classe principesca e trezentas concubinas. E suas mulheres perverteram-lhe o coração." I Reis, 11,1-3. Bíblia. Ave Maria. A IGREJA DE JESUS CRISTO DOS SANTOS DOS ÚLTIMOS DIAS. *I Reis*. [*S. l*]: [*S. n*], [2022]. Disponível em: https://www.bibliacatolica.com.br/biblia-ave-maria/i-reis/11.

patriarcas, era casado com Sara[241] e tinha como concubina Agar, serva de sua esposa, com quem teve o filho Ismael. Seu neto, Jacó, por sua vez, havia desposado duas mulheres e se relacionava com duas concubinas.[242]

Entretanto, outras uniões são bastante exploradas no Antigo Testamento como metáforas esponsalícias para tratar da aliança de amor entre Yahveh e Israel, entre as quais as de Oseias, Ezequiel e Isaías, nenhuma delas poligâmica.[243]

No Novo Testamento, por sua vez, apresenta-se a monogamia[244] como única possibilidade de união matrimonial, devendo os esposos perseverarem na fidelidade recíproca. Quinze séculos mais tarde, a condenação da poligamia foi solenemente consignada pelo Concílio de Trento, declarando-se anátema quem porventura dissesse que é permitido aos cristãos ter diversas esposas simultaneamente e que não há proibição por nenhuma lei divina.[245]

Feita a breve retrospectiva histórica, cumpre analisar qual o tratamento dispensado pelo Direito brasileiro, ao longo do tempo, às uniões poligâmicas.

4.3 Vedações legais e o crime de bigamia

Há três dispositivos que extirpam qualquer possibilidade de se defender o reconhecimento da bigamia pelo ordenamento jurídico brasileiro vigente, dois de natureza civil (arts. 1.521, VI e 1.548, II, ambos do Código Civil) e um de caráter criminal (art. 235 do Código Penal).[246]

[241] Após seu falecimento, casou-se com Quetura.

[242] A história de Jacó é retratada em vinte e cinco capítulos do Livro de Gênesis, nos quais menciona-se que se casou com as irmãs Lea e Raquel, filhas de Labão, tendo formado a sua descendência também através do envolvimento com suas respectivas servas, Zilpa e Bila.

[243] Cf. SARMIENTO, Augusto. *El matrimonio cristiano*. 4. ed. Navarra: EUNSA, 2012. p. 108-112.

[244] "Respondeu-lhes Jesus: Não lestes que o Criador, no começo, fez o homem e a mulher e disse: Por isso, o homem deixará seu pai e sua mãe e se unirá à sua mulher; e os dois formarão uma só carne? Assim, já não são dois, mas uma só carne. Portanto, não separe o homem o que Deus uniu." Mt, 19:4-6.

[245] Cf. KACZOR, Christopher. Why governments haven't, and shouldn't, recognize polygamy. *The Public Discourse*, 26 abr. 2016. p. 2. Disponível em: https://www.thepublicdiscourse.com/2016/04/16666/. Acesso em: 2 fev. 2020.

[246] Cf. SIMÃO, José Fernando. Há limites para o princípio da pluralidade familiar na apreensão de novas formas de conjugalidade e de parentesco? *Revista Brasileira de Direito Civil*, Rio de Janeiro, v. 2, n. 2, p. 61-79, out./dez. 2014. p. 75-76.

Além do já mencionado art. 1.521, que estabelece impedimentos para o casamento, entre os quais o previsto no inciso VI (não podem casar as pessoas casadas), o art. 1.548 fulmina de nulidade absoluta o matrimônio contraído por infringência de impedimento.

Referida hipótese não deixa qualquer dúvida no sentido de que o vínculo matrimonial só pode ser extinto pela morte de um dos cônjuges, quando reconhecida a invalidade ou então por meio de divórcio, feitas as seguintes ressalvas: a) o casamento religioso não regularizado em âmbito civil não constitui impedimento para o casamento; b) as segundas núpcias, quando contraídas na constância das primeiras, não podem ser convalidadas mesmo que estas tenham sido dissolvidas antes de sua decretação de nulidade pelo fato de ser preexistente o impedimento legal; c) o casamento de pessoas falecidas não pode ser objeto de contestação se vier a prejudicar a prole comum, com exceção de certidão do Registro Civil capaz de provar que já era casado algum dos cônjuges quando celebrou o casamento impugnado.[247]

O art. 1.548, antes do advento da Lei nº 13.146/15 (Estatuto da Pessoa com Deficiência), previa a nulidade do casamento contraído por enfermo mental sem o necessário discernimento para os atos da vida civil, vedação insubsistente a partir da edição de aludida norma.

Atualmente, a infringência de impedimento, contida no inciso II do artigo em comento, em que está contemplada a hipótese de casamento por quem continua casado, inquina o ato de nulidade absoluta, não sendo possível convalidá-lo.

No campo criminal, o art. 235 do Código Penal, ainda em vigor, comina pena de reclusão de 2 a 6 anos para quem contrair, sendo casado, novo casamento, inserido que está no Título VII ("Dos crimes contra a família") e no Capítulo I ("Dos crimes contra o casamento").

O § 1º do mesmo dispositivo enuncia que o cônjuge que não era casado, mas contrai casamento ciente de que o outro nubente o era, é punido com pena menor, qual seja, reclusão ou detenção de 1 a 3 anos. O parágrafo seguinte estatui que se as primeiras núpcias forem anuladas por qualquer

[247] Cf. CARVALHO FILHO, Milton Paulo de. Arts. 1.511 a 1.783. *In*: PELUSO, Cezar (org.). *Código Civil comentado*: doutrina e jurisprudência. 7. ed. rev. e atual. Barueri: Manole, 2013. p. 1611-2138. p. 1.628.

motivo ou as segundas por razão diversa da bigamia, o crime é considerado inexistente.

Note-se que a lei não exige, para efeito de configuração do crime de bigamia, que o primeiro casamento seja válido, bastando que seja vigente, de modo que até a potencial declaração de nulidade ou anulação do ato terá produzido os efeitos, permitindo-se a tipificação da conduta.[248]

Do mesmo modo, contrair novas núpcias quando se está separado judicialmente, considerando-se que a separação subsiste como opção aos cônjuges mesmo depois da Emenda Constitucional nº 66/2010, não afasta a ocorrência do crime de bigamia, já que não houve extinção do vínculo matrimonial.[249]

4.4 A lavratura de escrituras poligâmicas

No ano de 2012, tornou-se objeto de ampla repercussão a notícia de que uma serventia extrajudicial na cidade de Tupã (SP) havia lavrado uma escritura pública para reconhecer união poligâmica entre um homem e duas mulheres.[250]

Quatro anos mais tarde, a mídia repercutiu que havia, àquela época, pelo menos oito escrituras de união estável entre três ou mais pessoas oficializadas no país.[251]

Diante da reiteração na lavratura de escrituras poligâmicas, a Associação de Direito de Família e das Sucessões (ADFAS) apresentou ao Conselho Nacional de Justiça (CNJ) o pedido de providências nº 0001459-08.2016.2.00.0000[252], requerendo a declaração de sua expressa vedação.

[248] Cf. CUNHA, Rogério Sanches. *Manual de direito penal*: parte especial (arts. 121 ao 361). 8. ed. Salvador: JusPODIVM, 2016. p. 524.

[249] *Ibid.*, p. 524.

[250] UNIÃO estável entre três pessoas é oficializada em cartório de Tupã, SP. *G1*, [Rio de Janeiro], 23 ago. 2012. Disponível em: http://g1.globo.com/sp/bauru-marilia/noticia/2012/08/uniao-estavel-entre-tres-pessoas-e-oficializada-em-cartorio-de-tupa-sp.html. Acesso em: 30 jun. 2020.

[251] AMÂNCIO, Thiago. 'Casais' de 3 ou mais parceiros obtêm união com papel passado no Brasil.*Folha de S. Paulo*, São Paulo, 24 jan. 2016. Cad. Cotidiano. Disponível em: https://www1.folha.uol.com.br/cotidiano/2016/01/1732932-casais-de-3-ou-mais-parceiros-obtem-uniao-com-papel-passado-no-brasil.shtml?origin=folha. Acesso em: 30 jun. 2020.

[252] Disponível em: http://adfas.org.br/wp-content/uploads/2018/06/Memoriais-Pedido-de-Providências.pdf. Acesso em: 30 jun. 2020.

Referido pedido consignou como fundamento para a ilegalidade de escrituras públicas de uniões poligâmicas com efeitos de união estável o teor do art. 226, § 3º, da Constituição Federal, o qual dispõe que para efeito da proteção estatal à família, reconhece-se a união estável entre duas pessoas apenas.

Elencou-se também o art. 1.723 do Código Civil que, na mesma linha do dispositivo constitucional, reconhece como entidade familiar a união estável unicamente entre duas pessoas, desde que configurada a convivência pública, contínua e duradoura, com o objetivo de constituição de família.

Além desses pontos, o pedido de providências delineou os seguintes para sustentar a impossibilidade de reconhecimento das uniões sob exame pelas serventias extrajudiciais:

a) É infundada a alegação de que se um fato existe na vida real, deve ser reconhecido pelo ordenamento jurídico, na medida em que necessita de uma norma juridicamente válida para intermediar o fato da vida e o jurídico, não estando a união entre três ou mais pessoas contempladas pelo suporte fático normativo da união estável;
b) O Supremo Tribunal Federal, ao concluir pela legalidade das uniões estáveis entre pessoas do mesmo sexo, não suprimiu sua natureza monogâmica[253];
c) O tabelião que lavra escrituras de união estável com caráter poligâmico viola a confiabilidade social nele depositada já que, por gozar de fé pública, os atos que chancela se revestem, perante a sociedade, da presunção de que são permitidos.

O Conselho Nacional de Justiça, em acórdão relatado pelo – à época – Corregedor Nacional de Justiça, Ministro João Otávio de Noronha, acolheu o pedido formulado e determinou às corregedorias estaduais que vedassem a lavratura de escrituras públicas declaratórias dessas uniões.

O relator afirmou que a sociedade brasileira não absorveu a união poliafetiva como meio para a constituição familiar, não havendo maturação suficiente.

[253] A decisão da Suprema Corte a que se está a referir foi a adotada no julgamento conjunto da Ação Direta de Inconstitucionalidade nº 4.277/DF e da Arguição de Descumprimento de Preceito Fundamental nº 132/RJ.

Além disso, é objeto de notável repulsa social, de modo que a ínfima quantidade de casos existentes não reflete a posição da sociedade, deixando, por essa razão, de representar mudança social capaz de reverberar no Direito.

As uniões entre mais de duas pessoas, se reconhecidas, implicariam em um grave problema quanto ao regramento aplicável, revelando-se dificultoso o uso da analogia a partir das regras desenhadas para relacionamentos monogâmicos. As razões são múltiplas e entre elas é possível mencionar a maior sujeição a conflitos, que podem se espraiar para os campos da filiação, dos planos de saúde e da definição de parentesco por afinidade.

É feita uma ressalva no sentido de que a decisão do Conselho Nacional de Justiça não impede que os que desejem viver uma relação em grupo assim o façam, mesmo sem a atribuição de efeitos jurídicos próprios do Direito de Família. Caberá a cada um dos participantes, se julgar conveniente, prestar alimentos, testar em benefício do convivente ou atribuir-lhe a condição de beneficiário em contrato de seguro.

O voto aponta também que o notário, ao materializar a manifestação de vontade do declarante através da escritura pública, não pode prescindir do dever de observar os elementos formais e a licitude do conteúdo a ser ratificado.

Nessa esteira, se a união poligâmica, a poliamorosa ou qualquer uma das modalidades com três ou mais pessoas, violam o direito vigente no Brasil, exsurgem duas consequências: a primeira, sobre o fato de que as partes não dispõem de autonomia absoluta; a segunda, a respeito da impossibilidade de o tabelião considerar uma declaração de vontade emitida nesses termos.

Por 12 votos a 1, o colegiado resolveu proibir a lavratura das escrituras públicas de uniões estáveis poligâmicas, verificada divergência parcial em 5 votos, através dos quais se pretendia possibilitá-las com a condição de que os participantes figurassem como sócios de fato, sem a incidência de direitos típicos de família e correlatos.[254]

Ainda nesse contexto, a dificuldade de se aplicar dispositivos atualmente vigentes por meio de analogia é compreensível ao se considerar que uma possível reforma legislativa com o fito de legalizar as uniões poligâmicas deveria

[254] Cf. TAVARES DA SILVA, Regina Beatriz. *Basta de engodo! O casamento e a união estável são monogâmicos*. Disponível em: http://adfas.org.br/2018/07/05/basta-de-engodo-o-casamento--e-a-uniao-estavel-sao-monogamicos/#respond. Acesso em: 2 abr. 2020.

modificar aspectos sensíveis da disciplina atual, a exemplo da convertibilidade da união em casamento.[255]

Na mesma linha, a eventual proteção jurídica a uma relação poligâmica ou poliamorosa, em evidente ofensa ao teor dos dispositivos constitucionais e legais analisados, acabaria por criar uma nova via de ativismo, não o judicial – já amplamente debatido –, mas o extrajudicial.[256]

4.5 O caráter exclusivo do amor romântico

Todas as relações afetivas entre três ou mais pessoas que não se enquadram no tipo de amor comumente encontrado entre os membros de uma família (amor de afeição) ou entre amigos (amor de amizade), partem da premissa de que o amor romântico (*eros*) poderia ser experimentado sem a característica da exclusividade.[257]

Sucede que o *eros* faz com que um homem queira não uma mulher qualquer, mas uma mulher específica e que a mulher queira não qualquer homem, mas um determinado, de modo que o amante deseja o próprio amado e não o prazer que ele pode oferecer. Tamanha é a autenticidade dessa afirmação que quando o amor romântico é posto à prova, prefere-se partilhar a infelicidade com a pessoa amada do que ser feliz de outra maneira.[258]

Sem o componente do *eros*, o desejo sexual é um fato sobre o indivíduo. Com ele, passa a tratar-se de um fato sobre o amado.[259] Portanto, o elemento carnal ou de sexualidade puramente animal, chamado de *vênus*, está atraído pelo próprio eu (egoísmo), ao passo que conjugado com *eros*, abre-se ao outro.[260]

255 Cf. KÜMPEL, Vitor Frederico; ÁVILA BORGARELLI, Bruno de. A ilegalidade das escrituras de união poliafetiva. *Migalhas*, São Paulo, n. 5496, 22 maio 2018. Disponível em: https://www.migalhas.com.br/coluna/registralhas/280531/a-ilegalidade-das-escrituras-de--uniao-poliafetiva. Acesso em: 25 fev. 2020.

256 *Ibid.*

257 Adotam-se aqui as modalidades de amor elencadas na seguinte obra: LEWIS, C. S. *Os quatro amores*. Traduzido por Paulo Salles. São Paulo: Martins Fontes, 2005.

258 *Ibid.*, p. 127-148.

259 *Ibid.*, p. 131-133.

260 *Ibid.*, p. 128.

Nesse sentido, o amor egoísta – que não é amor, portanto – ao querer abraçar o prazer, mas sem querer dar-se, se levado ao extremo, pode destruir tanto quanto o sofrimento. [261]

O amor romântico tem como uma de suas principais características a doação, isto é, a capacidade de sacrificar a própria vontade para perseguir o bem do outro. Contudo, essa entrega, compreendendo inclusive a sexualidade, pode ter apenas um destinatário. Só é possível amar alguém por inteiro, com *eros*, se esse alguém for uma única pessoa.[262]

Nessa esteira, ou a entrega à pessoa amada é total ou simplesmente não ocorre. O enamoramento, não apenas do ponto de vista sentimental, mas com a conjugação da inteligência e da vontade, pressupõe uma pessoa única e concreta, a quem a entrega é feita sem reservas.[263]

No amor de amizade, o coração humano consegue se dilatar a ponto de amar muitas pessoas, sem perder a qualidade ou intensidade. Não por outra razão, nessa modalidade de amor, "dividir não é diminuir". Já no *eros*, a divisão proposta pela poliafetividade faz com que haja efetiva diminuição das capacidades do amor.

Em suma, o coração de quem ama com amor romântico deve ser necessariamente indiviso, com todos os sacrifícios que essa realidade comporta. O coração que não se entrega a um outro com exclusividade cairá inevitavelmente no egoísmo, procurando seu próprio deleite e descuidando do bem do outro.

Por essa razão, soa absolutamente irrazoável o conceito de *compersion*, formulado pelos defensores das relações românticas entre múltiplas pessoas e entendido como um sentimento de alegria ou satisfação ao ver o parceiro feliz por manter uma relação também de cunho sexual com outra pessoa do grupo.[264]

[261] LEWIS, C. S. *Os quatro amores*. Traduzido por Paulo Salles. São Paulo: Martins Fontes, 2005. p. 142.

[262] Cf. ECHEVARRÍA, Javier Aranguren; STORK, Rircardo Yepes. *Fundamentos de antropologia*: um ideal da excelência humana. 2. ed. São Paulo: Instituto Brasileiro de Filosofia e Ciência Raimundo Lúlio, 2016. p. 219.

[263] *Ibid*, p. 219.

[264] Cf. SMITH, Heather; HAWKINS, Alan J. Is there a battle of the sexes in "consensual" non-monogamy? *The Public Discourse*, 3 Nov. 2019. Disponível em: https://www.thepublicdiscourse.com/2019/11/57751/. Acesso em: 12 jun. 2020.

Ao comportar uma entrega total, o amor romântico não admite doações parciais a diferentes pessoas. Quem se dispõe a vivê-lo de modo autêntico, procura doar-se por inteiro e deseja, naturalmente, a doação nos mesmos moldes por parte do amado.

A entrega romântica a diversos indivíduos é sempre incompleta e imperfeita porque não se dá tudo o que é devido à pessoa amada. Abre-se um grande espaço ao egoísmo e tenta-se extrair de cada qual apenas o prazer que pode proporcionar, ao tempo em que se rejeita o sacrifício próprio do amor.

4.6 A prevalência da poliginia face à poliandria

Como já se antecipou no tópico introdutório do presente capítulo, nas sociedades que admitem a poligamia, a probabilidade de encontrar um homem com várias mulheres é extremamente superior do que a de identificar uma mulher com dois ou mais esposos ou companheiros.

Os homens, em regra, são mais inclinados à promiscuidade sexual do que as mulheres, ao passo que estas tendem a procurar relações mais estáveis, sendo raras as condições sociais que estimulem a poliandria. Embora possa haver uniões entre uma mulher e diversos homens, essa realidade será sempre excepcional.[265]

Uma das explicações para essa excepcionalidade é o fato de que muitos fundamentos culturais e religiosos para a poligamia permitem apenas que homens se casem com múltiplas mulheres.[266] O Senegal, por exemplo, país situado na costa oeste do continente africano, admite unicamente a poliginia.[267]

Uma das possibilidades de verificação da poliandria, ainda que extremamente rara, é o casamento de dois irmãos com a mesma mulher.[268] Na Índia, noticiou-se há alguns anos a história dos irmãos Kundar e Amar,

265 Cf. HOLLOWAY, Carson. Polygamy and human dignity. *The Public Discourse*, June 16, 2014. Disponível em: thepublicdiscourse.com/2014/06/13279/. Acesso em: 2 fev. 2020.

266 Cf. BROOKS, Thom. The problem with polygamy. *Philosophical Topics*, Charlottesville, v. 37, n. 2, p. 109-122, 2009. p. 114.

267 Cf. BOLTZ, Marie; CHORT, Isabelle. The risk of polygamy and wives' saving behavior. *The World Bank Economic Review*, World Bank, v. 33, fev. 2019, p. 209-230.

268 Cf. KACZOR, Christopher. The perils of polygamy. *The Public Discourse*, May 21, 2012. Disponível em: thepublicdiscourse.com/2012/05/5338/. Acesso em: 10 fev. 2020.

ambos casados com Indira. A motivação para a escolha do que se denomina "poliandria fraterna" se deu por questões de tradição e economia. Viviam em uma aldeia precária ao lado de uma colina muito íngreme, a cerca de seis mil pés de altura. A maioria dos moradores sobrevivia de pequenas parcelas de terras cultiváveis, não havendo terra abundante. Portanto, em vez de encontrarem esposas separadamente e dividirem suas propriedades herdadas, os irmãos se casaram com a mesma mulher e mantiveram suas terras unidas.[269]

Os homens que vivem em uma união poliândrica enfrentam incertezas quanto à paternidade dos filhos gerados com a esposa que dividem e estimula-se a competição entre o seu ou os seus semelhantes com relação à mulher e sua capacidade reprodutiva.[270]

A poliginia, por sua vez, produz efeitos sociais peculiares, na medida em que tende a beneficiar homens com poder aquisitivo maior, permitindo-lhes que proporcionem o sustento das várias esposas e criando obstáculos aos homens de menor renda mesmo para relações monogâmicas.[271]

Também no tocante às relações poliamorosas, chamadas de poligamia pós-moderna, não há evidências de que não irão conduzir à poliginia, de modo que são intrinsecamente problemáticas pelos mesmos motivos que as poligâmicas.[272]

Fato é que diversas pesquisas de diferentes países apontam que a prevalência da poliginia face à poliandria influencia, enormemente, na natureza dos inúmeros problemas de que se passará a cuidar nos tópicos seguintes.

[269] SIDNER, Sara. Brothers share wife to secure family land. Disponível em: https://edition.cnn.com/2008/WORLD/asiapcf/10/24/polygamy.investigation/index.html#:~:text=They%20practice%20what%20is%20known,family%20marry%20the%20same%20woman.&text=So%2C%20instead%20of%20finding%20separate,two%20husbands%20isn't%20easy. Acesso em: 2 jul. 2020.

[270] Cf. HENRICH, Joseph; BOYD, Robert; RICHERSON, Peter J. The puzzle of monogamous marriage. *Philosophical transactions of the Royal Society*, New York, n. 367, 2012. p. 658.

[271] Cf. HOLLOWAY, Carson. Polygamy and human dignity. *The Public Discourse*, June 16, 2014. Disponível em: thepublicdiscourse.com/2014/06/13279/. Acesso em: 2 fev. 2020.

[272] Cf. BROOKS, Thom. The problem with polygamy. *Philosophical Topics*, Charlottesville, v. 37, n. 2, p. 109-122, 2009. p. 117.

4.7 Os efeitos psicológicos experimentados pelas mulheres

Nas relações entre um homem e múltiplas mulheres, recentes estudos que serão abordados ao longo deste tópico têm mostrado que estas últimas sofrem efeitos de diferentes ordens, entre os quais os de viés psicológico, cujo impacto é também sentido pela sociedade e pelos eventuais filhos.

A influência de uma união poligâmica sobre as mulheres que a compõem é perversa, a começar pelo fato de que o homem não se entrega totalmente a elas, ao passo que dessas se espera uma doação total e exclusiva, devendo ainda suportar a competição com as esposas mais antigas, situação constrangedora que será abordada em tópico próprio no presente capítulo.[273]

Pesquisa levada a cabo com 276 mulheres sírias, das quais 163 *senior wives* em casamentos poligâmicos e 113 em matrimônios monogâmicos, chegou a importantes conclusões a respeito da saúde mental daquelas que dividiam o mesmo marido[274]:

a) as esposas poligâmicas apresentaram menor autoestima e satisfação com a vida do que esposas em casamentos monogâmicos;
b) as esposas provavelmente dispõem de um tempo muito limitado com o marido que compartilham e, portanto, competem por sua atenção, sendo relevante a nota de que em algumas comunidades poligâmicas, a autoestima das mulheres está ligada ao número de filhos que geram;
c) como as famílias poligâmicas geralmente vivem em condições de superlotação, cria-se, por consequência, um ambiente que agrava o estresse e o conflito entre as esposas, de modo que, em certos contextos, o ciúme entre as esposas pode atingir níveis intoleráveis, resultando em agressões físicas e tentativas de suicídio;

[273] Cf. KACZOR, Christopher. The perils of polygamy. *The Public Discourse*, May 21, 2012. Disponível em: thepublicdiscourse.com/2012/05/5338/. Acesso em: 10 fev. 2020.

[274] Cf. AL-KRENAWI; Alean; KANAT-MAYMON, Yaniv. Psychological symptomatology, self-esteem and life satisfactions of women from polygamous and monogamous marriages in Syria. *Internation Social Work*, [*S. l.*], v. 60, n. 1, p. 196-207, 2015.

d) muitos dos sintomas de saúde mental experimentados por mulheres monogâmicas e poligâmicas foram diferentes, com destaque ao maior índice de doenças como depressão e ansiedade entre as últimas;
e) pobreza, má organização da família, baixa autoestima e insatisfação conjugal, geralmente associados a mulheres em uniões poligâmicas, estão relacionados a problemas de saúde mental e sofrimento psicológico;

O resultado encontrado pelo estudo sob exame aponta para um cenário absolutamente preocupante. As sólidas conclusões no sentido de uma grande vulnerabilidade psicológica entre as mulheres que figuram em uniões poligâmicas indicam que há uma notável desigualdade entre os cônjuges.

4.8 O aumento dos índices criminais

Um efeito possivelmente insuspeito *a priori*, mas amplamente confirmado por pesquisas, diz respeito ao aumento do cometimento de crimes nas sociedades em que a poligamia é ao menos permitida.

Nas sociedades poligâmicas, diante dos altos níveis de competição intrassexual e da diminuição na chance de se participar de uma relação estável, homens solteiros e sem boas condições econômicas acabam por se envolver mais em comportamentos de risco, tendo como resultado taxas mais altas de homicídio, roubo, estupro, sequestro (especialmente de mulheres), escravidão sexual e prostituição.[275]

Quanto mais alto for o grau de poliginia em um determinado país, tanto maior será o percentual de homens não casados. De um cenário em que a poligamia é insignificante para outro em que é consideravelmente difundida, a quantidade de homens solteiros pode aumentar de 13 a 27%.[276]

A alta quantidade de homens não casados em uma sociedade influi nos índices de cometimento de crime justamente porque o casamento reduz a

[275] Cf. HENRICH, Joseph; BOYD, Robert; RICHERSON, Peter J. The puzzle of monogamous marriage. *Philosophical Transactions of the Royal Society*, New York, n. 367, 2012. p. 660.

[276] *Ibid.*, p. 662.

probabilidade de um homem cometê-lo em 35%. Nos delitos contra o direito de propriedade e naqueles em que se utilizam meios violentos, ser casado reduz pela metade a probabilidade de cometê-los. Quando os homens são divorciados ou viúvos, os índices de criminalidade aumentam.[277]

Não há dúvidas de que o aumento na quantidade de crimes nos lugares em que se permite a poligamia é altamente prejudicial à sociedade. Essa realidade, comprovada pela pesquisa em tela, levada a cabo por docentes de universidades canadenses e americanas, deve ser considerada ao se discutir se o reconhecimento legal de uniões desse jaez contribuiria para o bem comum.

4.9 Diminuição da idade núbil em sociedades poligâmicas

Uma questão tradicionalmente discutida no Direito Civil diz respeito à idade em que se presume a plena capacidade do indivíduo para prestar livremente o consentimento matrimonial, com as consequências jurídicas próprias a um dos contratos mais solenes mesmo fora da cultura ocidental.

Em uma sociedade poligâmica, a idade núbil é habitualmente menor para as mulheres em comparação com aquelas em que se adota a monogamia. Os homens poligâmicos tendem a procurar novas esposas mais jovens, implicando o casamento precoce em taxas de reprodução muito mais altas.[278]

Para uma adolescente, o casamento com um homem muito mais velho torna improvável uma verdadeira comunhão de vida com o marido e dificulta – quando não impede – a conclusão de sua educação. O casamento nessas condições está também ligado à violência doméstica letal.[279]

Com frequência, contudo, não se respeita a idade núbil, ainda que baixa. Mulheres menores de idade[280] casam-se com homens substancialmente mais

277 *Ibid.*, p. 661.

278 Cf. KACZOR, Christopher. The perils of polygamy. *The Public Discourse*, May 21, 2012. Disponível em: thepublicdiscourse.com/2012/05/5338/. Acesso em: 10 fev. 2020.

279 *Ibid.*

280 Quando se permite o casamento antes do atingimento da idade núbil, viola-se o art. 16 da Declaração Universal de Direitos Humanos: "1. Os homens e mulheres de maior idade, sem qualquer restrição de raça, nacionalidade ou religião, têm o direito de contrair matrimônio e fundar uma família. Gozam de iguais direitos em relação ao casamento, sua duração e sua dissolução. 2. O casamento não será válido senão com o livre e pleno consentimento dos

velhos e que já têm várias esposas, violando-se de modo inequívoco a liberdade sexual e provocando, não raro, gestações de risco.[281]

Considerando-se que os homens casados continuam procurando novas esposas e que há cada vez menos mulheres solteiras, já que muitas dividem o mesmo marido, a competição acaba por estimular os homens a usar quaisquer conexões, vantagens ou alianças que possuam para encontrar novas esposas, incluindo acordos econômicos com pais e irmãos de mulheres solteiras.[282]

Uma vez que meninas e mulheres bastante jovens se tornam esposas, os maridos empregam esforços para protegê-las de outros homens e dominar a tomada de decisões domésticas. A diminuição na autonomia das mulheres e a baixa idade núbil resultam em maior fertilidade, ao passo que na monogamia a diferença de idade entre os cônjuges é habitualmente menor.[283]

4.10 Conflitos e hierarquia entre as "coesposas"

Um dos grandes problemas ocasionados pelas uniões poligâmicas é a relação beligerante e conturbada entre as esposas que dividem o mesmo marido. A convivência de diferentes mulheres sob o mesmo teto, com os respectivos filhos, dificilmente é harmônica e colaborativa.

Pesquisa realizada em sessenta e nove culturas em que se adota ou permite a poliginia, publicada pela Universidade de Pittsburgh, procurou estudar os efeitos de fatores estruturais e psicológicos nas relações de conflito ou cooperação entre as coesposas, tendo chegado às seguintes conclusões[284]:

nubentes. 3. A família é o núcleo natural e fundamental da sociedade e tem direito à proteção da sociedade e do Estado."

281 Cf. MEDINA, Graciela. *La poligamia*: límites a la autonomía de la voluntad en el derecho de família. *Revista de Direito de Família e das Sucessões*, São Paulo, v. 4, p. 183-194, abr./jun. 2015. p. 192.

282 Cf. HENRICH, Joseph; BOYD, Robert; RICHERSON, Peter J. The puzzle of monogamous marriage. *Philosophical Transactions of the Royal Society*, New York, n. 367, 2012. p. 663.

283 HENRICH, Joseph; BOYD, Robert; RICHERSON, Peter J. The puzzle of monogamous marriage. *Philosophical Transactions of the Royal Society*, New York, n. 367, 2012. p. 663.

284 Cf. JANKOWIAK, William; SUDAKOV, Monika; WILREKER, Benjamin C. Co-wife conflict and co-operation. *Ethnology*, Pittersburgh, v. 44, n. 1, p. 81-98, Winter 2005.

a) as mulheres que se casam por primeiro tendem a receber as recém-chegadas com medo, raiva, tristeza e sentimento de perda, demonstrados através de comportamentos culturalmente reconhecidos e mensuráveis, a exemplo de acusações de bruxaria e de favoritismo, demandas de maior acesso ao marido, queixas por serem sexualmente ignoradas e mesmo surtos de abuso físico ou verbal;
b) em 35% de referidas culturas, a defesa ou promoção dos interesses das crianças foi apontada como razão para os conflitos entre coesposas. Mesmo quando há outros motivos para os desentendimentos, o interesse dos menores aparece na quase totalidade dos casos;
c) o *pair bond*, ou seja, o vínculo, o laço que une um casal é uma hipótese fortemente confirmada para o conflito entre as esposas. Etnógrafos em 60 das 69 culturas mencionadas, ou seja, quase 90%, relataram que o acesso sexual e emocional de cada esposa com relação ao marido influi sobremaneira nos litígios, especialmente nos estágios iniciais de uma união poligâmica;
d) embora os recursos materiais possam ser divididos igualmente entre as esposas, o afeto não pode ser repartido de maneira equilibrada. A causa subjacente da hostilidade das mulheres surge de interesses concorrentes quanto à reprodução, em um contexto de esforço para obter acesso sexual e intimidade, na linha do item anterior.

Com relação ao tópico "a" das conclusões acima enunciadas, nota-se com clareza a existência de categorias de esposas, quais sejam, as *junior wives* e as *senior wives*. Nesse cenário, a união poligâmica fica impedida de atingir a autodoação mútua e completa de cônjuges existente em um casamento monogâmico, diante da impossibilidade intrínseca de se reservar sexualmente inteiramente para uma pessoa e, ao mesmo tempo, fazê-lo para outras.[285]

[285] Cf. KACZOR, Christopher. The perils of polygamy. *The Public Discourse*, May 21, 2012. Disponível em: thepublicdiscourse.com/2012/05/5338/. Acesso em: 10 fev. 2020.

4.11 A notável desigualdade entre os sexos

Um dos traços mais marcantes das uniões poligâmicas, em que predomina – repise-se – a poliginia, é a evidente desigualdade em relação aos homens e às mulheres, não gozando estas últimas dos mesmos direitos, prerrogativas e benefícios daqueles.

Pode-se mencionar ainda em desfavor das mulheres em casamentos poligâmicos, na tradição islâmica, o impedimento de culto, bem como alguns impedimentos matrimoniais, como o de lactância, a exigência de um *wali*[286] na prestação do consentimento matrimonial, o repúdio como prerrogativa única, unilateral e discricionária do homem, ao passo que a mulher só pode fazê-lo se provar a ocorrência de uma das causas de divórcio tipificadas na *Sharia*.[287]

Ainda quanto à realidade muçulmana, cuja cultura é um excelente laboratório para a análise da poligamia, também nas regras que disciplinam o direito sucessório há um verdadeiro desequilíbrio em desfavor da mulher, a começar pelo fato de que o marido herda da esposa falecida o dobro do que esta herdaria dele caso fosse o *de cujus*. A filiação é transmitida apenas pela linha masculina, sem direitos de herança para filhos ilegítimos que não são reconhecidos pelo pai. É vedado ainda ao juiz reconhecer a paternidade ou admitir testes para investigá-la a pedido do filho ou de seu representante, cabendo apenas o reconhecimento feito pelo pai.[288]

A união é ainda intrinsecamente desigual pelo fato de que o homem participa de várias relações com diferentes mulheres, ao passo que cada uma delas participa de apenas uma, desvelando-se um contexto peculiar em que, por

[286] Trata-se da pessoa responsável pela vida da noiva antes de se casar, podendo ser seu pai biológico, avô paterno, irmão, tio paterno ou qualquer parente masculino do seu lado paterno. O papel que um *wali* desempenha em seu casamento é de grande importância, podendo torná-lo nulo. Em qualquer caso, se o consentimento do *wali* não for validamente declarado, o Registro competente tem o direito de rejeitar o pedido de casamento. Disponível em: https://www.romm.gov.sg/about_marriage/romm_wali.asp. Acesso em 18 jul. 2020.

[287] Cf. MEDINA, Graciela. La poligamia: límites a la autonomía de la voluntad en el derecho de família. *Revista de Direito de Família e das Sucessões*, São Paulo, v. 4, p. 183-194, abr./jun. 2015. p. 188.

[288] MEDINA, Graciela. La poligamia: límites a la autonomía de la voluntad en el derecho de família. *Revista de Direito de Família e das Sucessões*, São Paulo, v. 4, p. 183-194, abr./jun. 2015. p. 188.

exemplo, quatro mulheres se dedicam exclusivamente ao homem, ao passo que este não se dedica exclusivamente a cada uma delas.[289]

Por fim, com relação às uniões poliamorosas ou CNM (*consensual non-monogamy*), pesquisa levada a cabo pela *YouGov para o Wheatley Institution* da *Brigham Young University*, intitulada *iFidelity*, concluiu, entre outros pontos, que os homens heterossexuais desejam relacionamentos nesses termos quase quatro vezes mais do que suas parceiras mulheres. [290]

Diante dessa realidade, questionam com razão Alan J. Hawkins e Heather Smith se essas uniões são realmente consensuais e se há verdadeira liberdade na formação de relações poliamorosas ou se a desigualdade, que leva um cônjuge a ter mais poder e influência do que o outro, impede a livre prestação do consentimento.[291]

4.12 A maior propensão ao divórcio nas famílias poligâmicas

Outro aspecto de extrema relevância no tocante às relações poligâmicas diz respeito à maior suscetibilidade ao divórcio em comparação com aquelas monogâmicas. As características próprias de um casamento com multiplicidade de cônjuges, muitas das quais exploradas nos tópicos precedentes, conduzem a um maior índice de pedidos de dissolução do vínculo matrimonial por meio do divórcio.

[289] Cf. HOLLOWAY, Carson. Polygamy and human dignity. *The Public Discourse*, June 16, 2014. Disponível em: thepublicdiscourse.com/2014/06/13279/. Acesso em: 2 fev. 2020.

[290] NATIONAL Marriage Project of The University of Virginia. State of our Unions 2019. Disponível em: http://nationalmarriageproject.org/wp-content/uploads/2019/07/SOU2019.pdf. Acesso em: 18 jul. 2020.

[291] SMITH, Heather; HAWKINS, Alan J. Is there a battle of the sexes in "consensual" non-monogamy? *The Public Discourse*, 3 Nov. 2019. Disponível em: https://www.thepublicdiscourse.com/2019/11/57751/. Acesso em: 12 jun. 2020. Em tradução livre: "E se um parceiro tiver mais influência, porque ganha mais, é mais atraente ou é melhor para iniciar novos relacionamentos? O consentimento total pode ser dado quando os parceiros estão em posições desiguais? Uma dona de casa desempregada e introvertida, dependente de um cônjuge financeiramente bem-sucedido, extrovertido e sexualmente aventureiro, tem realmente muito poder para não consentir quando seu parceiro pede um relacionamento aberto? A resposta padrão é que a comunicação aberta entre os parceiros é a chave para resolver esta situação. Mas a honestidade é suficiente nas situações em que um dos cônjuges tem mais poder e influência do que o outro?".

A pesquisa intitulada *The puzzle of monogamous marriage*, igualmente mencionada ao longo do presente capítulo e dirigida por universidades americanas e canadenses, disponibilizou material eletrônico suplementar[292] em que trata, dentre outros, do tema do divórcio.

Em comparação com famílias monogâmicas, as poligâmicas com mais de duas esposas têm cinco vezes mais chances de se divorciar. Contudo, quando o casamento se dá com apenas duas mulheres, a probabilidade de divórcio é semelhante a de uniões monogâmicas. Os resultados do estudo sob exame indicam que a permissão da poliginia implica no aumento da taxa de divórcio, salvo se o número de casamentos com duas esposas for pelo menos o triplo do número de todas as outras uniões poligâmicas combinadas.[293]

Note-se que, com a permissão do divórcio em sociedades poligâmicas, os homens de alto *status* social envolvem-se no que se chama de *monogamia serial* ou *em série* (*serial monogamy*), ou seja, divorciam-se de sua atual cônjuge para saltarem diretamente para outro relacionamento e assim o fazem sucessivamente.[294]

Estudo de caso levado a cabo na Nigéria no início dos anos noventa já havia alertado sobre o perigo de se considerar a monogamia-poligamia como mera dicotomia sem influência significativa sobre o divórcio.[295]

Referida pesquisa aponta que as uniões com duas esposas são mais estáveis do que aquelas com três ou mais, independentemente da quantidade de filhos, duração do casamento, religião e outras condições socioeconômicas.[296]

O aumento do índice de divórcios acompanha o correspondente aumento no número de esposas na união, em razão da diferença de idade entre elas, do aumento dos conflitos e de restrições econômicas a depender da renda familiar, de modo que a proporção cumulativa de divórcios em cinco anos de

[292] Cf. HENRICH, Joseph; BOYD, Robert; RICHERSON, Peter J. *Electronic supplementary materials for "The puzzle of monogamous marriage"*. Disponível em: https://royalsocietypublishing.org/action/downloadSupplement?doi=10.1098%2Frstb.2011.0290&file=rstb20110290suppl.pdf. Acesso em: 22 jul. 2020.

[293] *Ibid.*, p. 22-23.

[294] *Ibid.*, p. 10.

[295] Cf. GAGE-BRANDON, Anastasia J. The polygyny-divorce relationship: a case study of Nigeria. *Journal of Marriage and Family*, Menasha, v. 54, n. 2, p. 285-292, May 1992.

[296] *Ibid.*, p. 291.

casamento naquele país é de aproximadamente 6% para uniões monogâmicas e 14% para uniões poligâmicas com três ou mais esposas.[297]

4.13 A ofensa à dignidade da pessoa humana

Como se verá na terceira parte deste trabalho, o princípio da dignidade da pessoa humana tem sido frequentemente utilizado, ao lado do princípio da afetividade, objeto de estudo da presente tese, para justificar o reconhecimento de diferentes tipos de uniões.

Quanto às uniões poligâmicas, em particular, os tópicos anteriores já fornecem elementos suficientes para se constatar que não privilegiam o respeito à dignidade de cada um de seus membros. Ao contrário, aviltam-na, em grave prejuízo das mulheres que delas participam.

Como já se disse, nesses tipos de uniões há um desequilíbrio intrínseco ao se constatar que cada uma das mulheres se dedica exclusivamente a um marido, ao passo que este não assume o mesmo compromisso e, portanto, não se entrega autêntica e totalmente a cada uma delas.

Ofendem-se, também de forma direta, os filhos, já que não recebem do pai os cuidados devidos, sendo preteridos, afetiva e economicamente, pela busca de novas esposas. Essa realidade faz com que experimentem notáveis prejuízos no desenvolvimento da personalidade e, em consequência, no relacionamento social.

A própria sociedade, considerando-se a dignidade de cada um de seus componentes, é igualmente atingida pelos efeitos perversos da permissão ou do estímulo às uniões poligâmicas. O aumento nos índices de criminalidade é apenas um preocupante termômetro dos diversos distúrbios sociais causados.

Fato é que a normalização da poligamia esvazia o comprometimento com a proteção à dignidade da pessoa humana, na medida em que cada indivíduo deixa de ser valorizado como um fim em si mesmo, passando a constituir apenas um meio para os fins de outras pessoas.[298]

[297] GAGE-BRANDON, Anastasia J. The polygyny-divorce relationship: a case study of Nigeria. *Journal of Marriage and Family*, Menasha, v. 54, n. 2, p. 285-292, May 1992. p. 289.
[298] Cf. HOLLOWAY, Carson. Polygamy and human dignity. *The Public Discourse*, June 16, 2014. Disponível em: thepublicdiscourse.com/2014/06/13279/. Acesso em: 2 fev. 2020.

Nesse sentido, é evidente que a discussão acerca da conveniência ou não de se reconhecer e atribuir efeitos jurídicos a determinado tipo de união deve passar, invariavelmente, pela consideração dos efeitos provocados em seus participantes e potenciais filhos, bem como em toda a sociedade para que, ao final, avalie-se a valorização ou não do bem comum.

5. UNIÕES CONCUBINÁRIAS

Já se cuidou do concubinato na primeira parte do presente trabalho, bem como no capítulo imediatamente anterior, em que se procurou diferenciá-lo das noções de poliafetividade, poliamor, poligamia, poliginia e poliandria.

Neste capítulo, contudo, pretende-se examinar as chamadas uniões concubinárias em maior verticalidade, procurando-se compreender, entre outros temas, seus traços particulares, a cogência do dever de fidelidade, as malfadadas tentativas de se lhe atribuir direitos e os efeitos negativos que produz na célula familiar e na sociedade.

Convém, antes, proceder a um sucinto delineamento histórico para que se possa, com maior propriedade e coerência, tecer os comentários pertinentes ao seu atual enquadramento no ordenamento jurídico brasileiro.

5.1 Breves aspectos históricos acerca da figura do concubinato

O termo *concubere,* do qual se originam o concubinato e seus derivados, significa deitar-se com outrem, compartilhar o leito. Dele também se extraem as formas em outros idiomas, a exemplo de *concubinage,* utilizado no francês e no inglês. No Direito brasileiro, há muito é objeto de tratamento pelos diplomas legais.

As Ordenações Filipinas já haviam se ocupado do concubinato, entre outros pontos, no Livro IV, Título LXVI, quanto à doação ou venda feita por homem casado à sua barregã (concubina), permitindo à sua mulher revogar e haver para si o bem alienado, mesmo sem a autoridade e procuração do marido.

Ainda sob a vigência delas, o Decreto nº 181/1890 tratava lateralmente do concubinato ao disciplinar o casamento *in articulo mortis*, exigindo, para tanto, que os nubentes vivessem como concubinos, tivessem filho comum ou houvesse necessidade de reparar ofensa à honra da mulher, requisitos esses que viriam a ser suprimidos com a superveniência do Código Beviláqua, podendo contrair casamento mesmo sem ter havido *copula carnalis* ou sequer probabilidade de vir a haver.[299]

A exemplo das longevas Ordenações em questão, também o Código Civil de 1916, como já se ressaltou no primeiro capítulo deste estudo, fez constar o concubinato em seu art. 363, I, como hipótese em que se permitia a investigação de paternidade, além de previsões nos arts. 248, IV (direito da mulher casada de reivindicar bens doados ou transferidos à concubina), 1.177 (anulabilidade da doação ao cúmplice do cônjuge adúltero, também pelos herdeiros necessários até dois anos após a dissolução da sociedade conjugal) e 1.719, III (impossibilidade de a concubina do testador casado ser nomeada herdeira ou legatária).

Não figurava, portanto, o concubinato como instituição de Direito de Família, ao contrário da maternidade e da paternidade ilegítimas. Essa afirmação, todavia, não equivale a dizer que as províncias civilistas, em especial a familiarista, fossem indiferentes ao fato de o concubinato existir socialmente.[300]

No diploma civil vigente, por força de seu art. 1.727, o legislador fez questão de definir as uniões concubinárias como as "relações não eventuais entre o homem e a mulher, impedidos de casar". Trata-se, especialmente após o surgimento da figura da união estável, de importante precisão conceitual para diferenciar ambas.

[299] Cf. PONTES DE MIRANDA, Francisco Cavalcanti. *Tratado de direito privado.* Atualizado por Rosa Maria de Andrade Nery. São Paulo: Revista dos Tribunais, 2012. t. 7: Direito de personalidade. Direito de família. p. 425.

[300] PONTES DE MIRANDA, Francisco Cavalcanti. *Tratado de direito privado.* Atualizado por Rosa Maria de Andrade Nery. São Paulo: Revista dos Tribunais, 2012. t. 7: Direito de personalidade. Direito de família. p. 284.

5.2 Concubinato e união estável

Antes do advento da união estável, podia-se definir o concubinato como a união do homem e da mulher, fora do matrimônio, de caráter estável, mais ou menos prolongada, para o fim de satisfação sexual, assistência mútua – e dos filhos –, da qual decorria a presumida fidelidade conjugal.[301]

A diferenciação entre união estável e concubinato se nota, por exemplo, pelo teor do art. 1.642, V, o qual permite ao cônjuge traído reivindicar bens doados ou transferidos por seu consorte ao concubino em determinadas condições. Do mesmo modo, o art. 1.708 do Código Civil, segundo o qual "com o casamento, a união estável ou o concubinato do credor, cessa o dever de prestar alimentos."

Também o art. 1.801, III, do mesmo diploma, impede a nomeação como herdeiro ou legatário do concubino do testador casado, "salvo se este, sem culpa sua, estiver separado de fato do cônjuge há mais de cinco anos." Por fim, o art. 1.803 trata expressamente do filho do concubino, a quem é lícita a deixa se for seu pai o testador.

Nesse mesmo contexto, as causas impeditivas do casamento fazem com que se configure concubinato e não união estável, mais uma vez em demonstração de que representam realidades diversas e com efeitos igualmente diversos:

> Art. 1.521. Não podem casar:
> I – os ascendentes com os descendentes, seja o parentesco natural ou civil;
> II – os afins em linha reta;
> III – o adotante com quem foi cônjuge do adotado e o adotado com quem o foi do adotante;
> IV – os irmãos, unilaterais ou bilaterais, e demais colaterais, até o terceiro grau inclusive;
> V – o adotado com o filho do adotante;
> VI – as pessoas casadas;

301 Cf. RODRIGUES, Silvio. *Direito civil*. 25. ed. São Paulo: Saraiva, 2000. v. 6: Direito de família. p. 253.

> VII – o cônjuge sobrevivente com o condenado por homicídio ou tentativa de homicídio contra o seu consorte.

Também a jurisprudência tem apontado a inequívoca necessidade de bem compreender os traços distintivos entre a união estável e a concubinária.

O Ministro Marco Aurélio, ao relatar o RE 397.762/BA, em que, uma vez mais, discutia-se a titularidade de pensão decorrente de falecimento de servidor público, fez questão de sublinhar e enfatizar a diferença entre ambas, de modo a evitar a percepção do benefício em tela por pessoa diversa do cônjuge do *de cujus*:

> COMPANHEIRA E CONCUBINA – DISTINÇÃO. Sendo o Direito uma verdadeira ciência, impossível é confundir institutos, expressões e vocábulos, sob pena de prevalecer a babel.
> UNIÃO ESTÁVEL – PROTEÇÃO DO ESTADO. A proteção do Estado à união estável alcança apenas as situações legítimas e nestas não está incluído o concubinato.

No voto condutor, o Ministro, de modo absolutamente preciso, enfatizou a necessidade de se julgar demandas dessa natureza com base no direito posto:

> Todavia, a união estável protegida pela Constituição pressupõe prática harmônica com o ordenamento jurídico em vigor. Tanto é assim que, no artigo 226 da Carta da República, tem-se como objetivo maior da proteção o casamento. O reconhecimento da união estável pressupõe possibilidade de conversão em casamento. O reconhecimento da união estável entre o homem e a mulher como entidade familiar, devendo a lei facilitar sua conversão em casamento, direciona à inexistência de obstáculo a esse último [...]. Abandonem a tentação de implementar o que poderia ser tida como uma justiça salomônica, porquanto a segurança jurídica pressupõe o respeito às balizas legais, a obediência irrestrita às balizas constitucionais. O concubinato não se iguala à união estável referida no texto constitucional, no que esta acaba fazendo as vezes, em termos de consequência, do casamento. Gera, quando muito, a denominada sociedade de fato.

Nesse contexto, a diferenciação entre uma relação concubinária e a união estável é de capital importância, especialmente porque, como se verá ainda neste capítulo, há quem defenda a extinção do concubinato, figura essa altamente necessária para destacar situação de fato peculiar.

É fato incontestável, portanto, o de que a Constituição Federal, em seu art. 226, posiciona o casamento em primeiríssimo plano em comparação com qualquer outra espécie de união, apesar das opiniões de uns quantos juristas a respeito de sua alegada injustiça. Se a lei nega a proteção ao concubinato, evidentemente nenhum magistrado está autorizado a fazê-lo.[302]

Apesar de referida vedação aos julgadores e da clareza dos comandos legais e constitucionais em exame, muitas foram as decisões de instâncias inferiores em que se pretendeu conferir ao concubinato efeitos típicos de uniões estáveis.

Em precedente do Tribunal de Justiça do Maranhão (Apelação nº 19.048/13, Rel. Des. Lourival Sousa, julgamento em 10/07/14), ignorou-se o fato de que a união tem de ser "estável" e de que é condição indispensável estar a pessoa separada de fato para que se possa caracterizar a união estável. Subjetiva e arbitrariamente, tomou-se a prescrição legal como não escrita e se permitiu o reconhecimento de união estável de pessoa casada e não separada de fato.[303]

Outra questão tormentosa diz respeito à observância do dever de fidelidade entre os que se encontram casados. Apesar de sua expressa previsão legal, trata-se de uma mera recomendação aos cônjuges ou de um efetivo dever?

5.3 A quebra do dever de fidelidade como ato ilícito

No Capítulo IX ("Da eficácia do casamento") do Código Civil de 2002, o art. 1.566 elenca deveres entre ambos os cônjuges, a saber, os de fidelidade recíproca, vida em comum no domicílio conjugal, mútua assistência, sustento, guarda e educação dos filhos e, por fim, respeito e consideração mútuos.

O dever de fidelidade recíproca assenta-se na dedicação exclusiva e leal, como consorte, de cada um dos cônjuges em relação ao outro, enquanto

302 RODRIGUES, Silvio. *Direito civil*. 25. ed. São Paulo: Saraiva, 2000. v. 6: Direito de família. p. 153.

303 *Ibid.*, p. 153.

premissa para a plena realização pessoal de ambos no seio da sociedade conjugal, já que impossível a plena comunhão de vida entre dois seres alicerçada na mentira ou na dissimulação.[304]

Os deveres conjugais não têm por objetivo conferir direitos subjetivos aos cônjuges, porquanto figuram na verdade como poderes-deveres, poderes funcionais dirigidos aos interesses da família e não, apenas, de cada um de seus membros individualmente considerados. [305]

Como a lei não pode elencar exaustivamente todos os deveres, limita-se a consignar os mais importantes, tidos como essenciais pela ordem pública e pelo interesse social.

Entre eles, portanto, a fidelidade não constitui apenas um dever moral, mas uma exigência jurídica, em nome dos superiores interesses da sociedade, considerando-se que uma vez que se comete adultério, quebra-se a confiança entre os cônjuges e fragiliza-se a estrutura familiar, perturbando-a de modo profundo.[306]

Nesse sentido, a Ministra Nancy Andrighi, ao relatar o REsp 1348458/MG, fez notar que uma sociedade que apresenta como elemento estrutural a monogamia não pode mitigar o dever de fidelidade, o qual integra o conceito de lealdade e respeito mútuo, com o objetivo de inserir na seara familiarista as relações afetivas paralelas e, por consequência, desleais.

Muito embora o dever de fidelidade não possa ser coercitivamente imposto, não figurando, portanto, como objeto de nenhuma ação judicial, nem por isso deixa de constituir um dever jurídico, motivo pelo qual não assiste razão aos que o tratam como se mera recomendação fosse.[307]

Em suma, se a fidelidade é um dever imposto pela lei, o seu malferimento, ainda que não haja, como regra, ulterior responsabilização civil, não deixa de constituir um ato ilícito, o qual, a toda evidência, não pode gerar uma nova união a cujo respeito se pretenda atribuir direitos.

[304] Cf. VARELA, Antunes. *Direito da família*. Lisboa: Livraria Petrony, 1987. p. 328.

[305] Cf. CABELEIRA, Caio Martins. A ditadura do afeto: uma crítica à introdução do sentimento como valor jurídico. *Revista de Direito de Família e das Sucessões*, São Paulo, v. 1, n. 1, p. 43-60, jul./set. 2014. p. 60.

[306] Cf. MONTEIRO, Washington de Barros. Dos deveres comuns a ambos os cônjuges. Memória. *Revista de Direito de Família e das Sucessões*, São Paulo, v. 4, v. 14, p. 93-104, out./dez. 2017.

[307] Cf. VARELA, Antunes. *Op. cit.*, p. 329.

5.4 A atribuição de direitos aos concubinos

No final de 2020, o Supremo Tribunal Federal, no Recurso Extraordinário nº 1.045.273, proveniente do Estado de Sergipe e sob relatoria do Min. Alexandre de Moraes, teve de enfrentar o Tema 529, admitido em sede de repercussão geral, a respeito da possibilidade ou não de reconhecimento da coexistência de duas uniões estáveis paralelas, com o consequente rateio da pensão por morte entre os companheiros sobreviventes, com ou sem diversidade de sexo.

Na origem, o acórdão de lavra do Tribunal de Justiça daquele Estado havia julgado procedente recurso de apelação para reformar a sentença que havia declarado a legalidade do recebimento de pensão por morte ante o reconhecimento de existência de união estável de doze anos entre autor e réu, já falecido este último à época da decisão.

Em seu voto condutor, o relator mencionou precedentes da Corte no sentido da impossibilidade de reconhecimento de união estável quando um dos pretensos companheiros estivesse em casamento ainda válido, com fulcro no art. 1.727 do Código Civil, segundo o qual as relações não eventuais entre o homem e a mulher, impedidos de casar, constituem concubinato.

Assentou-se, naquela ocasião, a vedação ao reconhecimento de uma segunda união estável, quando demonstrada a existência de uma primeira união de mesma natureza, juridicamente reconhecida, sob o fundamento de que subsiste o valor monogâmico no ordenamento jurídico brasileiro para o reconhecimento do casamento e da união estável, figurando, inclusive, como deveres dos cônjuges, a aludida exigência de fidelidade recíproca, como reza o art. 1.566, I, também do Código Civil, e como deveres dos companheiros a lealdade (art. 1.724 do Código Civil).

Nessa esteira, o simples fato de haver uma declaração judicial de existência de união estável constitui obstáculo ao reconhecimento de uma outra união concomitantemente estabelecida por um dos companheiros durante o mesmo período, haja vista que o art. 226, § 3º, da Constituição Federal, tem como lastro o princípio da monogamia, como requisito para o reconhecimento jurídico da união em questão.

Ainda em sede do voto do relator, fez-se menção a precedentes do próprio Supremo Tribunal Federal, a exemplo do RE 397.762, já examinado, relatado em 2008 pelo Ministro Marco Aurélio, por meio do qual se consignou que a proteção do Estado à união estável alcança apenas as situações legítimas, entre as quais não se insere o concubinato, de modo que a titularidade da pensão por morte pressupõe vínculo reconhecido pelo ordenamento jurídico, revelando-se inviável divisão que beneficie a concubina em detrimento da família.

No mesmo contexto, o Ministro Alexandre de Moraes repisou entendimento consignado também pelo Superior Tribunal de Justiça a respeito da impossibilidade de reconhecimento de uniões estáveis paralelas:

> DIREITO DE FAMÍLIA. RECONHECIMENTO DE UNIÕES ESTÁVEIS SIMULTÂNEAS. IMPOSSIBILIDADE. EXCLUSIVIDADE DE RELACIONAMENTO SÓLIDO. CONDIÇÃO DE EXISTÊNCIA JURÍDICA DA UNIÃO ESTÁVEL. EXEGESE DO § 1º DO ART. 1.723 DO CÓDIGO CIVIL DE 2002. 1. Para a existência jurídica da união estável, extrai-se, da exegese do § 1º do art. 1.723 do Código Civil de 2002, fine, o requisito da exclusividade de relacionamento sólido. Isso porque, nem mesmo a existência de casamento válido se apresenta como impedimento suficiente ao reconhecimento da união estável, desde que haja separação de fato, circunstância que erige a existência de outra relação afetiva factual ao degrau de óbice proeminente à nova união estável. 2. Com efeito, a pedra de toque para o aperfeiçoamento da união estável não está na inexistência de vínculo matrimonial, mas, a toda evidência, na inexistência de relacionamento de fato duradouro, concorrentemente àquele que se pretende proteção jurídica, daí por que se mostra inviável o reconhecimento de uniões estáveis simultâneas. 3. Havendo sentença transitada em julgado a reconhecer a união estável entre o falecido e sua companheira em determinado período, descabe o reconhecimento de outra união estável, simultânea àquela, com pessoa diversa. 4. Recurso especial provido." (REsp 912.926/RS, Rel. Min. LUIS FELIPE SALOMÃO, QUARTA TURMA, DJe de 7/6/2011).

Fixou-se, vencidos os Ministros Edson Fachin, Luís Roberto Barroso, Rosa Weber, Carmen Lúcia e Marco Aurélio, a seguinte tese de repercussão geral:

> A preexistência de casamento ou de união estável de um dos conviventes, ressalvada a exceção do artigo 1.723, § 1º, do Código Civil, impede

o reconhecimento de novo vínculo referente ao mesmo período, inclusive para fins previdenciários, em virtude da consagração do dever de fidelidade e da monogamia pelo ordenamento jurídico-constitucional brasileiro.

O Min. Edson Fachin, em sentido contrário ao da tese aprovada por maioria, havia defendido, na ocasião do julgamento, a possibilidade de reconhecimento de uniões estáveis simultâneas se não houvesse a comprovação de que os companheiros estariam de má-fé, ignorando a concomitância das relações travadas, com a consequente atribuição dos efeitos previdenciários consectários.

5.5 Os efeitos negativos do concubinato

Não há dúvidas, como se verá, de que o adultério prejudica enormemente as crianças. Os filhos de pais divorciados nessas circunstâncias apresentam resultados menos promissores do que aqueles oriundos de famílias que permanecem unidas, padecendo igualmente de dificuldades financeiras em razão da divisão em duas famílias e dos recursos gastos por seus pais nos litígios judiciais pela guarda e prestação de alimentos.[308]

Em pesquisa realizada nos Estados Unidos, estimou-se que o percentual de divórcios nos quais a infidelidade é um fator preponderante varia de 17 a 55%, sublinhando-se o custo financeiro, emocional e físico que a ruptura da sociedade conjugal acarreta para homens, mulheres e crianças[309]

Há várias maneiras pelas quais as crianças podem ser atingidas por conflitos de infidelidade entre seus pais, na medida em que são direta e indiretamente expostas aos segredos e às mentiras que frequentemente acompanham as relações adúlteras. É no seio familiar que os filhos têm um primeiro contato com importantes componentes das relações humanas, como o amor,

[308] Cf. BRINING, Margaret F. Adultery: Trust and Children. *Texas Law Review*, Austin, v. 95, p. 611-630, 2017. p. 626-627.

[309] Cf. WILLETT, Beverly. It's time to get serious about infidelity. *Public Discourse*, 25 Sep. 2015. Disponível em: https://www.thepublicdiscourse.com/2015/09/15739/. Acesso em: 3 jun. 2022.

a honestidade, o respeito e a comunicação, contexto esse que torna ainda mais graves os efeitos por eles experimentados em razão da quebra de confiança entre os pais.[310]

As relações parentais podem influenciar negativamente as atitudes dos filhos adultos em relação a compromissos que tenham assumido, como o casamento. Por outro lado, as habilidades necessárias para resolver problemas familiares no futuro podem ser desenvolvidas justamente a partir de bons exemplos colhidos dos pais.[311]

A existência de relações concubinárias implica ainda no risco de transmissão de doenças venéreas para o cônjuge fiel, o qual, sem culpa sua, pode ter que se submeter a longos e incômodos tratamentos, como no caso de contrair o vírus HIV. Em situações dessa natureza, não restam dúvidas acerca do direito a ser reparado pelos danos causados.[312]

Opera-se, desse modo, uma grave deterioração do bem-estar da célula familiar. Ainda que o casamento ou a união estável permaneça, a quebra de confiança entre os cônjuges ou companheiros repercute negativamente com relação aos eventuais filhos que tenham em comum.

As habilidades nos relacionamentos da vida adulta são afetadas pela maneira como cada um dos parceiros foi moldado pelos relacionamentos de seus pais e as experiências vividas nas respectivas famílias. Em outras palavras, quando um casal se junta para criar a sua própria família, cada qual traz consigo invariavelmente o legado das gerações passadas.[313]

[310] Cf. SCHMIDT, Alexandra E.; GREEN, Mary S.; SIBLEY, D. Scott; PROUTY, Anne M. Effects of Parental Infidelity on Adult Children's Relational Ethics With Their Partners: A Contextual Perspective. *Journal of Couple & Relationship Therapy*, [Abingdon], n. 15, n. 3, p. 193-212, 2016.

[311] *Ibid.*, p. 2.

[312] Cf. a esse respeito, MORAU, Caio; RODRIGUES, Mônica Cecílio. A responsabilidade civil na transmissão de doença venérea entre cônjuges ou companheiros. *In*: TEIXEIRA, Ana Carolina Brochado; ROSENVALD, Nelson; MULTEDO, Renato Vilela (org.). *Responsabilidade civil e direito de família*: o direito de danos na parentalidade e conjugalidade. Indaiatuba: Foco, 2021. p. 289-300.

[313] Cf. SCHMIDT, Alexandra E.; GREEN, Mary S.; SIBLEY, D. Scott; PROUTY, Anne M. Effects of Parental Infidelity on Adult Children's Relational Ethics With Their Partners: A Contextual Perspective. *Journal of Couple & Relationship Therapy*, [Abingdon], n. 15, n. 3, p. 193-212, 2016.

Nesse sentido, indivíduos que veem suas famílias como não confiáveis e incapazes de atender às suas necessidades, muitas vezes experimentam um profundo sentimento de mágoa e estão submetidos a um risco maior de desenvolver uma capacidade relacional destrutiva. Nessas condições, quando se busca suprir as próprias necessidades físicas e emocionais a qualquer custo, perde-se a dimensão de como as ações impactam os demais, especialmente os parceiros e as crianças.[314]

Apesar de tamanhas evidências, boa parcela da doutrina – a mesma mencionada na primeira parte do presente trabalho – pretende, a todo custo, incorporar ao ordenamento jurídico brasileiro a figura das uniões paralelas e poliafetivas, extinguindo-se as previsões legais acerca do concubinato.

5.6 A tentativa de sepultamento do concubinato

Em artigo intitulado "Concubinato, um instituto que já morreu", a autora, uma das principais entusiastas da incorporação da afetividade ao discurso jurídico, sustenta que "sempre houve uma profunda aversão a vínculos afetivos constituídos fora dos sagrados laços do matrimônio". O concubinato, nesse contexto, seria uma expressão "[...] feia" por meio da qual a lei se encarregava de impor "todo o tipo de restrições e impedimentos."[315]

A previsão do concubinato, ainda sob seu ponto de vista, constituiria uma espécie de ojeriza às relações espúrias, de modo que sua extinção, aliada ao reconhecimento das uniões simultâneas e poliafetivas, seria a única forma de "[...] impor a quem ama mais de uma pessoa que seja responsável por quem cativa."[316]

Ora, a alegada responsabilidade "por quem cativa" apagaria por completo a responsabilidade para com o cônjuge, a cujo respeito a lei atribui o dever de

[314] *Ibid.*, p. 6-8. Não fosse suficiente, futuros adultos do sexo masculino que relataram a infidelidade de um pai são mais propensos a se envolverem eles próprios em infidelidade, sugerindo a influência contínua do comportamento parental.

[315] Cf. DIAS, Maria Berenice. Concubinato, um instituto que já morreu. *Revista Consultor Jurídico*, São Paulo, 18 nov. 2020. Disponível em: https://www.conjur.com.br/2020-nov-18/dias-concubinato-instituto-morreu. Acesso em: 3 maio 2022.

[316] *Ibid.*

observar a fidelidade? O consorte que se mantém fiel, de modo inequívoco, não pode suportar prejuízos – de variadas ordens – em razão do descumprimento do dever pelo outro esposo.

A interpretação adequada do art. 1.727 do Código Civil é no sentido de compreender o concubinato como mancebia, união diversa daquela denominada estável e, portanto, não geradora de direitos de família, sucessórios e previdenciários. Reforça-se a natureza monogâmica das uniões no Direito brasileiro e a impossibilidade de reconhecimento de um casamento e uma união estável simultâneos ou de duas uniões estáveis nas mesmas circunstâncias.[317]

Na tentativa de extinguir o concubinato, lança-se mão das referidas expressões "união simultânea" e "união paralela" para tentar suavizar a mancebia ou então dizer que se trata de uma nova espécie de união. Em verdade, trata-se de uma poligamia não consentida e uma vez mais a afetividade entre os que se relacionam nessas circunstâncias seria a justificativa para atribuir-lhe elementos próprios do Direito de Família.[318]

Veja-se que está em questão respeitar a vontade do legislador – e sobretudo do constituinte – de não querer atribuir direitos nas circunstâncias em que o princípio da monogamia é solenemente ignorado através do cometimento de um ato ilícito em desfavor do cônjuge fiel.

Sem a devida emenda à Constituição, por certo, o manejo inadequado e temerário do princípio da afetividade, ainda que com nova e atrativa nomenclatura para se referir ao concubinato, não será suficiente para incorporar mudança de tamanha envergadura ao ordenamento jurídico.

[317] Cf. TAVARES DA SILVA, Regina Beatriz. Monogamia: princípio estruturante do casamento e da união estável. *In*: TAVARES DA SILVA, Regina Beatriz; BASSET, Ursula Cristina (coord.). *Família e pessoa*: uma questão de princípios. São Paulo: YK, 2018. p. 570-617.

[318] *Ibid.*, p. 575.

6. UNIÕES INCESTUOSAS

O incesto é normalmente compreendido como a prática de relações sexuais entre parentes, contínuas ou esporádicas, com ou sem geração de filhos.[319] Muito embora a sua vedação seja amplamente difundida em todo o mundo, há notícias de sua ocorrência em algumas sociedades, de modo consentido ou por meio de abuso sexual.[320]

No Brasil, como já se adiantou no início do presente trabalho, o tema merece ser revisitado em razão de recente publicação de Professor Titular de uma Universidade pública, em que sustenta a necessidade de mudança do regime legal em vigor (art. 1.521 do Código Civil[321]) para permitir a união consanguínea.[322]

Segundo referido autor, a realidade trazida por um seriado de sucesso chamado "Game of Thrones", em que contracenam personagens em contexto

[319] Como se verá adiante, é possível separar as condutas geralmente enquadradas como incestuosas em diferentes categorias.

[320] Cf. HOLANDA JÚNIOR, Francisco Wilson Nogueira. Evitação e proibição do incesto: fatores psicobiológicos e culturais. *Psicologia USP*, São Paulo, v. 28, n. 2, p. 287-297, maio/ago. 2017. Disponível em: https://www.scielo.br/j/pusp/a/MjgNcRJhbDQgqqyCcyxKnYR/. Acesso em: 4 jul. 2020. p. 287.

[321] Art. 1.521. Não podem casar: I – os ascendentes com os descendentes, seja o parentesco natural ou civil; [...] IV – os irmãos, unilaterais ou bilaterais, e demais colaterais, até o terceiro grau inclusive.

[322] Cf. SCHREIBER, Anderson. *Game of Thrones e o Direito*. Disponível em: https://flaviotartuce.jusbrasil.com.br/artigos/707190760/game-of-thrones-e-o-direito. Acesso em: 10 abr. 2020.

incestuoso, deveria abrir espaço para uma reflexão acerca de sua proibição no Brasil, em que a norma supramencionada talvez já não mais se justificasse.

Nesse contexto, intrinsecamente ligado ao superdimensionamento da afetividade, convém apresentar alguns apontamentos, também de ordem extrajurídica, para expor as razões pelas quais a prática do incesto é nociva à sociedade e contrária ao bem comum, justificando-se a manutenção de sua vedação.

6.1 As razões históricas da sua vedação no mundo ocidental

A família nuclear, entendida como aquela constituída pelos pais e seus filhos, só poderia desaparecer se a proibição do incesto e o vínculo filial não fossem mais válidos para a sociedade, ou seja, quando fosse convertida em normatividade social a possibilidade de haver relações sexuais entre ascendentes e descendentes – e estes últimos entre si – e quando não houvesse reconhecimento dos filhos gerados.[323]

Os limites entre as relações sexuais saudáveis e aquelas reputadas perversas são crescentemente posicionados em uma zona cinzenta, de modo que se vislumbra uma tendência não somente a tolerar, mas a incentivar tais práticas – inserem-se aqui as relações entre consanguíneos – como terapias úteis para enfermidades psicológicas.[324]

Ao longo da história, não poucos estudiosos dedicaram-se a examinar as condutas incestuosas em diferentes sociedades e realidades, destacando-se quatro grandes teorias que buscaram explicitar as razões pelas quais não se permite o incesto no convívio social, a seguir sucintamente referidas:[325]

[323] Cf. FERNANDES, André Gonçalves. Família e sua dimensão personalizante primordial. *In*: TAVARES DA SILVA, Regina Beatriz; BASSET, Ursula Cristina (coord.). *Família e pessoa*: uma questão de princípios. São Paulo: YK, 2018. p. 113.

[324] Cf. BAUMAN, Zygmunt. *Amor líquido*: sobre a fragilidade dos laços humanos. Traduzido por Carlos Alberto Medeiros. Rio de Janeiro: Zahar, 2004. p. 75.

[325] Cf. RODRIGUES DE AREIA, Manuel Laranjeira. *A proibição do incesto*: determinação social ou motivação biológica? Coimbra: Tipografia da Atlântida, 1980. p. 238-251.

a. Cruzamento consanguíneo: atribuição *a priori* de malformações e outras anomalias à prole gerada pela união entre parentes, através da manifestação de um conjunto de fatores recessivos;
b. Perspectiva demográfica: a esperança de vida do ser humano na era primitiva seria tão diminuta que tornaria impossível, em termos práticos, a ocorrência de quaisquer formas de cruzamento entre pais e filhos;
c. Dinâmica da socialização: parte-se do pressuposto funcionalista de que a vedação seria a condição necessária para tornar possível a aprendizagem, considerando-se o papel que a família é chamada a desenvolver ao longo do processo de socialização;
d. Reciprocidade e aliança (*to marry out or be killed out*): a necessidade de se estabelecer alianças com outros grupos seria imprescindível para a sobrevivência dos membros de cada um deles.

Entre os que se debruçaram sobre o tema, o fundador da antropologia estruturalista, Claude Lévi-Strauss, sustentava que a proibição do incesto teria tradicionalmente servido para afirmar, em um campo essencial para a sobrevida de cada grupo, a proeminência do social sobre o natural, do coletivo sobre o individual, da organização sobre o arbítrio.[326]

Foge ao escopo do presente trabalho a empreitada de analisar criticamente cada uma das teorias, o que demandaria um longo e acautelado estudo. Convém apenas, a esta altura, saber que houve e há sólidos argumentos científicos para corroborar a habitual vedação ao incesto na cultura ocidental.

Apesar da breve definição da prática incestuosa apresentada no início deste capítulo, convém abordar suas diferentes categorias, permitindo-se uma compreensão mais ampla e aprofundada do fenômeno, o qual pode assumir diferentes facetas.

[326] Cf. LÉVI-STRAUSS, Claude. *Les structures élémentaires de la parenté*. 2. ed. New York: Mouton de Gruyter, 2002. p. 52.

6.2 Categorias de comportamentos incestuosos

Os comportamentos geralmente referenciados como incestuosos pelas ciências sociais podem ser divididos em três categorias, a partir da premissa de que a chamada endogamia vincula-se à ideia de reprodução entre indivíduos com parentesco, ao passo que o incesto recai sobre atividade sexual que não necessariamente gera descendência[327]:

a) endogamia incestuosa, concernente às relações sexuais entre indivíduos com parentesco próximo, a saber, por ligações de descendência direta, entre pais e filhos, ou entre irmãos;
b) endogamia não incestuosa, a qual contempla relações sexuais entre indivíduos com parentesco mais longínquo, a exemplo daquelas mantidas entre primos;
c) atividade sexual incestuosa realizada entre pessoas sem laços genéticos, como aquela mantida entre padrasto e enteada.

O capítulo em curso cuidará das práticas incestuosas indicadas pelos itens "a" e "c", haja vista que a endogamia não incestuosa não é vedada pelo ordenamento jurídico brasileiro, recaindo a restrição do art. 1.521, IV do Código Civil até o terceiro grau apenas, permitindo-se, portanto, o casamento e eventual geração de prole entre os chamados primos-irmãos.

Apesar de a relação sexual entre pai e filha ter sido considerada por muito tempo a modalidade mais comum de incesto, recentemente tem-se apontado que as relações entre irmãos, especialmente dos mais velhos com os mais novos, é a forma mais recorrente de incesto.[328]

[327] Cf. HOLANDA JÚNIOR, Francisco Wilson Nogueira. Evitação e proibição do incesto: fatores psicobiológicos e culturais. *Psicologia USP*, São Paulo, v. 28, n. 2, p. 287-297, maio/ago. 2017. Disponível em: https://www.scielo.br/j/pusp/a/MjgNcRJhbDQgqqyCcyxKnYR/. Acesso em: 4 jul. 2020. p. 287-288.

[328] Cf. HOLANDA JÚNIOR, Francisco Wilson Nogueira. Evitação e proibição do incesto: fatores psicobiológicos e culturais. *Psicologia USP*, São Paulo, v. 28, n. 2, p. 287-297, maio/ago. 2017. Disponível em: https://www.scielo.br/j/pusp/a/MjgNcRJhbDQgqqyCcyxKnYR/. Acesso em: 4 jul. 2020. p. 293.

Feitos esses breves apontamentos conceituais, cumpre agora investigar quais fatores psicobiológicos e culturais estão inseridos em um contexto de potencial prática de atividade incestuosa.

6.3 Fatores psicobiológicos e culturais

A exposição íntima e a convivência no seio familiar entre os indivíduos durante a infância mitigam sobremaneira a atração sexual quando já estiverem em idade adulta. Em outras palavras, a proximidade durante o período de desenvolvimento da infância conduz a uma aversão ao incesto.[329]

Convém notar que os padrastos que não se encontram em íntima associação precoce com enteadas são muito mais propensos a cometer incesto do que os pais biológicos. Trata-se, portanto, de uma realidade frequentemente verificada, considerando-se que muitas famílias são formadas por segundas uniões, em que os filhos anteriormente gerados passam a conviver com um novo pai.[330]

Nessa linha, estudos recentes contestam o posicionamento tradicional de que a proibição do incesto seria um fenômeno exclusivamente sociocultural, imune a fatores psicobiológicos visíveis na evolução do comportamento humano. Ao contrário, é possível identificar mecanismos psicobiológicos que inibem a atividade sexual entre parentes e lastreiam a institucionalização da vedação ao incesto.[331]

O incesto é frequentemente associado à negligência em relação aos filhos, protagonizado por indivíduos predispostos a uma série de dificuldades, incluindo transtorno de estresse pós-traumático, depressão crônica, dependência de álcool e drogas, automutilação, tentativas de suicídio, transtorno de personalidade limítrofe, transtornos de ansiedade, transtornos somatoformes, bulimia nervosa e dissociação.[332]

[329] *Ibid.*, p. 287-297.

[330] Cf. ERICKSON, Mark T. Evolutionary thought and the current clinical understanding of incest. *In*: WOLF, Arthur P.; DURHAM, William H. *Inbreeding, incest and the incest taboo*: the state of knowledge at the turn of the century. Stanford: Stanford University Press, 2005. p. 165.

[331] Cf. HOLANDA JÚNIOR, Francisco Wilson Nogueira. *op. cit.*, p. 294.

[332] Cf. ERICKSON, Mark T. Evolutionary thought and the current clinical understanding of incest. *In*: WOLF, Arthur P.; DURHAM, William H. *Inbreeding, incest and the incest taboo*: the state of knowledge at the turn of the century. Stanford: Stanford University Press, 2005. p. 161.

Com raras exceções, a atividade incestuosa é bastante incomum no reino animal. Entre os seres humanos, muitos estudiosos acreditam que o mundo hoje experimenta um notável aumento dessas práticas. Embora seja difícil atestar a veracidade dessa afirmação, há razões para acreditar que práticas culturais inexistentes no passado podem perturbar a propensão natural do homem a evitar o incesto.[333]

Por outro lado, os dados acerca do incesto em culturas orientais são virtualmente inexistentes. Apesar disso, sabe-se que, como regra, as mulheres são mais frequentemente vítimas de incesto, os homens são mais tipicamente perpetradores e a existência de abuso sexual é frequentemente associada a um comprometimento da saúde mental.[334]

Nas famílias em que há casos de incesto, verifica-se geralmente que são ineficientes na resolução de conflitos, os pais tendem a ser negligentes, emocionalmente indisponíveis e incapazes de apoiar a prole, além da incidência de alcoolismo e abuso de drogas, frequentemente permeados por desentendimentos conjugais.

As mães, consciente ou inconscientemente, muitas vezes são cúmplices do incesto cometido por seus maridos. De maneira sútil, uma mãe pode encorajar, ou pelo menos não desencorajar, o comportamento incestuoso de seu consorte. Por outro lado, como o incesto entre mãe e filho é muito incomum, as informações a esse respeito são extremamente limitadas, consistindo em pouco mais do que breves relatos de casos.[335]

Condições de desenvolvimento semelhantes são observadas no incesto entre irmãos. Frequentemente um irmão mais velho pratica a conduta com uma irmã mais nova. Nessas situações, as mães são geralmente emocionalmente ausentes, inacessíveis ou negligentes. Da mesma forma, os pais muitas vezes estão ausentes, por morte, abandono ou divórcio. Se presente, o pai geralmente está emocionalmente distante.[336]

Por fim, na esteira do que se disse há pouco, o incesto é muito mais provável se os parentes forem separados no início da vida. Apenas nessa circunstância, como regra, o incesto pode ser reciprocamente desejado e eventualmente

[333] *Ibid.*, p. 162.
[334] *Ibid.*, p. 166.
[335] *Ibid.*, p. 167.
[336] *Ibid.*, p. 168.

resultar em uma união. Além disso, o baixo envolvimento do pai ou padrasto no cuidado de crianças está associado a um maior risco de incesto, já que o ato de cuidar de uma criança pode evocar sentimentos de carinho que são incompatíveis com o abuso incestuoso.[337]

Nesse cenário, quais seriam os benefícios sociais oriundos da manutenção da proibição do incesto? É o que se passará a cuidar no tópico conclusivo deste breve capítulo.

6.4 Os benefícios sociais da proibição das uniões incestuosas

Muito embora o incesto não seja objeto de um tipo penal, isto é, apesar de familiares maiores de idade, com o devido consentimento, poderem se relacionar sexualmente sem que se incorra na prática de um crime, não há, como já se ressaltou, possibilidade de reconhecimento civil de uniões dessa natureza. Várias são as razões aptas a justificar a impossibilidade em questão.

A universalidade e a inserção da vedação do incesto dentro das variadas estruturas sociais dos primatas indicam o alto valor adaptativo desse comportamento, a partir de um fundamento genético e de mecanismos oriundos de pressões diversas da seleção e, em especial, da seleção sexual. Nesse sentido, a exogamia se apresenta como a possibilidade de expandir o "território social", capaz de explicar o alto grau adaptativo da espécie humana.[338]

Como se sabe, muitos são os riscos a que se submete a prole oriunda de relações incestuosas. A título exemplificativo, os filhos nascidos de relações consanguíneas de primeiro grau são de 17 a 40% mais suscetíveis a padecer de enfermidades ou mesmo falecer, quando comparados àqueles gerados a partir de relações sexuais sem vínculos de consanguinidade, de modo que, nos casos de endogamia entre pai e filha, um potencial diagnóstico de transtorno autossômico recessivo indica uma probabilidade maior que 50% de que a endogamia tenha sido causa eficiente para o surgimento da comorbidade na

[337] ERICKSON, Mark T. Evolutionary thought and the current clinical understanding of incest. *In*: WOLF, Arthur P.; DURHAM, William H. *Inbreeding, incest and the incest taboo*: the state of knowledge at the turn of the century. Stanford: Stanford University Press, 2005. p. 170-179.

[338] Cf. RODRIGUES DE AREIA, Manuel Laranjeira. *A proibição do incesto*: determinação social ou motivação biológica? Coimbra: Tipografia da Atlântida, 1980. p. 272.

descendência. Não fosse suficiente, as filhas vítimas de incesto do pai carregam consigo problemas com a estima sexual, além de tendência à depressão e ao sofrimento psicológico.[339]

A maior probabilidade de incidência de enfermidades, evidentemente evitáveis, implica em que o sistema de saúde teria de lidar mais frequentemente com o tratamento dessas doenças causadas pelo envolvimento sexual de pessoas com laços consanguíneos, com o consectário aumento no emprego de recursos públicos, os quais poderiam ser melhor destinados.

Uma experiência incestuosa perturba ainda o período de latência, o qual vai dos quatro ou cinco anos até o início da adolescência, em que o interesse sexual é sublimado, provocando uma excitação patológica em período totalmente inadequado, prejudicando o processo de crescimento, a riqueza da consolidação da identidade, o aprendizado e o desenvolvimento.[340]

Como se viu, além das maiores chances de enfermidades de que padecem os filhos gerados em um contexto de incesto, os danos psicológicos experimentados pelas vítimas dessas práticas incestuosas não são facilmente apagados. Ao contrário, estas carregam marcas praticamente indeléveis ao longo de suas vidas, gerando um altíssimo custo de ordem pessoal, cujos prejuízos são também sentidos por todo o corpo social.

O não reconhecimento legal de uniões incestuosas deixa clara ainda a essencial distinção entre o amor erótico e o chamado amor de afeição, duas realidades absolutamente distintas e que envolvem atores igualmente diversos. As diferentes formas de amor não se equivalem e seus protagonistas devem ser mantidos apenas nos cenários em que cada uma delas se desenvolva de forma plena.[341]

Ainda a título de breve complementação do quanto exposto na primeira parte deste trabalho, se por alguma razão o amor de afeição (natural entre os familiares) passa a enveredar para as sendas do *eros* (amor romântico e

339 Cf. HOLANDA JÚNIOR, Francisco Wilson Nogueira. Evitação e proibição do incesto: fatores psicobiológicos e culturais. *Psicologia USP*, São Paulo, v. 28, n. 2, p. 287-297, maio/ago. 2017. Disponível em: https://www.scielo.br/j/pusp/a/MjgNcRJhbDQgqqyCcyxKnYR/. Acesso em: 4 jul. 2020. p. 288-293.

340 Cf. AMBROSIO, Giovanna. *On incest*: psychoanalytic perspectives. London: Karnac Books, 2005. p. 110.

341 A respeito da distinção entre os tipos de amor, remete-se novamente a LEWIS, C. S. *Os quatro amores*. Traduzido por Paulo Salles. São Paulo: Martins Fontes, 2005.

exclusivo), a inteligência e a vontade do indivíduo deverão atuar criticamente para ponderar que os afetos que sugerem tão preocupante migração não devem ser ratificados.

Em suma, a manutenção da vedação do incesto é uma exigência do bem comum. Não se pode permitir, em nome da afetividade, que interesses individuais isolados sejam contemplados pelo legislador, ciente que está este último de todos os males – há pouco expostos de maneira muito sucinta – advindos de seu eventual reconhecimento.

Feitas as considerações da primeira e segunda partes deste estudo, pode-se agora caminhar para a derradeira etapa, em que se vai investigar, também com o necessário auxílio do quanto já examinado até o momento, o porquê de ser absolutamente inadequado o reconhecimento de uniões com fulcro no princípio da afetividade.

TERCEIRA PARTE: A INADEQUAÇÃO DA AFETIVIDADE COMO CRITÉRIO PARA O RECONHECIMENTO DE UNIÕES

7. O DIREITO DE FAMÍLIA NA SOCIEDADE CONTEMPORÂNEA

7.1 Publicização ou privatização?

Com muita frequência argumenta-se que o Direito de Família seria objeto de uma publicização, caminhando a largos passos para tornar-se parte do Direito Público[342], havendo defensores de que ganhe *status* epistemológico próprio, muito embora essa pretensão esteja bastante desprestigiada mundo afora.[343]

O argumento da publicização é notavelmente fragilizado ao se considerar uma imponente restrição da incidência do Direito Público e de seus institutos no casamento. Até o fim do século passado, a separação e o divórcio eram realidades solenes, com prazos e características que levavam os cônjuges a ponderar sobre se realmente desejavam dissolver a sociedade que formavam. Atualmente, contudo, observa-se um grande prestígio à autodeterminação matrimonial, deixando o casamento de interessar ao Estado com a intensidade que se vislumbrava no passado.[344]

342 Sólidos argumentos pelos quais o Direito de Família não deve passar a fazer parte do Direito Público nem tornar-se um microssistema podem ser encontrados em MORAES, Bernado B. Queiroz de. A formação da ideia de um "direito de família". *In*: TAVARES DA SILVA, Regina Beatriz; BASSET, Ursula Cristina (coord.). *Família e pessoa*: uma questão de princípios. São Paulo: YK, 2018. p. 222-224.

343 Cf. RODRIGUES JÚNIOR, Otavio Luiz. *Direito civil contemporâneo*: estatuto epistemológico, constituição e direitos fundamentais. Rio de Janeiro: Forense Universitária, 2019. p. 64.

344 Cf. *Id.*, Amor e Direito Civil: normatividade, direito e amor. *In*: TAVARES DA SILVA, Regina Beatriz; BASSET, Ursula Cristina (coord.). *Família e pessoa*: uma questão de princípios. São Paulo: YK, 2018. p. 557-558.

Especialmente a partir da década de 70 tem havido uma intensa e gradual redução da intervenção estatal com relação ao casamento, como se pode aferir pelas seguintes transformações:[345]

a) a instituição do divórcio no Brasil;
b) a menor relevância do casamento atribuída pela Constituição Federal;
c) a ruptura com o antigo princípio da legitimidade;
d) a redução do prazo de conversão da separação judicial em divórcio de 5 para 3 anos;
e) a admissão do divórcio direto a qualquer tempo;
f) o advento da separação e do divórcio consensuais no campo extrajudicial;
g) a promulgação da Emenda Constitucional n° 66/2010.

Nota-se, nesse cenário, uma verdadeira privatização do casamento, o qual se reveste cada vez mais de características contratuais em detrimento daquelas institucionais. Outros exemplos capazes de ratificar a tendência em questão são a supressão do regime de comunhão universal de bens como regime legal, a exclusão do papel do magistrado de zelar pela continuidade das uniões e a permissão de alteração do regime de bens.[346]

Nessa esteira, convém sublinhar que não somente o casamento, mas toda a província familiarista, tem sido objeto de um processo de privatização, o que se afere a partir de indícios como os que seguem[347]:

a) a busca de um âmbito de vida relativamente cerrado ao exterior, focado em um estilo de vida subjetivo, quando não estritamente narcisista;
b) a tendência a formas de agrupamento entre sexos e gerações desvinculadas de obrigações e sanções de caráter público e social;

[345] *Ibid.*, p. 65.

[346] RODRIGUES JUNIOR, Otavio Luiz. Amor e direito civil: normatividade, direito e amor. *In*: TAVARES DA SILVA, Regina Beatriz; BASSET, Ursula Cristina (coord.). *Família e pessoa*: uma questão de princípios. São Paulo: YK, 2018. p. 66.

[347] Cf. FERNANDES, André Gonçalves. Família e sua dimensão personalizante primordial. *In*: TAVARES DA SILVA, Regina Beatriz; BASSET, Ursula Cristina (coord.). *Família e pessoa*: uma questão de princípios. São Paulo: YK, 2018. p. 113.

c) a tendência a considerar as relações internas, intersubjetivas e funcionais não como relações ligadas ao outro, mas como formas emancipatórias do sujeito social.

As uniões no Direito brasileiro, tema central deste estudo, passam a ser vistas como meros negócios jurídicos privados, com reduzido interesse estatal sobre como os cônjuges ou conviventes as conduzem, conservam ou extinguem.[348]

Em outras palavras, observa-se um progressivo rechaço das formas heterônomas de normatividade das uniões, procurando afastar-se de uma concepção alegadamente dirigista e indisponível presente na história do Direito de Família.[349] Passa-se a vislumbrar a família como o conjunto de indivíduos que vivem juntos, pouco importando as características e os fundamentos da convivência. Converte-se, portanto, em qualquer tipo de agrupamento em que os indivíduos se concebem juntos.[350]

É evidente, por outro lado, que a autonomia privada não pode ser absoluta, sendo inimaginável conceber que o princípio da afetividade possa ser manejado para a criação de quaisquer espécies de família, as quais não podem ser fruto único e exclusivo da imaginação dos indivíduos.

Por ser a base da sociedade e gozar de especial proteção estatal, a ordem pública impõe limites à dinâmica das ações internas e externas dos seus membros, de modo a compatibilizá-las com a moralidade pública e o interesse social, conferindo aos seus membros mais deveres do que liberalidades.[351]

348 Cf. RODRIGUES JÚNIOR, Otavio Luiz. *Direito civil contemporâneo*: estatuto epistemológico, constituição e direitos fundamentais. Rio de Janeiro: Forense Universitária, 2019. p. 69.

349 Cf. RUBIO, Jorge del Picó. La afectividad y su relevancia en la unión civil de la pareja. *In*: TAVARES DA SILVA, Regina Beatriz; BASSET, Ursula Cristina (coord.). *Família e pessoa*: uma questão de princípios. São Paulo: YK, 2018. 436.

350 Cf. FERNANDES, André Gonçalves. Família e sua dimensão personalizante primordial. *In*: TAVARES DA SILVA, Regina Beatriz; BASSET, Ursula Cristina (coord.). *Família e pessoa*: uma questão de princípios. São Paulo: YK, 2018. p. 118.

351 Cf. PEREIRA JÚNIOR, Antonio Jorge. A família entre as modalidades convivenciais do Direito e a distinção entre ser, pensar, agir e sentir-se família. *In*: TAVARES DA SILVA, Regina Beatriz; BASSET, Ursula Cristina (coord.). *Família e pessoa*: uma questão de princípios. São Paulo: YK, 2018. p. 149.

Por óbvio, o direito de unir-se a outra pessoa e ver reconhecidos os correspondentes efeitos jurídicos não é absoluto. A razão é muito simples: nem toda desigualdade é discriminatória.[352] Com vistas ao bem comum, é conveniente que alguns tipos de união não tenham a chancela estatal, a exemplo dos analisados na segunda parte deste trabalho.

Como consequência, a família não mais é revestida de uma finalidade intrínseca, passando a ser instrumentalizada através dos afetos, objetivando tão--somente a "realização individual" dos seus membros, como já houve ocasião de se ressaltar no início deste estudo.[353]

Dessa forma, maneja-se o princípio da afetividade como meio para fortalecer a autonomia privada, desconsiderando-se ou mitigando-se a norma, permitindo uma notável ampliação dos limites conceituais da entidade familiar. Para que haja família, bastaria uma interpretação subjetiva acerca da presença de afeto ao invés da observância de critérios normativos lastreados em elementos racionais.[354]

Chega-se a afirmar que a família contemporânea não admite mais a intervenção estatal, especialmente no que diz respeito à intimidade de seus integrantes, cuja autonomia deveria ser respeitada para sua própria autodeterminação. Nesse sentido, a família teria perdido suas funções públicas e passado a ter fins meramente privados, "deixando de ser uma instituição para chegar à informalidade."[355]

Argumenta-se que os legisladores precisariam entender que "os sentimentos não estão sujeitos a regras, nem a preconceitos" e que a busca pela

[352] Cf. MEDINA, Graciela. Principios generales en materia de Derecho de Familia en el Derecho Supranacional de los Derechos Humanos y en el Derecho positivo Argentino. *In*: TAVARES DA SILVA, Regina Beatriz; BASSET, Ursula Cristina (coord.). *Família e pessoa*: uma questão de princípios. São Paulo: YK, 2018. p. 367-370.

[353] Cf. PINHEIRO, Victor Sales; RODRIGUES FILHO, Antonio Marinho de Melo. Emotivismo e judicialização do afeto: a problemática metaética da legitimidade jurídica do princípio da afetividade no Direito de Família. *Revista de Direito de Família e das Sucessões*, São Paulo, v. 20, p. 9-38, maio 2020. p. 12.

[354] PINHEIRO, Victor Sales; RODRIGUES FILHO, Antonio Marinho de Melo. Emotivismo e judicialização do afeto: a problemática metaética da legitimidade jurídica do princípio da afetividade no direito de família. *Revista de Direito de Família e das Sucessões*, São Paulo, v. 20, p. 9-38, maio 2020. p. 27.

[355] Cf. ROSA, Conrado Paulino da. *Curso de direito de família contemporâneo*. 4. ed. rev. e atual. Salvador: JusPODIVM, 2018. p. 59.

felicidade seria um assunto eminentemente particular. Teria passado a imperar a lógica da "família instrumental", por meio da qual todas as formas de afetividade deveriam ser contempladas, de modo que o Estado não poderia "amedrontar" os indivíduos que apenas querem se amar. A autonomia privada, enfim, estaria reconquistando territórios anteriormente perdidos.[356]

É de se notar, todavia, que há uma relevante contradição quanto à extensão da autonomia privada almejada pelos defensores do império do afeto: pugna-se pela liberdade de constituição, desenvolvimento e extinção das entidades familiares como um fato meramente privado (interesse exclusivo dos membros das uniões ligados apenas pelos afetos), o qual se choca invariavelmente com a necessidade de intervenção estatal quando esses relacionamentos atravessam uma crise e se faz necessária, por exemplo, a repartição de bens eventualmente amealhados.[357]

Não se ignora, em resumo, que o Direito de Família é dotado de aspectos públicos e privados que se fazem presentes em uma relação de tensão e complementaridade. Reduzi-lo, contudo, ao pretenso protagonismo da afetividade significaria confiná-lo a um caráter radicalmente privado e individualista, em prejuízo de interesses de ordem pública que devem ser igualmente considerados.[358]

7.2 Patrimonialismo: passado ou presente?

Com a promulgação da Constituição Federal de 1988, parte da doutrina afirma ter surgido uma nova visão do Direito Privado em razão de uma pretensa "despatrimonialização" e de um enfoque na pessoa humana a partir do prestígio à sua dignidade, realçando-se a autonomia privada. Apesar do objetivo de se migrar do individualismo para a solidariedade social, o atual Código Civil, ainda

[356] *Ibid.*, p. 60-66.

[357] Cf. PETRINI, Giancarlo. Significado social da família. *Cadernos de Arquitetura e Urbanismo*, Belo Horizonte, v. 16, n. 18-19, 2009. p. 112.

[358] Cf. CABELEIRA, Caio Martins. A ditadura do afeto: uma crítica à introdução do sentimento como valor jurídico. *Revista de Direito de Família e das Sucessões*, São Paulo, v. 1, n. 1, p. 43-60, jul./set. 2014. p. 43-60.

de acordo com não poucos estudiosos, teria mantido considerável presença dos interesses patrimoniais em detrimento dos pessoais em seu Livro IV.[359]

Todavia, com relação a referido Livro, o qual se ocupou do Direito de Família, é de se realçar, de modo especial, sua natureza sistemática, por meio da qual, por exemplo, foi dividido justamente em pessoal e patrimonial, com plena consciência do valor social e espiritual da família, figurando esta última como base inamovível dos valores mais altos da comunidade.[360]

A extensão do Título II ("Do Direito Patrimonial") de referido Livro seria, segundo a mesma corrente, incompatível com a preponderância dos interesses de cunho pessoal, os quais seriam reunidos em torno de um elemento aglutinador comum, qual seja, a afetividade, protagonista em um cenário de "repersonalização", entendida como o redimensionamento de conceitos para "repor o indivíduo na posição central de sujeito de direitos."[361]

É nítida uma maior intervenção com vistas ao gerenciamento dos efeitos patrimoniais da extinção das uniões, a exemplo dos alimentos compensatórios e do recurso ao Judiciário no regime de separação convencional de bens. Em verdade, o que sucedeu é precisamente o contrário: as características tipicamente familiares das uniões deram lugar àquelas de caráter patrimonial ou de eficácia patrimonial indireta, fato que demonstra grande contradição com o discurso de despatrimonialização do Direito Civil.[362]

De modo ainda mais claro: a pretensa despatrimonialização, através da interpretação extensiva da dignidade da pessoa humana, com efeito, fez com que a mesma seara familiarista fosse patrimonializada, monetarizada, quantificada por meio de generosas indenizações em razão da ausência de afeto.[363]

359 Por todos, cf. ROSA, Conrado Paulino da. *Curso de direito de família contemporâneo.* 4. ed. rev. e atual. Salvador: JusPODIVM, 2018. p. 52-54.

360 BRASIL. *Novo Código Civil*: exposição de motivos e texto sancionado. 2. ed. Brasília, DF: Senado Federal, 2006. p. 57.

361 Cf. ROSA, Conrado Paulino da. *Op. cit.*, p. 56.

362 Cf. RODRIGUES JUNIOR, Otavio Luiz. Amor e direito civil: normatividade, direito e amor. *In*: TAVARES DA SILVA, Regina Beatriz; BASSET, Ursula Cristina (coord.). *Família e pessoa*: uma questão de princípios. São Paulo: YK, 2018. p. 558.

363 Cf. LUCAS, Douglas César; GHISLENI, Pâmela Copetti. O amor e o direito pertencem a "idiomas" distintos: uma crítica à judicialização do afeto. *Revista Brasileira de Sociologia do Direito*, São Paulo, v. 4, n. 3, p. 106-131, set/dez 2017. Disponível em: http://revista.abrasd.com.br/index.php/rbsd/article/view/155. Acesso em: 10 maio 2022. p. 122.

Eis aí uma incoerência até agora não resolvida pelos defensores do Direito Civil Constitucional: como terá sido possível que o princípio da afetividade – justamente ele, concebido para repersonalizar e despatrimonializar – tenha se mostrado o grande vetor de uma patrimonialização e despersonalização nesse ramo do Direito?

7.3 O desprezo ao bem comum como norte para as escolhas legislativas

Muito embora a sociedade sempre tenha sido relativamente complexa, com uma notável pluralidade de demandas, fato é que o homem moderno tem assumido inúmeras facetas e identidades, desejando ter reconhecimento social, político e normativo para cada uma delas, o que faz florescer um *ethos* individual radicado na liberdade e na autonomia do sujeito, dando vazão a diversos reclamos de cunho individualista.[364]

Mesmo considerando que a maneira de estar no mundo é pluralizada, tem havido uma grande individualização da história do sujeito, diminuindo-se os valores e as convicções comuns capazes de unificar a sociedade, de modo que os espaços da vida antes regulados por consensos implícitos passam a ser alvos de questionamento. Essa sociedade complexa, inquieta e fluida tem estimulado uma inflação jurídica e legislativa por parte de um Estado que pretende tudo regular e tudo dizer.[365]

Não se deve olvidar que a família tem um caráter suprafuncional, isto é, cuida-se de um fenômeno social total, na medida em que realiza a intermediação entre o indivíduo e a sociedade, a natureza e a cultura e o público e o privado.[366] Também convém relembrar que em seu seio há direitos-deveres que dão lastro à sua função social.[367]

[364] *Ibid.*, p. 117.

[365] *Ibid.*, p 118.

[366] Cf. FERNANDES, André Gonçalves. Família e sua dimensão personalizante primordial. *In*: TAVARES DA SILVA, Regina Beatriz; BASSET, Ursula Cristina (coord.). *Família e pessoa*: uma questão de princípios. São Paulo: YK, 2018. p. 114.

[367] Cf. NUNES, José Carlos Amorim de Vilhena. *Novos vínculos jurídicos nas relações de família*. 2009. Tese (Doutorado em Direito Civil) – Faculdade de Direito, Universidade de São Paulo, São Paulo, 2009. p. 56.

Nem todas as uniões possivelmente aferíveis no plano dos fatos merecem gozar de *status* familiar porque apenas algumas delas atendem ao bem comum, sem prejuízo do prestígio à segurança jurídica. Nesse sentido, há alguns requisitos constitutivos da família que a diferenciam de meras uniões[368]:

a) núcleo irredutível, que consiste no processo de formação dos vínculos que daí derivam;
b) manutenção de relações enquanto totalidades pessoais, a fim de se possibilitar a construção de uma história relacional, apta a impregnar o tempo familiar e elaborar uma identidade pessoal;
c) orientação rumo à simultaneidade do processo interativo entre os atores familiares, a fim de se combinar atividades mútuas com objetivos mútuos, como numa orquestra sinfônica;
d) intensidade emotiva, a fim de se propiciar uma verdadeira experiência afetiva, diferente daquela vivida em outros contextos cognitivos;
e) ênfase na qualidade dos objetivos e dos processos, a fim de exceder as considerações estritamente econômicas ou mercadológicas;
f) valores altruístas, a fim de se exceder nas preocupações com o mero benefício particular ou em regras de equidade familiar;
g) governo das relações orientado ao apoio recíproco, a fim de se contemplar as demandas de crescimento, desenvolvimento e de bem-estar futuro de seus membros.

Ainda a título de desenvolvimento do mesmo raciocínio, há diferentes tipos de convivência, mas nem todos são revestidos de natureza familiar, entre outras razões pelo já aludido fato de não contribuírem para o bem da sociedade. São parte constitutiva da estrutura familiar, em todos os tipos autenticamente familiares, o dom de si interativo e a reciprocidade. Portanto, a família é muito mais do que o *locus* de meros afetos, de preservação do patrimônio ou de simples residência. Trata-se, antes, de uma relação social cujos

[368] Cf. FERNANDES, André Gonçalves. Família e sua dimensão personalizante primordial. *In*: TAVARES DA SILVA, Regina Beatriz; BASSET, Ursula Cristina (coord.). *Família e pessoa*: uma questão de princípios. São Paulo: YK, 2018. p. 116.

efeitos são projetados para além do lar, motivo pelo qual merece tratamento especial.[369]

Está-se diante de uma clara necessidade de que as uniões, para que sejam juridicamente reconhecidas, conformem-se às expectativas sociais. Assim como no Direito Contratual e nos Direitos Reais não há espaço para uma autonomia privada ilimitada, como se considerou anteriormente, também no Direito de Família há que se ponderar se os anseios de indivíduos ou de pequenos grupos são benéficos ou causam graves males ao bem comum, como sucede com as uniões poligâmicas, incestuosas e "paralelas".

É plenamente viável estabelecer tratamento distinto para situações igualmente distintas se houver justificativa objetiva e razoável, baseada em um interesse constitucionalmente relevante[370]. Nesse sentido, se a família goza de uma posição especial na Constituição Federal, por ser base da sociedade, nem todas as uniões, pelo fato de não serem revestidas de traços familiares, devem ser reconhecidas como dignatárias de uma proteção peculiar.

Portanto, não há dúvidas de que o Estado deve regulamentar, sustentar e estimular as intervenções em favor da família, de modo a satisfazer suas necessidades sociais, sem que para isso se substitua aos membros que as compõem, sempre que puderem desenvolver autonomamente suas funções.[371] Por essa razão, é dever do Estado amparar todas as formas de convivência que não ferem o bem comum, de modo que a estabilidade dessas famílias importe também na capacidade de dar assistência continuada e eficaz aos seus membros, especialmente os mais vulneráveis.[372]

[369] Cf. PEREIRA JÚNIOR, Antonio Jorge. A família entre as modalidades convivenciais do Direito e a distinção entre ser, pensar, agir e sentir-se família. *In*: TAVARES DA SILVA, Regina Beatriz; BASSET, Ursula Cristina (coord.). *Família e pessoa*: uma questão de princípios. São Paulo: YK, 2018. p. 140.

[370] Cf. MEDINA, Graciela. Principios generales en materia de Derecho de Familia en el Derecho Supranacional de los Derechos Humanos y en el Derecho positivo Argentino. *In*: TAVARES DA SILVA, Regina Beatriz; BASSET, Ursula Cristina (coord.). *Família e pessoa*: uma questão de princípios. São Paulo: YK, 2018. p. 372.

[371] Para uma visão aprofundada do chamado princípio da subsidiariedade, cf. MORAU, Caio. Justiça política e o autêntico valor da pessoa humana. *Estado da Arte*: revista de cultura, artes e ideias, São Paulo, 15 abr. 2020. Disponível em: https://estadodaarte.estadao.com.br/justica-politica-e-o-autentico-valor-da-pessoa-humana/. Acesso em: 15 ago. 2022.

[372] Cf. PETRINI, Giancarlo. Significado social da família. *Cadernos de Arquitetura e Urbanismo*, Belo Horizonte, v. 16, n. 18/19, 2009. p. 117-119.

7.4 A monogamia como premissa para o reconhecimento das uniões

Não têm sido poucas as tentativas, fora dos limites do devido processo legislativo, de subverter o princípio da monogamia como requisito para o reconhecimento de quaisquer uniões no Direito brasileiro.[373]

Através dos eufemismos já referidos até o momento (uniões "paralelas", "simultâneas", "poliafetivas", etc.), pretende-se, de modo absolutamente heterodoxo, ignorar a arquitetura constitucional e legal da família.

Não se discorda da afirmação de que o constituinte e o legislador não criaram um rol taxativo de espécies familiares. Porém – e quanto a esse ponto específico a afetividade ou qualquer outro expediente não conseguem convencer do contrário – não se abriu espaço, no atual texto, para o reconhecimento de entidades familiares com três ou mais integrantes unidos pelo *eros*.

A título meramente exemplificativo, confira-se o teor do art. 226, § 3°, da Constituição Federal, o qual menciona apenas duas pessoas, homem e mulher, ainda que posteriormente à sua entrada em vigor tenha sido suprimida a necessidade de diversidade de sexos, bem como o art. 1.723, § 1°, do Código Civil, segundo o qual "[...] a união estável não se constituirá se ocorrerem os impedimentos do art. 1.521; não se aplicando a incidência do inciso VI no caso de a pessoa casada se achar separada de fato ou judicialmente."

Como já se examinou anteriormente, o próprio Supremo Tribunal Federal não deixa quaisquer dúvidas a esse respeito. Através do voto condutor do Ministro Alexandre de Moraes, relator do Recurso Extraordinário nº 1.045.273, firmou-se tese de repercussão geral já integralmente transcrita, segundo a qual não é possível o reconhecimento de uniões estáveis concomitantes em razão da "[...] consagração do dever de fidelidade e da monogamia pelo ordenamento jurídico-constitucional brasileiro."

Ora, se a mais alta Corte do país se pronunciou categoricamente acerca da prevalência da monogamia, formulações doutrinárias heterodoxas e interpretações judiciais de mesma natureza não poderão alterar o cenário em

[373] Para um aprofundamento acerca do tema, cf. TAVARES DA SILVA, Regina Beatriz. Monogamia: princípio estruturante do casamento e da união estável. *In*: TAVARES DA SILVA, Regina Beatriz; BASSET, Ursula Cristina (coord.). *Família e pessoa*: uma questão de princípios. São Paulo: YK, 2018. p. 570-617.

questão, a menos que o Congresso Nacional resolva se debruçar sobre uma possível reforma.

A doutrina, a toda evidência, apesar de não mais poder ignorar o fato de que o STF firmou entendimento sobre a matéria, pode continuar livremente a ventilar as mais variadas – e curiosas – ideias, como aquelas veiculadas em uma das obras disponíveis no mercado, em que há um capítulo que apresenta um rol de famílias "implicitamente" previstas na Constituição Federal, todas fundadas na afetividade, entre as quais se destacam a eudemonista, a simultânea, a poliafetiva e a virtual.[374]

Não fosse suficiente a declaração peremptória da Corte Suprema, o Direito Privado brasileiro não dispõe de regras para cuidar de direitos sucessórios oriundos de uniões com mais de dois integrantes. Haveria indicativo mais claro do que este de que o sistema não se encontra moldado para contemplá-las?

A monogamia, já o dissera Pontes de Miranda, é o estado mais adequado e provavelmente o único compatível com a solidariedade social e as demais condições que permitem o progresso humano, de modo que os que se sentem bem na convivência com seus companheiros ou consortes buscam conservar as circunstâncias que permitem essa mesma convivência.[375]

É bem verdade que, entre todos os ramos tradicionalmente estudados no Direito Civil, o Direito de Família é o que mais sofre influência das transformações experimentadas pela sociedade, sendo tal a crise nessa província que sequer a sua ideia-chave ("família") é apresentada com clareza.[376]

Apesar dessa constatação, a realidade de um cenário permeado por subjetivismos excessivos – o próximo capítulo acerca do Direito Civil Constitucional confirmará o que se está a apontar – não pode permitir que, à força de argumentos panfletários, se diga que o constituinte e o legislador abriram, deliberadamente, caminho para o reconhecimento de uniões com mais de dois amantes, compreendidos como aqueles que amam com amor romântico.

374 Cf. ROSA, Conrado Paulino da. *Curso de direito de família contemporâneo*. 4. ed. rev. e atual. Salvador: JusPODIVM, 2018. p. 15.

375 Cf. PONTES DE MIRANDA, Francisco Cavalcanti. *Tratado de direito privado*. Atualizado por Rosa Maria de Andrade Nery. São Paulo: Revista dos Tribunais, 2012. t. 7: Direito de personalidade. Direito de família. p. 251.

376 Cf. MORAES, MORAES, Bernado B. Queiroz de. A formação da ideia de um "direito de família". *In*: TAVARES DA SILVA, Regina Beatriz; BASSET, Ursula Cristina (coord.). *Família e pessoa*: uma questão de princípios. São Paulo: YK, 2018. p. 200.

8. O DIREITO CIVIL CONSTITUCIONAL E SEUS REFLEXOS NO DIREITO DE FAMÍLIA

8.1 Superação do individualismo: a contradição entre os objetivos do código civil de 2002 e as proposições do direito civil constitucional

Na exposição de motivos do que viria a ser o Código Civil de 2002, ainda na década de 70, o Ministro da Justiça, Armando Falcão, de modo bastante sucinto, endereçou ao Presidente da República alguns apontamentos gerais a respeito do anteprojeto liderado por Miguel Reale, ladeado por José Carlos Moreira Alves, Agostinho de Arruda Alvim, Sylvio Marcondes, Ebert Chamoun, Clóvis do Couto e Silva e Torquato Castro.

Na ocasião, o Ministro fez questão de ressaltar algumas diretrizes essenciais com as quais trabalhou a Comissão Revisora, entre elas a superação dos pressupostos individualistas que condicionaram a elaboração do diploma civil de 1916 e a compreensão do Código Civil como uma lei básica, mas não global, do Direito Privado, de modo que o *Codex* contemplaria apenas institutos e soluções normativas já dotados de certa sedimentação e estabilidade, delegando para a legislação aditiva questões que fossem objeto de dúvidas e contrastes.[377]

Quanto ao contexto dos trabalhos, Armando Falcão ressaltou que vinha sendo há muito reclamada a atualização do Código Beviláqua, elaborado em

[377] BRASIL. *Novo Código Civil*: exposição de motivos e texto sancionado. 2. ed. Brasília, DF: Senado Federal, 2006. p. 18-19.

uma época em que o país mal amanhecia para o desenvolvimento e quando ainda prevaleciam – novamente trata desse ponto – princípios individualistas incompatíveis com o mundo contemporâneo, também no que diz respeito à organização da família, ao uso da propriedade e ao direito das sucessões. Por fim, não nega que os interesses dos particulares devam ser contemplados, desde que afinados com as exigências do bem comum.[378]

Já na exposição de lavra de Miguel Reale, muito mais ampla e detalhada, trata-se novamente da necessidade de superação do individualismo através do reconhecimento de que o Direito é social em sua origem e seu destino, refutando que o período em que a Comissão confeccionou o anteprojeto fosse pouco afeito à codificação. Seus argumentos são peremptórios: o Código Civil não é um balanço ou um arremate de batalhas vencidas, mas um instrumento de afirmação de valores nas épocas de crise.[379]

Ainda a respeito da socialização do Direito, não se objetivava, por óbvio, suprimir os direitos dos indivíduos e dos grupos, senão harmonizá-los com as características transpessoais ou comuns aos atos humanos, tornando-se indispensável que o individual e o concreto se balanceassem e dinamizassem com o serial e o coletivo, naquilo que chama de uma "unidade superior de sentido ético."[380]

Entretanto, de modo contraditório, justamente a corrente do Direito Civil Constitucional, crítica contumaz do Código Civil de 2002, o qual ainda seria patrimonialista e distante dos desejos de repersonalização surgidos com a Constituição Federal de 1988, tem sido a grande protagonista dos ideais individualistas que pretende combater no campo do Direito de Família. Antes de avançar nesse ponto, contudo, convém sublinhar brevemente os seus contornos.

Com frequência, encontram-se aplicações da expressão "Direito Civil Constitucional" para indicar ideias diversas ou sem relação de dependência. Ao lado de "neoconstitucionalismo", tem servido como atalho verbal para propostas de compreensão dos processos de teorização e aplicação do Direito

[378] *Ibid.*, p. 20.

[379] BRASIL. *Novo Código Civil*: exposição de motivos e texto sancionado. 2. ed. Brasília, DF: Senado Federal, 2006. p. 23-24.

[380] *Ibid.*, p. 33.

Civil e do Direito Constitucional, especialmente a partir da segunda metade do século passado.[381]

Para evitar quaisquer desacordos semânticos ou epistemológicos, adotam-se as proposições distintivas de Otavio Luiz Rodrigues Junior, a seguir descritas:

a) Não são constitucionalização do Direito Civil: I) sobreinterpretação ou reinterpretação das normas ordinárias a partir da Constituição; II) elevação da dignidade da pessoa humana a elemento funcionalizante do Direito Civil; III) colocação da Constituição no centro do ordenamento jurídico; IV) controle de constitucionalidade e de interpretação constitucional das normas; V) uso de cláusulas gerais e perturbação das prestações, sem relação direta com a Constituição; VI) socialização ou interpretação progressista do Direito Civil[382];
b) São constitucionalização do Direito Civil: I) constitucionalização por elevação de normas ordinárias ao texto constitucional; II) constitucionalização por reforma legislativa; III) constitucionalização por juridicização das normas constitucionais; IV) constitucionalização por transformação das instituições e dos direitos ou por irradiação do Direito Constitucional.[383]

Feitas essas breves notas, retoma-se a indagação: de que modo o Direito Civil Constitucional tem contribuído para a valorização do individualismo no Direito de Família, ao contrário do que pretende o atual diploma civil? Elencam-se algumas respostas, várias das quais já alcançadas anteriormente:

a) O recorrente recurso à "felicidade individual" – e não do grupo familiar – como objetivo a ser perseguido pelo legislador;

[381] Cf. LEAL, Fernando. LEAL, Fernando Angelo Ribeiro. Seis objeções ao direito civil constitucional. *Direitos Fundamentais & Justiça*, Porto Alegre, v. 9, n. 33, p. 123-165, out./dez. 2015. p. 136-140.

[382] Cf. RODRIGUES JÚNIOR, Otavio Luiz. *Direito civil contemporâneo*: estatuto epistemológico, constituição e direitos fundamentais. Rio de Janeiro: Forense Universitária, 2019. p. 167-203.

[383] *Ibid.*, p. 205-231.

b) A hipervalorização dos sentimentos, que são, por sua própria natureza, subjetivos, individuais e efêmeros;
c) A desconsideração do bem comum como termômetro para aferir a conveniência do reconhecimento de uniões;
d) A defesa de um "direito subjetivo" à constituição e ao reconhecimento de quaisquer uniões em que haja afetos entre seus membros;
e) A monetização por meio do manejo da afetividade no campo da responsabilidade civil;
f) A facilitação da dissolução das sociedades conjugais, a exemplo das discussões a respeito do chamado "divórcio impositivo";
g) a não consideração dos efeitos das uniões para eventual prole, como será abordado em tópico posterior.

Em suma, a acentuação do individualismo tem implicado na recusa de normas que venham a limitar uma subjetividade ocupada apenas com as próprias necessidades, aberta a todas as possibilidades e livre de controles externos. Os vínculos familiares soam como obstáculos que limitam a livre expressão da própria personalidade e não como recursos essenciais – chamados a durar no tempo – para a própria realização do homem.[384]

Alcançando-se, portanto, indícios suficientes no sentido de que o Direito Civil Constitucional estimula o individualismo que pretendia ver extirpado do Código Civil de 1916 e do diploma que o sucedeu, passa-se agora a elencar algumas críticas metodológicas que lhe têm sido atribuídas.

8.2 Os desarranjos metodológicos do direito civil constitucional

Apesar da centralidade que o Direito Civil Constitucional pretende impor à Constituição – o que não seria propriamente uma constitucionalização do Direito Civil, segundo a classificação do tópico anterior –, não se pode negar que o Código Civil ainda mantém a atualidade e o papel de eixo fundamental do

384 Cf. P PETRINI, Giancarlo. Significado social da família. *Cadernos de Arquitetura e Urbanismo*, Belo Horioznte, v. 16, n. 18/19, 2009. p. 114.

Direito Privado. Além disso, o sistema jurídico não pode conviver sem ordem e unidade, as quais não são conferidas exclusivamente pela Constituição.[385]

O Direito Civil Constitucional é apresentado por meio de um discurso cujas bases metodológicas consistem em desprestigiar o Direito legislado nos Códigos em benefício de uma retórica da potencialização da eficácia do texto constitucional. O Direito codificado, portanto, sairia do centro do ordenamento jurídico e daria lugar ao texto constitucional. Nas palavras de Torquato Castro Jr., "o sistema jurídico não tem centro. Aliás toda topologia que se lhe queira atribuir será inescapavelmente metafórica, embora nem por isso menos relevante."[386]

A "revolução copernicana" operada por essa corrente é revestida de um sentido mítico fundamental ligado à cumulatividade do saber jurídico e do direito de juízes e juristas, projetando-se na composição de uma topografia imaginária da legislação. Muito embora a Constituição seja relevante para a interpretação e o desenvolvimento do Direito Privado, a Lei Maior atende a funções político-retóricas diversas da codificação civil. Em acréscimo, a Constituição emprega palavras bem menos semanticamente determinadas do que o Código Civil e persegue, com estilo igualmente diverso, outros fins.[387]

Igualmente inverossímil é a tese de que a constitucionalização do Direito de Família – entendida como a elevação das normas ordinárias à Carta Maior no ordenamento jurídico brasileiro – teria ocorrido apenas a partir da promulgação da Constituição Federal de 1988. Os seus defensores ignoram o fato de que referido movimento havia já se iniciado com o golpe republicano e a promulgação da Constituição de 1891, iniciando um *crescendo* verificado com as Constituições de 1934 (art. 144), 1937 (arts. 124 a 127) e 1967 (art. 167).[388]

[385] Cf. TIMM, Luciano Benetti. "Descodificação", constitucionalização e reprivatização no Direito Privado: o Código Civil ainda é útil? *Revista de Direito Privado*, São Paulo, v. 7, n. 27, p. 223-251, jul./set. 2006. p. 223-251.

[386] Cf. CASTRO JÚNIOR., Torquato. Constitucionalização do direito privado e mitologias da legislação: Código Civil versus Constituição? *In*: SILVA, Artur Stamford da (org.). *O Judiciário e o discurso dos direitos humanos*. Recife: EDUFPE, 2011. p. 63.

[387] CASTRO JÚNIOR, Torquato. Constitucionalização do Direito Privado e mitologias da legislação: Código Civil versus Constituição? *In*: SILVA, Artur Stamford da (org.). *O Judiciário e o discurso dos direitos humanos*. Recife: EDUFPE, 2011. p. 65-66.

[388] Cf. RODRIGUES JÚNIOR, Otavio Luiz. *Direito civil contemporâneo*: estatuto epistemológico, constituição e direitos fundamentais. Rio de Janeiro: Forense Universitária, 2019. p. 139-141.

Outro equívoco precisa ser solenemente corrigido: a constitucionalização de um instituto ou de uma figura jurídica, *per se*, como já se antecipou, não implica em que se lhe confira uma interpretação "progressista"[389], ou seja, não se trata de um juízo que decorra necessariamente de seu novo *locus*. Veicular uma regra na legislação infraconstitucional ou na Lei Maior não permite concluir pelo seu eventual caráter conservador ou progressista, com todas as limitações que esses termos carregam consigo.

Não fosse suficiente, o simples fato de normas de Direito Civil passarem a ser veiculadas pelo texto constitucional não lhes retira a natureza deste ramo do Direito e de modo algum pode justificar a criação de um Direito Civil Constitucional.[390]

A nova hermenêutica constitucional dessa corrente, portanto, é mais direcionada à linguagem e menos valorizadora do método. Ao passo que a hermenêutica clássica considerava os princípios gerais de direito como fontes alternativas, o atual modelo valoriza a atuação do intérprete e da linguagem, fazendo com que, não raro, a segurança jurídica seja amplamente mitigada em razão da atividade discricionária de muitos julgadores, tema esse de que se ocupará o tópico seguinte.[391]

Fernando Leal, em estudo bastante aprofundado e crítico acerca do Direito Civil Constitucional, elenca severas objeções à interpretação proposta pelos seus partidários, entre as quais as seguintes, concisamente relatadas:[392]

a) ausência de métodos de decisão que consigam solucionar as incertezas a respeito da manipulação de normas infraconstitucionais e princípios de índole constitucional para o deslinde de cada caso concreto;

389 *Ibid.*, p. 202.

390 A respeito dessa crítica, cf. SILVA, Virgílio Afonso da. *A constitucionalização do direito*: os direitos fundamentais nas relações entre particulares. São Paulo: Malheiros, 2005.

391 Cf. L LUCAS, Douglas César; GHISLENI, Pâmela Copetti. O amor e o direito pertencem a "idiomas" distintos: uma crítica à judicialização do afeto. *Revista Brasileira de Sociologia do Direito*, São Paulo, v. 4, n. 3, p. 106-131, set/dez 2017. Disponível em: http://revista.abrasd.com.br/index.php/rbsd/article/view/155. Acesso em: 10 maio 2022. p. 119.

392 Cf. LEAL, Fernando. LEAL, Fernando Angelo Ribeiro. Seis objeções ao direito civil constitucional. *Direitos Fundamentais & Justiça*, Porto Alegre, v. 9, n. 33, p. 123-165, out./dez. 2015. p. 136-140.

b) atividade interpretativa destituída de vinculação, controle e responsabilidade, ainda que se afaste da subsunção como modelo padrão de aplicação do direito e da crença de que métodos de decisão poderiam controlar efetivamente a subjetividade do intérprete;
c) apesar de a proporcionalidade ser amplamente instrumentalizada, inclusive por várias Cortes Constitucionais, a sua capacidade para controlar racionalmente as valorações dos tomadores de decisão que recorrem a princípios é questionável, de modo que na realidade brasileira a incorporação do discurso dos princípios é frequentemente desorientada, fruto de oportunismo ou reflexo de mero modismo.

Em complementação aos pontos citados, igualmente conveniente procurar sistematizar os argumentos consignados em outro estudo de relevo, desta feita da lavra de Thiago Reis:[393]

a) o Direito Civil Constitucional não oferece respostas sobre quando e sob quais critérios se admite que um princípio, tão frequentemente manejado por essa corrente, supere uma regra, resultando em uma cada vez menor capacidade da dogmática e da jurisprudência em diminuir as incertezas na província civilista;
b) ausência de clareza quanto a uma tópica material, colocada como o instrumento de superação da racionalidade jurídica lógico-formal, através da qual seria buscada a justiça no caso concreto;
c) promoção de uma concepção de sistema jurídico que, sob a justificativa de abri-lo a um contexto social, não oferece conteúdo e delimitação a seu respeito, desvinculando-o da lei e da jurisprudência, com o consequente aumento do grau de incerteza no Direito Civil;
d) se por trás de toda norma, instituto ou relação jurídica há uma substância que os legitima e informa, pode-se relativizar qualquer estrutura em nome de uma interpretação que afirme apreender e realizar essa substância;

393 Cf. REIS, Thiago. Dogmática e incerteza normativa: crítica ao substancialismo jurídico do direito civil-constitucional. *Revista de Direito Civil Contemporâneo*, São Paulo, v. 11, abr./jun. 2017. p. 213-238.

e) possibilidade de qualquer ator (na doutrina, na administração, no Legislativo ou no Judiciário) se desvincular do Direito posto e recorrer à substância – tal como a vê – para legitimar sua posição, introduzindo no sistema um alto grau de incoerência e arbitrariedade;
f) não há definição acerca de quem possui a prerrogativa de atribuir relevância jurídica ou força constitutiva a um determinado fato ou relação social.

Por fim, antes de se passar à investigação do ativismo judicial, convém apenas rememorar a lição de Antonio Junqueira de Azevedo na aula inaugural dos cursos jurídicos da Faculdade de Direito de Ribeirão Preto da Universidade de São Paulo: apesar de ser a lei maior, a Constituição não deixa de ser uma lei como as outras, submissa às mesmas vicissitudes históricas, isto é, seja lei maior ou lei menor, quem a examina é o intérprete através de um "processo de argumentação ao que é socialmente útil."[394]

8.3 O ativismo judicial como ofensa à separação entre os poderes: um direito de família distinto daquele previsto pelo legislador

Há uma notável mobilização acadêmica em torno do que seriam os "bons" ativismos, através do emprego de adjetivos, discursos hiperbólicos e afirmações panfletárias no panorama atual do Direito Civil, desferindo-se numerosos ataques ao positivismo, avalista de um direito posto supostamente retrógrado, ultrapassado e incompatível com os valores constitucionais.[395]

É preciso reconhecer que não é nada simples a relação entre o "direito de juízes" (*Richterrecht*), legitimado pela suposta cientificidade de seu conteúdo, e a vinculatividade da lei. Aquele acaba por substituir o direito costumeiro

[394] Cf. JUNQUEIRA DE AZEVEDO, Antonio. O Direito, ontem e hoje. Crítica ao neopositivismo constitucional. Insuficiência dos direitos humanos. *Revista da Faculdade de Direito da Universidade de São Paulo*, São Paulo, v. 102, p. p. 579-590, jan./dez. 2007. p. 586-588, Disponível em: https://www.revistas.usp.br/rfdusp/article/view/67770.

[395] Cf. STRECK, Lenio Luiz. O ativismo, o justo e o legal: crítica ao pan-principiologismo a partir do caso das "famílias paralelas". *Revista de Direito Civil Contemporâneo*, São Paulo, v. 1, n. 1, out./dez. 2014. p. 151-152.

infrator da lei como construção do direito legitimada pela interpretação constitucional *contra legem*.[396]

Entre os defensores do neoconstitucionalismo, considera-se a Constituição como uma lei sistêmica que conteria um determinado e determinável fundamento de todo o direito exigível, de modo que o controle de constitucionalidade seria um instrumento para empoderar singularmente os juízes, transformando-os em uma espécie de contralegisladores.[397]

Em muitas áreas, em especial no Direito de Família, a falta de ortodoxia nos métodos de interpretação dos comandos legais pelos julgadores tem importado em uma considerável invasão, pelo Judiciário, em competência própria do Poder Legislativo, além de desfigurar as normas editadas nessa seara, transformando-a substancialmente sem o consentimento do legislador.

Em termos concretos, a aplicação do princípio da afetividade, o qual, como já se cuidou na primeira parte do trabalho, não tem previsão constitucional ou legal para que figure como fundamento do Direito de Família, tem se dado de forma absolutamente incompatível com o regramento vigente nessa matéria.

Ora, o fato de determinadas pessoas conviverem e se "sentirem" família não implica, *per se*, no direito de receberem tratamento jurídico dispensado a outras modalidades familiares. Nesse sentido, não é conveniente que uma instituição que é base da sociedade e objeto de normas majoritariamente cogentes tenha como parâmetro, a exemplo do que sucede com o Direito Contratual, uma atipia das convivências sociais.[398]

Ignora-se solenemente o fato de que o próprio constituinte (arts. 226 e 227), ao valer-se de termos como "especial proteção" e "prioridade absoluta", previu uma diferenciação das entidades familiares, de modo que a primeira expressão ("especial proteção") refere-se a situações de interesse social objetivo.[399]

[396] Cf. CASTRO JÚNIOR, Torquato. Constitucionalização do direito privado e mitologias da legislação: Código Civil versus Constituição? *In*: SILVA, Artur Stamford da (org.). *O Judiciário e o discurso dos direitos humanos*. Recife: EDUFPE, 2011. p. 63.

[397] *Ibid.*, p. 64.

[398] Cf. PEREIRA JÚNIOR, Antonio Jorge. A família entre as modalidades convivenciais do direito e a distinção entre ser, pensar, agir e sentir-se família. *In*: TAVARES DA SILVA, Regina Beatriz; BASSET, Ursula Cristina (coord.). *Família e pessoa*: uma questão de princípios. São Paulo: YK, 2018. p. 147-148.

[399] *Ibid.*, p. 145-160.

Como se sabe, é recorrente o emprego de argumentos "fáticos" para escapar da imperatividade dos comandos legais. Sucede, contudo, que ao arvorar-se como arauto da justeza e da correção legal pela via da facticidade, o Poder Judiciário cria obstáculos ao progresso do Direito. O papel dos julgadores, nesse sentido, é o de evitar que suas opiniões estritamente pessoais sejam utilizadas como fator de decisão sobre os direitos dos outros, especialmente quando a lei diz o contrário.[400]

Essa afirmação não se contrapõe à necessidade de realçar o importante e imprescindível papel da doutrina, chamada a fazer "constrangimentos epistemológicos" sobre o Poder Judiciário, para que respeite o primado do texto constitucional, censurando-o por dar "maus exemplos, fazendo ele mesmo dribles hermenêuticos na legislação". Em consequência, desloca-se o debate público do ambiente por excelência de transformação da sociedade, qual seja, a política, com graves prejuízos à democracia.[401]

Nos tempos que correm, espera-se com frequência dos juízes posições mais "progressistas" para fazer frente à inércia do parlamento, o qual não discutiria as grandes questões nacionais, e do Executivo, incapaz de formular políticas públicas eficientes. Se no passado considerava-se progressista quem lutava contra os desmandos do regime militar, atualmente o é quem se apropria de uma Constituição democraticamente promulgada para realizar o que entende justo.[402]

Nesse contexto, ressurgem com notável força correntes que tornam sobremaneira flexível a discricionariedade dos juízes. É o caso do Movimento do Direito Livre, surgido em um momento histórico absolutamente diverso do atual.[403]

[400] PEREIRA JÚNIOR, Antonio Jorge. A família entre as modalidades convivenciais do direito e a distinção entre ser, pensar, agir e sentir-se família. *In*: TAVARES DA SILVA, Regina Beatriz; BASSET, Ursula Cristina (coord.). *Família e pessoa*: uma questão de princípios. São Paulo: YK, 2018. p. 156.

[401] *Ibid.*, p. 156-157.

[402] Cf. STRECK, Lenio Luiz. As várias faces da discricionariedade no direito civil brasileiro: o "reaparecimento" do movimento do direito livre em terrae brasilis. *Revista de Direito Civil Contemporâneo*, São Paulo, v. 3, n. 8. jul./set. 2016. p. 38.

[403] *Ibid.*, p. 38-40. O objetivo de referida corrente, fundada na primeira década dos anos 1900, por Hermann Kantorowicz, era o de libertar o julgador do que reputava serem rígidas estruturas formais que o conceitualismo do século XIX teria legado à sociedade do século seguinte. Em suma, reivindicava-se um papel de protagonismo da magistratura para a

É certo que em um Estado Democrático de Direito não há semelhante liberdade, já que também os magistrados devem prestar contas à Constituição, ou seja, gozam de autonomia funcional para cumprirem sua função institucional, o que não significa dizer que há uma liberdade irrestrita de escolha.[404]

Em suma, o que uma Constituição democrática deve fazer é causar repulsa a voluntarismos e ativismos do tipo "livre interpretação-criação." Livrar-se da lei fazia-se necessário quando não havia liberdades democráticas, mas quando a lei representa a democracia, deve ser aplicada.[405]

8.4 O emprego exacerbado de princípios: o reinado da afetividade na seara familiarista e a vulgarização da dignidade da pessoa humana

Em um cenário em que todos os setores sociais desejam ver seus modos de vida contemplados pelo legislador, as regras positivadas parecem não mais bastar para corresponder aos anseios de parte da sociedade. Se elas são insuficientes, os princípios passam a ser elevados ao *status* de norma jurídica, tornando o ordenamento jurídico um campo poroso, dúbio e, não raro, incoerente.[406]

Essa fabricação de princípios, a rigor despidos de normatividade, constitui um discurso de viés retórico-corretivo intimamente ligado às práticas jurídicas brasileiras, através do qual são criados *standards* argumentativos para burlar o que foi democraticamente decidido pelo legislador. Considerando-se que para responder à pluralidade de demandas da sociedade, nem sempre se pode

aplicação do Direito, chegando a admitir-se a interpretação *contra legem* em sua versão mais radical.

404 *Ibid.*, p. 38.

405 Cf. STRECK, Lenio Luiz. As várias faces da discricionariedade no direito civil brasileiro: o "reaparecimento" do movimento do direito livre em terrae brasilis. *Revista de Direito Civil Contemporâneo*, São Paulo, v. 3, n. 8, jul./set. 2016. p. 41. A enunciação de outras críticas ao ativismo judicial pode ser encontrada em BORGES, Guilherme Roman. *Teoria do direito: primeiras reflexões*. São Paulo: Almedina, 2020, p. 291.

406 Cf. LUCAS, Douglas César; GHISLENI, Pâmela Copetti. O amor e o direito pertencem a "idiomas" distintos: uma crítica à judicialização do afeto. *Revista Brasileira de Sociologia do Direito*, São Paulo, v. 4, n. 3, p. 106-131, set/dez 2017. Disponível em: http://revista.abrasd.com.br/index.php/rbsd/article/view/155. Acesso em: 10 maio 2022. p. 118.

encontrar a solução pelo método da subsunção, "[...] os princípios parecem brotar de todos os lados, como se tivessem força normativa para tanto."[407]

Lança-se mão de um recurso teórico-metodológico bastante peculiar, cunhado de pamprincipiologismo, capaz de fundamentar tudo o que o intérprete desejar, a exemplo da elevação da afetividade a "princípio" normativo: "[...] diz-se qualquer coisa sobre qualquer coisa. Não por acaso, o Código Civil está refém da subjetividade judicial."[408]

É necessário o combate hermenêutico ao uso exacerbado de princípios, o qual enfraquece o caráter concretizador dos princípios, através de referidos *standards*, por meio dos quais se promove a erupção de racionalidades judiciais *ad hoc*, com forte cunho discricionário.[409]

No caso da afetividade, o desprezo à norma positivada e o prestígio conferido a um princípio de difícil exteriorização e sem previsão legal ou constitucional indica uma tendência de rejeição de métodos racionais estruturados sobre bases objetivas, ignorando-se a relevância dos princípios da legalidade e da segurança jurídica mediante a exploração de conceitos jurídicos indeterminados e vagos.[410]

Contudo, conferir aos princípios – quanto mais aos reputados "implícitos", como o da afetividade – a prerrogativa de positivar valores importa em uma hierarquização de modo inegavelmente arbitrário dos valores que efetivamente são considerados mais relevantes em determinada sociedade.[411]

Os demais princípios constitucionais são lastreados na dimensão objetiva e externalizada dos relacionamentos sociais e não em elementos subjetivos

407 *Ibid.*, p. 118-120.

408 *Ibid.*, p. 153.

409 Cf. STRECK, Lenio Luiz. Do pamprincipiologismo à concepção hipossuficiente de princípio: dilemas da crise do direito. *Revista de Informação Legislativa, Brasília*, DF, v. 49, n. 194, p.7-21, abr./jun. 2012.

410 Cf. P PINHEIRO, Victor Sales; RODRIGUES FILHO, Antonio Marinho de Melo. Emotivismo e judicialização do afeto: a problemática metaética da legitimidade jurídica do princípio da afetividade no Direito de Família. *Revista de Direito de Família e das Sucessões*, São Paulo, v. 20, p. 9-38, maio 2020. p. 27.

411 LUCAS, Douglas César; GHISLENI, Pâmela Copetti. O amor e o direito pertencem a "idiomas" distintos: uma crítica à judicialização do afeto. *Revista Brasileira de Sociologia do Direito*, São Paulo, v. 4, n. 3, p. 106-131, set./dez. 2017. Disponível em: http://revista.abrasd.com.br/index.php/rbsd/article/view/155. Acesso em: 10 maio 2022. p. 120.

dos indivíduos, razão pela qual o manejo do princípio de afetividade, sem qualquer expressão normativa, torna-se ainda mais grave.[412]

Não só a doutrina cria princípios – muitas vezes, repita-se, realçando sua presença no texto constitucional de modo implícito – mas o próprio Judiciário, vez ou outra, atua como legislador positivo. É o que sucedeu, entre muitos outros exemplos, em precedente do Tribunal de Justiça do Rio Grande do Sul, responsável pela criação de um pretenso "princípio da rotatividade":

> ADIn. PRAZO DO MANDATO DA MESA DIRETORA DA CÂMARA MUNICIPAL. ART. 30, § 5º, DA LEI ORGÂNICA DE SEDE NOVA E ARTIGO 14 DO REGIMENTO INTERNO DA CÂMARA DE VEREADORES. DIVERGÊNCIA COM O PRAZO FIXADO NOS ARTIGOS 57, § 4.º, DA CONSTITUIÇÃO FEDERAL E ART. 49, § 4.º DA CARTA ESTADUAL. IMPROCEDÊNCIA DA DEMANDA. Questão que não reveste violação de preceito constitucional, constituindo norma atinente ao regimento interno e lei orgânica, não oferece ofensa ao princípio da simetria. Princípio da rotatividade presente e de forma mais efetiva com a possibilidade de renovação da Mesa Diretora de forma anual. AÇÃO JULGADA IMPROCEDENTE. UNÂNIME. (ADI nº 70022682066, Pleno, TJRS, Rel. Marco Aurélio dos Santos Caminha, DJ 09/03/2009).

O empregado exacerbado e o superdimensionamento dos princípios fazem surgir um contexto em que "cada um decide como quer", "cada um busca o seu justo": "[...] em nome de sentimentos de afeto, amor etc. – e não de princípios ou regras – faz-se uma livre investigação do direito." Curiosamente, portanto, em um momento histórico democrático, os julgadores se deixam levar por argumentos que afastam o conteúdo de leis legitimamente promulgadas, com fundamento em uma superação da literalidade do texto.[413]

[412] *Ibid.*, p. 120.

[413] L LUCAS, Douglas César; GHISLENI, Pâmela Copetti. O amor e o direito pertencem a "idiomas" distintos: uma crítica à judicialização do afeto. *Revista Brasileira de Sociologia do Direito*, São Paulo, v. 4, n. 3, p. 106-131, set./dez. 2017. Disponível em: http://revista.abrasd.com.br/index.php/rbsd/article/view/155. Acesso em: 10 maio 2022. p. 38-41. Especialmente a respeito da consideração da afetividade pelos Tribunais, STRECK menciona um precedente

De outro lado, o princípio da dignidade da pessoa humana, amplamente utilizado ao lado da afetividade como justificativa para atribuir contornos familiares às mais diversas espécies de união, parece desconsiderar o fato de que os indivíduos já gozam de tutela específica no âmbito do Direito de Família, à qual se confere máxima coercibilidade, instrumentalizando as normas que dizem respeito à família coletivamente considerada e não como uma soma de individualismos.[414]

Não há dúvidas de que a dignidade, por força constitucional, deve ser garantida a todos os que gozam da condição humana. Contudo, tratar o ser humano com dignidade não é equivalente a considerar dignas todas as suas condutas, as quais merecem valoração quanto a elementos como a intencionalidade e os efeitos produzidos.[415]

Nessa esteira, nota-se a vulgarização do manejo do princípio da dignidade da pessoa humana quando passa a ser invocado para fundamentar decisões que concedem isenção tributária a motorista portador de deficiência visual, arbitram danos morais em benefício de passageiro prejudicado por *overbooking* e condenam boate a indenizar, também por danos morais, cliente expulso por se vestir de modo incompatível com os padrões exigidos.[416]

Como já se consignou anteriormente, o surgimento do princípio da afetividade é amparado precisamente no princípio da dignidade da pessoa humana (art. 1º, III, CF), um dos fundamentos da República Federativa do Brasil,

da Turma Regional de Uniformização da 4ª Região em que se determinou a divisão da pensão por morte entre a esposa e a amante do falecido. "No caso concreto decidido pela TRU da 4ª Região, alguém pensou no direito assegurado pela Constituição da esposa do defunto-amante? Mas, por que o direito para e em favor da amante? Amante integra, então, a família? É um novo conceito de família, agregando este a tantos outros que inventam todos os dias? Seria a família a "concubitu adultera"? Perguntaram para a esposa o que ela sente ou pensa sobre seu direito ser esfacelado por uma decisão judicial? O afeto em que está assentado o princípio da afetividade é em relação a quem? Com certeza, não diz respeito à esposa legítima, certo? O afeto, neste caso, é de mão única?"

414 Cf. PEREIRA JÚNIOR, Antonio Jorge. A família entre as modalidades convivenciais do direito e a distinção entre ser, pensar, agir e sentir-se família. *In*: TAVARES DA SILVA, Regina Beatriz; BASSET, Ursula Cristina (coord.). *Família e pessoa*: uma questão de princípios. São Paulo: YK, 2018. p. 145.

415 *Ibid*., p. 146.

416 Cf. RODRIGUES JÚNIOR, Otavio Luiz. *Direito civil contemporâneo*: estatuto epistemológico, constituição e direitos fundamentais. Rio de Janeiro: Forense Universitária, 2019. p. 329.

aliado a uma interpretação extensiva dos ars. 226, § 4º, 227, *caput* e §§ 5º e 6º, também da Carta Maior.[417]

O uso excessivo do princípio da dignidade humana, reiteradamente invocado em questões banais e corriqueiras, manejado para fundamentar decisões que não raro em nada se relacionam à proteção da dignidade das pessoas, acabou por transformá-lo, portanto, em uma espécie de vazio axiológico, carente de todo e qualquer significado.[418]

Nesse ponto, convém rememorar o conteúdo da segunda parte do presente trabalho, em que se demonstrou que o uso da afetividade em muitos tipos de pretensas uniões, como nas incestuosas, concubinárias e poligâmicas, pode mesmo ofender e aviltar o princípio da dignidade humana, tolhendo-lhe a prerrogativa de tudo justificar em matéria de Direito de Família.

Curiosamente, a dignidade da pessoa humana, ao se apresentar como referência fundamental a partir da qual o Direito Civil deve passar a se conformar, acabou por assumir posto semelhante ao outrora ocupado pela vontade como alicerce para a compreensão do Direito Privado. Além de sua utilização para alargar de modo heterodoxo a interpretação das regras familiaristas, é também manejada, entre muitos outros exemplos possíveis, para subsidiar a interpretação extensiva de direitos da personalidade.[419]

Em termos bastante práticos, o princípio em tela é tão recorrentemente utilizado em decisões judiciais que se construiu de modo bastante difuso a ideia de que a melhor solução a uma determinada questão judicial deve passar necessariamente por ele, isto é, prestigia-se a alternativa decisória que realize, no caso concreto e na maior medida possível, a dignidade da pessoa humana.[420]

[417] Cf. PINHEIRO, Victor Sales; RODRIGUES FILHO, Antonio Marinho de Melo. Emotivismo e judicialização do afeto: a problemática metaética da legitimidade jurídica do princípio da afetividade no direito de família. *Revista de Direito de Família e das Sucessões*, São Paulo, v. 20, p. 9-38, maio, 2020. p. 13-14.

[418] Cf. S SIMÃO, José Fernando. Há limites para o princípio da pluralidade familiar na apreensão de novas formas de conjugalidade e de parentesco? *Revista Brasileira de Direito Civil*, Rio de Janeiro, v. 2, n. 2, p. 61-79, out./dez. 2014. p. 77.

[419] Cf. LEAL, Fernando. LEAL, Fernando Angelo Ribeiro. Seis objeções ao direito civil constitucional. *Direitos Fundamentais & Justiça*, Porto Alegre, v. 9, n. 33, p. 123-165, out./dez. 2015. p. 140.

[420] LEAL, Fernando. LEAL, Fernando Angelo Ribeiro. Seis objeções ao direito civil constitucional. *Direitos Fundamentais & Justiça*, Porto Alegre, v. 9, n. 33, p. 123-165, out./dez. 2015. p. 141. "Ela [a dignidade humana] está em todo o lugar, mas não se sabe o que ela significa;

Muito embora a dignidade humana seja amplamente difundida, em sede doutrinária e jurisprudencial, o seu crescente uso não tem contribuído para a identificação de um sentido preciso apto a explicá-la. Ao contrário, sua utilização tem se confirmado como meramente retórica, figurando apenas como um *topos* argumentativo.[421]

ela serve para explicar tudo, mas é incapaz de orientar efetivamente processos de interpretação e aplicação do direito privado." *Ibid.*

421 *Ibid.*, p. 143.

9. ARGUMENTOS FINAIS PELA IMPOSSIBILIDADE DE CONSIDERAÇÃO DA AFETIVIDADE COMO FUNDAMENTO PARA O RECONHECIMENTO DAS UNIÕES NO DIREITO BRASILEIRO

9.1 A dificuldade de apreensão da subjetividade do indivíduo e o primado da declaração de vontade

Como já se disse em diversas oportunidades, o princípio de que cuida o presente trabalho tem sido reiteradamente manejado para operar diversas mudanças, entre as quais um movimento de transformação da dogmática própria do Direito de Família, com o fito de ampliar os limites conceituais da entidade familiar e relativizar as relações familiares por meio de decisões judiciais.[422]

A afetividade, como também se viu, é apresentada como o fundamento sem o qual não se pode falar em qualquer espécie de união a ser contemplada pelo ordenamento jurídico. Essa afirmação, repetida à exaustão e de diferentes modos, conduz a duas perguntas principais e sucessivas: a) realmente só pode haver uniões existentes, válidas e eficazes caso se faça presente a afetividade?; b) em caso positivo, como se afere a sua presença ou ausência?

[422] Cf. PINHEIRO, Victor Sales; RODRIGUES FILHO, Antonio Marinho de Melo. Emotivismo e judicialização do afeto: a problemática metaética da legitimidade jurídica do princípio da afetividade no Direito de Família. *Revista de Direito de Família e das Sucessões*, São Paulo, v. 20, p. 9-38, maio 2020. p. 12.

Evidentemente, não há no Código Civil – e muito menos na Constituição Federal – norma que imponha o dever de "nutrir" afetos em favor de outrem. Há, entretanto, uma noção que se aproxima melhor do contexto que se está a desvelar. Trata-se da solidariedade, que não é refém de sensações subjetivas e individuais e que pode conferir um importante alicerce para uma ação centrada no próprio ser da família, na medida em que deriva da condição humana, sem depender da instabilidade dos afetos.[423]

A respeito dessa instabilidade, não é outra a conclusão ao se considerar que o princípio da afetividade tem como base precisamente a fluidez dos sentimentos, ao passo que o princípio da solidariedade, ao apoiar-se na estrutura relacional, é gerador de deveres que não se submetem à efemeridade do que se sente.[424]

É evidente que o afeto não confere – e nem poderia fazê-lo – substrato fático à existência de situações jurídicas de Direito de Família. Não são a vontade ou o afeto que vinculam, mas a declaração daquela. A título de exemplo, um casamento não pode ser anulado porque um dos cônjuges, em reserva mental, não nutria afetos pelo outro, apenas tendo consentido por propósitos econômicos.[425]

Nesse sentido, deve-se atribuir centralidade ao consentimento devidamente prestado. Aliás, fosse o afeto elemento suficiente para o reconhecimento jurídico de uniões, menores de idade sem a capacidade plena para exercerem os atos da vida civil estariam autorizados a casar-se ou formar união estável.

Igualmente evidente o fato de que o descumprimento de um suposto dever afetivo, isto é, o dever de manifestar ou sentir afeto por outra pessoa, não pode repercutir na seara jurídica. Nessa esteira, não se pode confundir o pretenso

[423] Cf. PEREIRA JÚNIOR, Antonio Jorge. A família entre as modalidades convivenciais do Direito e a distinção entre ser, pensar, agir e sentir-se família. *In*: TAVARES DA SILVA, Regina Beatriz; BASSET, Ursula Cristina (coord.). *Família e pessoa*: uma questão de princípios. São Paulo: YK, 2018. p. 153.

[424] PEREIRA JÚNIOR, Antonio Jorge. A família entre as modalidades convivenciais do Direito e a distinção entre ser, pensar, agir e sentir-se família. *In*: TAVARES DA SILVA, Regina Beatriz; BASSET, Ursula Cristina (coord.). *Família e pessoa*: uma questão de princípios. São Paulo: YK, 2018. p. 154.

[425] Cf. CORREIA, Atalá. Insuficiência da afetividade como critério de determinação da paternidade. *Revista de Direito Civil Contemporâneo*, São Paulo, v. 14, p. 335-366, jan./mar. 2018. p. 337-338.

descumprimento desse dever por meio da carência ou perda do afeto com o descumprimento de deveres e obrigações de natureza autenticamente jurídica, como a fidelidade.[426]

É inequivocamente grande, ademais, a dificuldade na verificação intersubjetiva que a existência ou permanência dos afetos requer para a efetiva utilização no campo jurídico.[427] Em outras palavras, custa ao Direito, como regra, apreender subjetividades dos indivíduos que não sejam solenemente exteriorizadas através de uma declaração de vontade.

Como se sabe, um dos principais efeitos dos fatos jurídicos é o estabelecimento de relação por meio da qual os sujeitos se vinculam, tornando-se titulares de direitos e deveres, em regra, reciprocamente. Nesse contexto, algumas uniões são disciplinadas juridicamente não porque sejam afetivas, mas porque são caras à organização social.[428]

Nessa esteira, muito embora ninguém duvide da enorme importância da amizade – relação essa repleta de afetividade – para a vida de toda e qualquer pessoa, nem por isso o constituinte ou o legislador alçaram-na à categoria de relação jurídico-familiar, ou seja, a presença dos afetos não importa automaticamente na atribuição de aludido *status* jurídico.[429]

Ao lançar-se mão de elementos subjetivos, mediante o emprego do princípio da afetividade como legitimador de demandas jurídicas no Direito de Família, incorre-se no grave risco de se preterir "[...] institutos jurídicos objetivos, racionais e de fácil identificação na conduta social", com esteio nos princípios da legalidade, previsibilidade e segurança jurídica.[430]

Em acréscimo, em razão da natureza da afetividade, revela-se absolutamente inadequada a sua caracterização como elemento deôntico, tratando-se, em

[426] Cf. RUBIO, Jorge del Picó. La afectividad y su relevancia en la unión civil de la pareja. *In*: TAVARES DA SILVA, Regina Beatriz; BASSET, Ursula Cristina (coord.). *Família e pessoa*: uma questão de princípios. São Paulo: YK, 2018. p. 441.

[427] *Ibid.*, p. 443.

[428] Cf. PEREIRA JÚNIOR, Antonio Jorge. Da afetividade à efetividade do amor nas relações de família. *In*: DIAS, Maria Berenice; BASTOS, Eliene Ferreira; MORAES, Naime Márcio Martins (coord.). *Afeto e estruturas familiares*. Belo Horizonte: Del Rey, 2009. p. 72.

[429] *Ibid.*, p. 72-73.

[430] Cf. PINHEIRO, Victor Sales; RODRIGUES FILHO, Antonio Marinho de Melo. Emotivismo e judicialização do afeto: a problemática metaética da legitimidade jurídica do princípio da afetividade no Direito de Família. *Revista de Direito de Família e das Sucessões*, São Paulo, v. 20, p. 9-38, maio 2020. p. 15.

verdade, de um fenômeno fático, criando obstáculos à sua imposição como norma. Ainda que viesse a ser formalmente positivada, não poderia figurar como princípio fundamental no Direito de Família, haja vista a possibilidade de reconhecimento de situações jurídicas familiares independentemente do exame da afetividade.[431]

Interessam ao ordenamento jurídico os direitos e deveres (ou obrigações) a respeito dos quais se pode geralmente identificar uma correlação. O amor, acompanhado ou não da afetividade, não é exigível nem executável, razão pela qual os Códigos Civis brasileiros não o elencaram como objeto prestacional de deveres conjugais. Evidentemente, amar ou não amar é um ato humano não amoldável ao campo da ilicitude.[432]

A partir dos argumentos até aqui expostos, já não há maiores dúvidas acerca da incoerência e do caráter sofista do discurso que prega o "direito de exigir afeto" e o postulado de que "o afeto gera direitos":

> Ora, não há sustentação paradigmática em dizer que existe "direito de exigir afeto" ou "que o afeto gera direitos". Isso é o mesmo que dizer que "princípios são valores". Por intermédio do "direito" (Constituição, leis) podemos exigir indenização por descumprimento de deveres e de obrigações jurídicas, mas não de sentimentos. Pretender forçar alguém a gostar ou deixar de gostar de alguém ou mesmo pretender exigir juridicamente (leia-se, coercitivamente) esse ou aquele sentimento seja em face de alguém, de uma instituição ou mesmo do próprio direito, é autoritarismo. Aliás, por que será que a Constituição de 1988, a Constituição cidadã, que guarda em seu texto o ideal de vida boa (a Eudaimonia de que falavam os gregos) não tratou disso? Simples: porque a Constituição trata de direitos. Por isso ela traz em seu bojo um capítulo de "direitos" fundamentais e não de outra coisa. Direito é uma "coisa deontológica". E para um princípio ser jurídico, tem de

[431] *Ibid.*, p. 29.

[432] Cf. RODRIGUES JUNIOR, Otavio Luiz. Amor e direito civil: normatividade, direito e amor. *In*: TAVARES DA SILVA, Regina Beatriz; BASSET, Ursula Cristina (coord.). *Família e pessoa*: uma questão de princípios. São Paulo: YK, 2018. p. 564-565.

> ser igualmente deontológico. Deve funcionar no código lícito-ilícito. Se não for assim, não passa de mera retórica.[433]

Os afetos podem compor a fenomenologia das relações jurídico-familiares, mas não figuram como elementos de existência ou validade desses fatos. Não por outra razão, um juiz de paz que celebre dado casamento não pergunta aos nubentes se amam um ao outro, mas se estão dispostos a se unirem livremente. O mesmo sucede quanto ao término do vínculo, em que não se questiona se os afetos diminuíram.[434]

Especificamente sobre o casamento, há muitas décadas já atingira semelhante conclusão Pontes de Miranda, cuja breve lição é de útil transcrição:

> Há casamentos sem amor; amor, sem casamento; amor, sem relações sexuais sequer; relações sexuais, sem amor. A combinatória dessas variáveis permite tipologia humana, individual e social, que muito esclarece sobre o caráter e a profundidade espiritual. O casamento – no sentido jurídico – é instituição consciente, ritualizada.[435]

O fato de o afeto estar presente em uma união não implica no reconhecimento jurídico de uma entidade familiar, como no caso do namoro simples e qualificado, e também nas já aludidas uniões incestuosas, concubinárias e poligâmicas. De outra banda, a ausência não afeta a higidez de uma união e sequer tem o condão de mitigar as responsabilidades consectárias.[436]

433 Cf. STRECK, Lenio Luiz. As várias faces da discricionariedade no direito civil brasileiro: o "reaparecimento" do movimento do direito livre em terrae brasilis. *Revista de Direito Civil Contemporâneo*, São Paulo, v. 3, n. 8, jul./set. 2016. p. 42.

434 Cf. PEREIRA JÚNIOR, Antonio Jorge. Da afetividade à efetividade do amor nas relações de família. *In*: DIAS, Maria Berenice; BASTOS, Eliene Ferreira; MORAES, Naime Márcio Martins (coord.). *Afeto e estruturas familiares*. Belo Horizonte: Del Rey, 2009. p. 74.

435 Cf. PONTES DE MIRANDA, Francisco Cavalcanti. *Tratado de direito privado*. Atualizado por Rosa Maria de Andrade Nery. São Paulo: Revista dos Tribunais, 2012. t.7: Direito de personalidade. Direito de família. p. 251.

436 Cf. PINHEIRO, Victor Sales; RODRIGUES FILHO, Antonio Marinho de Melo. Emotivismo e judicialização do afeto: a problemática metaética da legitimidade jurídica do princípio da afetividade no direito de família. *Revista de Direito de Família e das Sucessões*, São Paulo, v. 20, p. 9-38, maio 2020. p. 12.

Por essas razões, não se pode dizer que a afetividade constitui a fonte das relações familiares e o fundamento para o seu reconhecimento, mas apenas concluir que há uma relação frequente – mas não necessária – entre ambas, ou seja, nem toda família é oriunda do afeto e há afeto onde não há família.[437]

9.2 O princípio do melhor interesse da criança e do adolescente como parâmetro para a conveniência de reconhecimento das uniões

O império da afetividade como único requisito para que uniões sejam reconhecidas e legalmente protegidas, como pretendem os seus defensores, choca-se com um princípio – este, sim, autêntico – de altíssima importância no ordenamento brasileiro, o qual deve informar as escolhas dos legisladores e as decisões dos juízes.

Trata-se do princípio do melhor interesse da criança e do adolescente, concebido em 1924 na Declaração dos Direitos da Criança de Genebra, no seio da Liga das Nações, organização análoga à ONU e que havia surgido após a Primeira Guerra Mundial.[438] Contudo, a base histórico-legal para o seu surgimento, a doutrina do *parens patriae,* remonta ainda ao século XIII, na Inglaterra.[439]

Há já neste ponto – a não consideração dos interesses de eventual prole para o reconhecimento de espécies familiares – mais uma evidência do caráter estritamente individualista que permeia os estudiosos do moderno Direito de

[437] PINHEIRO, Victor Sales; RODRIGUES FILHO, Antonio Marinho de Melo. Emotivismo e judicialização do afeto: a problemática metaética da legitimidade jurídica do princípio da afetividade no direito de família. *Revista de Direito de Família e das Sucessões,* São Paulo, v. 20, p. 9-38, maio 2020. p. 181.

[438] A respeito do processo de internacionalização dos direitos humanos, confira-se o trabalho de ANJOS, Priscila Caneparo dos. *Direitos humanos: evolução e cooperação internacional.* 1. ed. São Paulo: Almedina, 2021.

[439] Cf. MENDES, Josimar Antônio de Alcântara; ORMEROD, Thomas. O princípio dos melhores interesses da criança: uma revisão integrativa de literatura em inglês e português. *Psicologia em Estudo,* Maringá, v. 24, e45021, nov. 2019. Disponível em http://old.scielo.br/scielo.php?script=sci_arttext&pid=S1413-73722019000100233&lng=pt&nrm=iso. p. 4. Referida doutrina tinha como função a proteção dos interesses dos "loucos" e "idiotas", tendo sido estendida para os menores, entre os séculos XVII e XVIII, pelas Cortes de Chancelaria daquele país, ao julgarem disputas de guarda.

Família. Se a afetividade é suficiente para esse desiderato e quaisquer outras ponderações, como a ora apresentada, são despiciendas, o indivíduo estará sempre acima de tudo – acima inclusive de outros membros de sua própria família.

Essa concepção individualista, através da qual pretende-se levar em conta tão somente os interesses de potenciais genitores, naturalmente colide com o Capítulo VII da Constituição Federal, intitulado "Da família, da criança, do adolescente, do jovem e do idoso", o qual estabelece diversos direitos e uma ampla proteção às crianças e aos adolescentes, figurando como um dos pilares de salvaguarda desse público.

Outro importante pilar é o Estatuto da Criança e do Adolescente, fruto da Lei nº 8.069/90, constituindo um microssistema em que há normas de diferentes naturezas. Seu art. 3º, em especial, assegura às crianças e aos adolescentes "todas as oportunidades e facilidades, a fim de lhes facultar o desenvolvimento físico, mental, moral, espiritual e social, em condições de liberdade e de dignidade."

Não fosse suficiente, através do Decreto nº 99.710/90, a Convenção sobre os Direitos da Criança, diploma internacional de primeira relevância nessa seara, foi incorporada ao ordenamento interno brasileiro. Constam de seu Preâmbulo importantes premissas que guiam a proteção infanto-juvenil[440] e, de modo especial, em seu art. 3º, a principal fonte de proteção ao melhor interesse da criança e do adolescente:

> 1. Todas as ações relativas às crianças, levadas a efeito por instituições públicas ou privadas de bem-estar social, tribunais, autoridades administrativas ou órgãos legislativos, devem considerar, primordialmente, o interesse maior da criança.
> 2. Os Estados Partes se comprometem a assegurar à criança a proteção e o cuidado que sejam necessários para seu bem-estar, levando em consideração os direitos e deveres de seus pais, tutores ou outras pessoas

[440] "Convencidos de que a família, como grupo fundamental da sociedade e ambiente natural para o crescimento e o bem-estar de todos os seus membros e, em particular, das crianças, deve receber a proteção e a assistência necessárias para poder assumir plenamente suas responsabilidades dentro da comunidade; reconhecendo que a criança, para o pleno e harmonioso desenvolvimento de sua personalidade, deve crescer no seio da família, em um ambiente de felicidade, amor e compreensão [...]".

responsáveis por ela perante a lei e, com essa finalidade, tomarão todas as medidas legislativas e administrativas adequadas.

3. Os Estados Partes se certificarão de que as instituições, os serviços e os estabelecimentos encarregados do cuidado ou da proteção das crianças cumpram com os padrões estabelecidos pelas autoridades competentes, especialmente no que diz respeito à segurança e à saúde das crianças, ao número e à competência de seu pessoal e à existência de supervisão adequada.

Convém sublinhar, com relação ao conteúdo deste artigo, que absolutamente todas as instâncias, públicas ou privadas, e todos os Poderes constituídos dos Estados signatários devem considerar – primordialmente – os interesses dos menores. Por essa razão é que se disse há pouco que esta baliza deve ser levada em conta não só pelos julgadores, mas também pelos legisladores.

Ora, se cabe ao legislador – "órgãos legislativos" nos dizeres da norma em tela – ponderar sobre a conveniência ou não em se conferir chancela legal a determinados tipos de uniões, não há dúvidas de que, "primordialmente", o interesse dos menores deve ser detidamente examinado.

Se de quaisquer das pretensas uniões puder surgir descendência, seja por meios naturais ou por adoção, o legislador deve antes analisar se os seus interesses seriam amplamente respeitados ou se seriam então menosprezados ou ao menos mitigados pela conformação da união. Torna-se, portanto, inarredável a formulação do seguinte questionamento: o reconhecimento legal de uma determinada união é compatível com o dever de fornecer as melhores condições de crescimento e desenvolvimento aos potenciais filhos?

A gravidade do tema levantado se deve ao fato de que apenas na família uma pessoa é acolhida em sua totalidade – e não de modo parcial, como sucede nas demais relações sociais. Quando a unidade familiar padece, deixa-se de viver uma reciprocidade plena e a solidariedade dá lugar ao individualismo. A toda evidência, não há como ignorar que a família é a matriz de recursos humanos e sociais indispensáveis ao bem das pessoas e da sociedade, razão pela qual não pode ser considerada um fato privado e puramente afetivo.[441]

[441] Cf. PET PETRINI, Giancarlo. Significado social da família. *Cadernos de Arquitetura e Urbanismo*, Belo Horizonte, v. 16, n. 18/19, 2009. p. 112-113.

Tão somente a família pode oferecer alguns bens que dependem dos vínculos entre os seus membros, em virtude da natureza específica de suas relações, a exemplo de paternidade, maternidade, filiação e fraternidade. A convivência familiar figura ainda como um requisito do processo de humanização, o qual enraíza o indivíduo no tempo, através de suas relações de parentesco.[442]

Nesse contexto, na segunda parte deste trabalho, a que se remete o leitor, indicaram-se, ainda que de modo não exaustivo, a partir das uniões poligâmicas, concubinárias e incestuosas, os gravíssimos e nocivos efeitos que atingem os filhos oriundos de relações dessa natureza.

O melhor interesse da criança e do adolescente não deve ser enfrentado apenas sob a ótica jurídica, mas deve ser objeto de uma apropriação multidisciplinar, considerando-se que versa sobre o bem-estar físico, social, emocional e psíquico desse público.[443] Trata-se, pois, de uma miríade de áreas direta e fortemente impactadas por determinados modelos de uniões.

Esse contexto demonstra que a decisão legislativa em reconhecer ou não determinado tipo de união tem necessariamente de passar por um exame prefacial acerca da proteção ao melhor interesse das crianças e dos adolescentes.

As uniões poligâmicas, concubinárias e incestuosas são apenas exemplos de relações em que há notórios prejuízos ao crescimento e ao desenvolvimento infanto-juvenil, como já se demonstrou a partir de pesquisas científicas internacionais de relevo. Entretanto, a subjetividade e a efemeridade dos afetos continuarão a impulsionar outros modelos igualmente prejudiciais, cujos pleitos de reconhecimento não poderão passar ao largo do bem-estar da prole.

9.3 O equívoco na pretensão de tudo normatizar em direito de família

Ainda que se tenha cuidado incidentalmente deste último argumento ao longo do trabalho, qual seja, a realidade de que o Direito nem tudo acolhe ou contempla por meio de suas normas, cumpre, antes da conclusão, retomá-lo

[442] *Ibid.*, p. 115-116.

[443] Cf. MENDES, Josimar Antônio de Alcântara; ORMEROD, Thomas. O princípio dos melhores interesses da criança: uma revisão integrativa de literatura em inglês e português. *Psicologia em Estudo*, Maringá, v. 24, e45021, nov. 2019. Disponível em http://old.scielo.br/scielo.php?script=sci_arttext&pid=S1413-73722019000100233&lng=pt&nrm=iso. p. 4.

de modo mais detido, por constituir um ponto central para a compreensão desta tese.

Como já se notou à exaustão, a doutrina familiarista majoritária pugna pelo reconhecimento jurídico de quaisquer uniões, atribuindo-lhes contornos de família, com duas ou mais pessoas, bastando que se faça presente a afetividade entre os seus membros. Essa defesa conduz inexoravelmente à seguinte indagação: é conveniente que quaisquer uniões nessas condições recebam a chancela estatal? A resposta é desenganadamente negativa.

Sustentar que todas as situações fundadas na afetividade seriam espécies de famílias juridicamente legitimadas revela-se como uma estratégia perigosa e contraditória, podendo mesmo resultar na eliminação da família como agrupamento social com identidade própria.[444] Evidentemente, uma família não equivale, como exemplo, a um grupo de amigos que dividem o mesmo teto ou ainda a monges que coabitem em uma mesma abadia, ainda que os afetos que os unam não sejam desconsideráveis.

Não há dúvidas de que apenas algumas das várias relações afetivas são objeto de tratamento jurídico. O que diferencia, portanto, as eleitas daquelas que não encontram guarida no Direito vigente? As reguladas pelo ordenamento jurídico não o são pelo fato de serem revestidas de afetividade entre os seus componentes, mas por serem, entre outros motivos, relevantes à organização social.[445]

Ora, se tudo fosse família, como consequência nada seria efetivamente família. A substancialidade do conceito seria perdida, passando a família a significar apenas coletivos de percepções subjetivas, fluidas e instáveis, em evidente fragilização dos deveres de auxílio próprios às famílias, já que subordinados a critérios efêmeros e pouco sólidos.[446]

[444] Cf. COSTA FILHO, Venceslau Tavares. O direito de família é o cárcere do amor? *In*: TAVARES DA SILVA, Regina Beatriz; BASSET, Ursula Cristina (coord.). *Família e pessoa*: uma questão de princípios. São Paulo: YK, 2018. p. 730.

[445] Cf. PEREIRA JÚNIOR, Antonio Jorge. Da afetividade à efetividade do amor nas relações de família. *In*: DIAS, Maria Berenice; BASTOS, Eliene Ferreira; MORAES, Naime Márcio Martins (coord.). *Afeto e estruturas familiares*. Belo Horizonte: Del Rey, 2009. p. 72.

[446] *Id*,. A família entre as modalidades convivenciais do direito e a distinção entre ser, pensar, agir e sentir-se família. *In*: TAVARES DA SILVA, Regina Beatriz; BASSET, Ursula Cristina (coord.). *Família e pessoa*: uma questão de princípios. São Paulo: YK, 2018. p. 144.

A família, ao contrário de muitas uniões em que seus integrantes possam estar ligados pela afetividade, tem que ser considerada como fator primordial para o gênero humano, em razão de seu papel personalizante, como fator de transição da dimensão natural para a cultural e como fator de intersecção entre o público e o privado.[447]

Nesse sentido, a formulação da doutrina de que o constituinte e o legislador ordinário teriam deixado um caminho amplo e descerrado, para que qualquer união pudesse ser considerada família com a mera presença de um elemento subjetivo, transitório e absolutamente extrajurídico, deve ser veementemente rechaçada.

Convém novamente ratificar que o amor, do qual a afetividade é uma pequena parte, não é jurídico, embora sua juridicização possa ocorrer em casos verdadeiramente excepcionais, de modo que suas fronteiras com o Direito devem ser preservadas, não podendo se constituir em um novo "deus" laico. Caso se converta em obrigação, deixa de sê-lo, podendo-se mesmo chegar a fabricá-lo para se evadir dos deveres jurídicos imputados. Como resultado, uma lamentável vulgarização.[448]

É de suma importância que não haja uma segunda vulgarização, desta feita com a amplificação desenfreada de espécies familiares. A razão é muito simples: como se viu na segunda parte deste estudo, há uniões intrinsecamente más e nocivas aos seus próprios membros, aos eventuais filhos e à sociedade como um tudo. Nessas circunstâncias, seria inadequado que se lhes conferisse uma especial proteção do Estado, destinada, por força constitucional, apenas às famílias.

[447] Cf. FERNANDES, André Gonçalves. Família e sua dimensão personalizante primordial. *In*: TAVARES DA SILVA, Regina Beatriz; BASSET, Ursula Cristina (coord.). *Família e pessoa*: uma questão de princípios. São Paulo: YK, 2018. p. 120.

[448] Cf. RODRIGUES JUNIOR, Otavio Luiz. Amor e direito civil: normatividade, direito e amor. *In*: TAVARES DA SILVA, Regina Beatriz; BASSET, Ursula Cristina (coord.). *Família e pessoa*: uma questão de princípios. São Paulo: YK, 2018. p. 555-565.

CONCLUSÕES

Apesar da ausência de previsão legal ou constitucional a respeito do princípio da afetividade, a sua ampla acolhida pela doutrina majoritária e também pelas Cortes Superiores tornou necessária a extensa argumentação levada a cabo por este estudo, muito embora tenha tido como enfoque apenas o manejo de referido princípio para a formação, manutenção e extinção das uniões no Direito brasileiro.

Com a promulgação da Constituição Federal de 1988, a mesma considerável parcela de doutrinadores começou a enfatizar a inauguração de uma nova era no Direito de Família, com um maior apreço pelos seus aspectos pessoais, em detrimento de um alegado patrimonialismo, o qual teria deixado os indivíduos e os seus anseios à margem do ordenamento jurídico. O grande estandarte a sinalizar a mudança operada, quanto às uniões, seria a noção de afetividade.

Como pretenso novo eixo fundamental da seara familiarista, todas as uniões que contassem com a sua presença deveriam ser legalmente reconhecidas e protegidas. Por consequência, a ausência de afetos indicaria, do mesmo modo, a insubsistência de uma determinada união, porquanto perderia sua própria essência e razão de ser.

Apesar dos esforços argumentativos de muitos estudiosos da área, os quais não conseguiram alcançar uma interpretação uniforme sobre o "princípio" em tela, a primeira parte do trabalho demonstrou a notória amplitude e a sensível subjetividade da noção de afetividade, cujas raízes evidentemente não pertencem às raias do Direito.

Como se viu, os afetos são, por sua própria natureza, transitórios, efêmeros, voláteis e tanto podem ter uma conotação positiva, a exemplo da alegria, do entusiasmo e da empolgação, como podem vir a assumir feições negativas, como sucede com a ira, a tristeza e a angústia.

Falou-se ao longo do trabalho em "império da afetividade" justamente porque os seus partidários alçaram-na como único critério para o reconhecimento e a existência mesma das uniões, ignorando solenemente o papel da inteligência e da vontade, as quais devem atuar para examinar a adequação dos afetos (correspondem a um bem?) e a conveniência de colocar em marcha o que indicam (caso correspondam a um bem, a vontade confirma com a conduta o que sugerem os afetos).

Também se viu que os afetos podem fazer parte do amor, mas não se confundem, em absoluto, com este último. Os primeiros são sentidos, percebidos pelo indivíduo, que é por eles *afetado*. O amor, por sua vez, é um ato da vontade, essencial especialmente quando já não se dispõe mais do combustível dos afetos em uma dada união – pelo menos não na intensidade de quando se deu o enamoramento.

Nessa esteira, a afetividade é manejada no discurso jurídico para que se possa atingir a "felicidade individual", expressão recorrente em manuais de Direito de Família. Para além da contradição com o próprio texto constitucional, o qual prestigia antes a família como um todo para depois cuidar de seus componentes, é absolutamente incoerente a argumentação de que é possível e conveniente fazer o que for preciso para alcançar a "felicidade individual" – recorde-se o exemplo do pai de família que abandona esposa e filhos para corresponder aos afetos despertados por uma colega de trabalho mais jovem e atraente.

Essa maneira de elaborar juízos morais é um claro reflexo da grande penetração do liberalismo emotivista na seara familiarista. Também a título de exemplo, se o indivíduo pensa que a união incestuosa da qual é protagonista é boa, bastará que seus sentimentos apontem nesse sentido para que faça um juízo moral definitivo a esse respeito e, em consequência, demande seu reconhecimento pelo Estado. Ora, a natureza da afetividade evidentemente não permite que seja boa conselheira – quanto mais a única – para ponderar sobre se determinadas uniões correspondem aos interesses legítimos de seus membros e atendem ao bem comum.

Quanto a este último, não se pode deixar de sustentar que se os bens individuais são conquistados na vida em sociedade, não se pode considerá-los ignorando-se a necessidade de se alcançar o bem da comunidade. Como se disse à exaustão, em nenhuma das províncias civilistas a autonomia privada é revestida de caráter absoluto. Quanto ao acolhimento de pretensas espécies familiares, o mesmo raciocínio é inteiramente aplicável.

Nesse sentido, as uniões poligâmicas, concubinárias e incestuosas, estudadas na segunda parte, figuram como meros exemplos de que a afetividade não pode tudo. Ora, se a família é objeto de especial proteção do Estado, goza de aludido privilégio justamente pelos benefícios sociais de que é geradora. De tal feita, se uma dada união verificável no plano dos fatos se revela nociva aos seus próprios membros e à sociedade em geral, é natural que não seja destinatária da proteção em questão.

As uniões, portanto, não são meros fatos privados. Se três ou mais indivíduos quiserem viver uma relação poligâmica, nada haverá que os impeça, mas não poderão exigir do Estado que lhes dê guarida legal se o legislador está convencido de que esse tipo de união, para além de aviltar a dignidade de seus próprios membros, causa prejuízos de ordem social.

Especialmente quanto às uniões poligâmicas e concubinárias, o próprio Supremo Tribunal Federal já fixou entendimento em tese de repercussão geral segundo o qual a monogamia é um princípio que deve ser solenemente respeitado no ordenamento jurídico brasileiro. Esse cenário permanecerá inalterado a menos que o Congresso Nacional venha a operar uma alteração substancial na Constituição Federal a esse respeito.

O individualismo, que deveria ter sido gradualmente mitigado, especialmente a partir da promulgação do Código Civil de 2002, tem sido contraditoriamente reforçado pela corrente do Direito Civil Constitucional, cujas críticas metodológicas, sucintamente recolhidas na última parte do trabalho, ainda não foram objeto de uma contestação satisfatória.

A tentativa de juridicização da afetividade, para além da dificuldade em sua conceituação, apresenta outros graves problemas. O primeiro deles diz respeito à tentativa de se substituir à declaração de vontade, livremente prestada e exteriorizada. Em outros termos, as uniões nasceriam e se extinguiriam diante da presença ou ausência dos afetos e não pelo consentimento manifestado.

Essa absoluta falta de ortodoxia se soma ainda à inexigibilidade dos afetos e à impossibilidade de sua incorporação ao Direito por carecer de natureza deontológica, ou seja, por não poder figurar como um dever jurídico. Trata-se de uma complexa peça que pertence a um quebra-cabeça distinto e que, ao misturar-se com as peças de outro, acaba por desfigurar o conjunto.

Igualmente digna de nota é a inexistência do princípio da afetividade no Direito estrangeiro. Ao se considerar que o Direito brasileiro é fortemente influenciado por países da Europa continental[449], a exemplo de Alemanha, França e Itália, e, em certa medida, pelos de *common law*, como terá sido tão criativo e original ao confeccionar um princípio que sequer encontra um minimamente semelhante nesses países?

Outro ponto ostensivamente desprezado pelos cultores do princípio da afetividade é a necessidade, nas escolhas legislativas e nas decisões judiciais, de se observar preponderantemente – este sim um autêntico princípio – o melhor interesse da criança e do adolescente.

Por força de tratado internacional incorporado ao ordenamento brasileiro, por determinação da Constituição Federal e pela ampla proteção conferida pelo Estatuto da Criança e do Adolescente, é inadmissível que se examine o reconhecimento e a proteção de determinadas uniões sem antes avaliar se os direitos e interesses de eventual prole seriam devidamente respeitados.

Apenas essa consideração seria capaz de refutar os impropérios da "felicidade individual". Também em sentido estritamente individual, não se pode alcançá-la se não se sai de si e se vai em direção ao outro, única maneira de que o homem dispõe para cumprir o seu *telos*. O fardo do egoísmo é muitíssimo mais pesado que o do altruísmo, de modo que se essa realidade se impõe em um cenário rigorosamente individual, quanto mais não se imporá em um contexto familiar.

Não fosse suficiente, é imperioso refutar, também, a pretensa necessidade de reconhecimento de todas as uniões que fossem fundadas no afeto, ao se considerar que, sem prejuízo de todos os demais argumentos levantados, nem tudo que se verifica no plano dos fatos merece acolhida jurídica.

[449] A esse respeito, cf. FERRAZ JUNIOR, Tercio Sampaio; BORGES, Guilherme Roman. *A superação do direito como norma: uma revisão descolonial da teoria do direito brasileiro*. São Paulo: Almedina, 2020.

Em suma, o fato de uma determinada união poder ser encontrada no cotidiano, ainda que revestida de grande afetividade entre os que a compõem, não é suficiente para a sua chancela legal, de sorte que o princípio da afetividade não pode figurar como fundamento para o reconhecimento de uniões no Direito brasileiro.

Espera-se que este trabalho tenha conseguido enfrentar todos os desafios a que se propôs, consideradas as limitações de seu autor. Muito mais poderia ser investigado se dispusesse de maior afinidade com outras áreas do conhecimento, a exemplo da filosofia, da antropologia e da sociologia.

Por fim, deseja-se que esta breve contribuição seja capaz de oferecer subsídios para outros estudiosos do Direito de Família, especialmente aos que, respeitosamente, ousam discordar de visões majoritárias.

REFERÊNCIAS

ABBOUD, Georges; CARNIO, Henrique Garbellini; OLIVEIRA, Rafael Tomaz de. *Introdução ao Direito*: Teoria, Filosofia e Sociologia do Direito. 5. ed. rev. atual. e ampl. São Paulo: Thomson Reuters Brasil, 2020.

ADNÈS S. J., Pierre. *Le mariage*: théologie sacramentaire. Tournai: Desclée, 1963.

AGUIAR, Julio Cesar de. *Análise comportamental do direito.* São Paulo: Almedina, 2020.

A IGREJA DE JESUS CRISTO DOS SANTOS DOS ÚLTIMOS DIAS. *Doutrina e convênios n. 132.* [*S. l*]: [*S. n*], [2022]. Disponível em:https://www.churchofjesuschrist.org/study/scriptures/dc-testament/dc/132?lang=por. Acesso em: 2 fev. 2022.

A IGREJA DE JESUS CRISTO DOS SANTOS DOS ÚLTIMOS DIAS. *I Reis.* [*S. l*]: [*S. n*], [2022]. Disponível em: https://www.bibliacatolica.com.br/biblia-ave-maria/i-reis/11.

ALVES, José Carlos Moreira. *Direito romano.* 14. ed. Rio de Janeiro: Forense, 2008.

______. A natureza jurídica do casamento romano no direito clássico. *Revista da Faculdade de Direito da Universidade de São Paulo*, São Paulo, v. 90, p. 3-47, jan./dez. 1995.

______. J. E. Labbé e a natureza jurídica do casamento romano. *Revista da Faculdade de Direito da Universidade de São Paulo*, São Paulo, v.74, p. 109-117, jan./dez. 1979.

AL-KRENAWI; Alean; KANAT-MAYMON, Yaniv. Psychological symptomatology, self--esteem and life satisfactions of women from polygamous and monogamous marriages. *Syria. Internation Social Work*, [*S. l*], v. 60, n. 1, p. 196-207, 2015.

AMÂNCIO, Thiago. 'Casais' de 3 ou mais parceiros obtêm união com papel passado no Brasil. Folha de S. Paulo, São Paulo, 24 jan. 2016. Cad. Cotidiano. Disponível em: https://www1.folha.uol.com.br/cotidiano/2016/01/1732932-casais-de-3-ou-mais-parceiros-obtem-uniao-com-papel-passado-no-brasil.shtml?origin=folha. Acesso em: 30 jun. 2020.

AMARAL, Isabela Guimarães Rabelo do. *Obstáculos ao casamento no Brasil imperial.* Disponível em: http://www.publicadireito.com.br/artigos/?cod=fccb60fb512d13df. Acesso em: 25 abr. 2020.

AMBROSIO, Giovanna. *On incest*: psychoanalytic perspectives. London: Karnac Books, 2005.

ANJOS, Priscila Caneparo dos. *Direitos humanos: evolução e cooperação internacional.* 1. ed. São Paulo: Almedina, 2021.

ARDILA, Rubén. Los orígenes del conductismo, Watson y el manifiesto conductista de 1913. *Revista Latinoamericana de Psicología*, Bogotá, v. 45, n. 2, p. 315-319, 2013.

ARENDT, Hannah. *Love and Saint Augustine*. Chicago: University of Chicago Press, 1996.

ARISTÓTELES. *Ética a Nicômaco*. Tradução Torrieri Guimarães. São Paulo: Martin Claret, 2008.

______. *Retórica*. Traduzido por Manuel Alexandre Júnior, Paulo Farmhouse Alberto e Abel do Nascimento Pena. Lisboa: Imprensa Nacional – Casa da Moeda, 2005.

______. *Sobre a alma*. Traduzido por Ana Maria Lóio. Lisboa: Imprensa Nacional – Casa da Moeda, 2010.

ARTOLA, Alejandro Lizarraga. *Discursos pontificios a la Rota Romana*. Navarra: EUNSA, 2012.

ASKHAM, Janet. *Identity and stability in marriage*. New York: Cambridge University Press, 1984.

ATTUEL MENDES, Laurence. *Consentement et actes juridiques*. Bibliothèque de Droit de l'Entreprise: Lexis Nexis, 2008.

AUBRY, Charles; RAU, Charles. *Cours de Droit Civil Français d'après l'ouvrage allemand de C.-S. Zachariae*. 3ème ed. Paris: Imprimerie et librairie générale de jurisprudence, 1860. t. 4.

ÁVILA, Humberto. *"Neoconstitucionalismo"*: entre a "Ciência do Direito" e o "Direito da Ciência". *Revista Brasileira de Direito Público*, Belo Horizonte, v. 6, n. 23, p. 9-30, out./dez. 2008.

______. *Teoria dos princípios: da definição à aplicação dos princípios jurídicos*. 4. ed. São Paulo: Malheiros, 2005.

ÁVILA BORGARELLI, Bruno de. *Crise do Direito Civil encontra focos de resistência – Parte 1*. Disponível em: http://adfas.org.br/2018/04/23/crise-do-direito-civil-encontra-focos-de-resistencia-parte-1/#respond. Acesso em: 4 abr. 2020.

BANERJEE, Sonali. The relevance of the Hart & Fuller debate relating to law and morality – a critical analysis. *International Journal of Law and Legal Jurisprudence Studies*, Edinburgh, v. 4, n. 2 p. 122-133, 2017.

BARRAUD, Boris. Droit public-droit privé: de la summa divisio à la ratio divisio? *Revue de la Recherche Juridique – Droit Prospectif*, p. 1101-1136, 2014.

BARROS, Mônica Vasques Monteiro de. Edith Stein e o Direito. *Revista Ética e Filosofia Política*, Juiz de Fora, v. 2, n. 20, p. 116-134, dez. 2017. DOI: https://doi.org/10.34019/2448-2137.2017.17606. Disponível em:https://periodicos.ufjf.br/index.php/eticaefilosofia/article/view/17606. Acesso em: 25 fev. 2020.

BARROSO, Luís Roberto. Neoconstitucionalismo e constitucionalização do Direito (o triunfo tardio do direito constitucional no Brasil). *Revista Opinião* Jurídica, Fortaleza, v. 3, n. 6, p. 211-252, 2005. DOI: http://dx.doi.org/10.12662/2447-6641oj.v3i6.p211-152.2005. Disponível em: https://periodicos.unichristus.edu.br/opiniaojuridica/article/view/2881/925. Acesso em: 3 jan. 2020.

BARZOTTO, Luis Fernando. *Filosofia do direito*: os conceitos fundamentais e a tradição jusnaturalista. Porto Alegre: Livraria do Advogado Editora, 2010.

BASDEVANT-GAUDEMET, Brigitte. *L'apport du droit canonique à la construction du modèle occidental du mariage. In*: *Église et autorités*, Limoges: Presses Universitaire Limoges, 2006.

BASEHEART, Mary Catharine. *Person in the world*: introduction to the Philosophy of Edith Stein. Louisville: Springer, 1997.

BASSET, Ursula. El malestar en la conyugalidad y sus repercusiones jurídicas: del matrimonio a las uniones de hecho, y de allí a la poligamia. *Revista de Direito de Família e das Sucessões*, São Paulo, v. 3, p. 219-233, abr./mar. 2015.

BAUMAN, Zygmunt. *Amor líquido*: sobre a fragilidade dos laços humanos. Traduzido por Carlos Alberto Medeiros. Rio de Janeiro: Zahar, 2004.

BAVARESCO, Gilson. *O conceito de pessoa em Edith Stein*. Dissertação (Mestrado em Filosofia) – Universidade de Caxias do Sul, Caxias do Sul, 2017.

BERGER, Adolf. *Encyclopedic Dictionary of Roman Law*. Philadeplhia: The American Philosophical Society, 1953.

BETHERY DE LA BROSSE, Arnould. *Entre amour et droit*: le lien conjugal dans la pensée juridique moderne (XVe-XXe siècles). Paris: Lextenso éditions, 2011.

BEVILÁCQUA, Clóvis. *Direito de família*. Rio de Janeiro: Editora Rio, 1976.

BIX, Brian. On the dividing line between natural law theory and legal positivism. *Notre Dame Law Review*, v. 75, p. 1613-1624, jan. 2000.

BLAKE, Nathanael. *The romance of ordinary marriage*. Public Discourse – The Jornal of the witherspoon Instituto, Princeton, 2018. Disponível em: thepublicdiscourse.com/2018/03/20926/. Acesso em: 2 abr. 2020.

BOBBIO, Norberto. *Estado, governo, sociedade*: por uma teoria geral da política. Traduzido por Marco Aurélio Nogueira. Rio de Janeiro: Paz e Terra, 1987.

BOEMER, Magali Roseira; FERRAZ, Clarice Aparecida; MARTINS, Joel. A fenomenologia como alternativa metodológica para pesquisa: algumas considerações. *Revista da Escola de Enfermagem da USP*, São Paulo, p. 139-147, abr. 1990.

BOLOGNE, Jean-Claude. *Histoire du mariage en occident*. Paris: Calmann-Lévy, 1997.

BOLTZ, Marie; CHORT, Isabelle. The risk of polygamy and wives' saving behavior. *The World Bank Economic Review*, World Bank, v. 33, p. 209-230, fev. 2019.

BONFANTE, Pietro. *Corso de Diritto Romano*. Milano: Giuffrè, 1963. v. 1: Diritto di famiglia

______. *Scritti Giuridici Varii*. Torino: Unione Tipografico-Editrice Torinese, 1916. v. 1: Famiglia e successione.

BORGES, Guilherme Roman. *Teoria do direito: primeiras reflexões*. São Paulo: Almedina, 2020.

BOYD, Craig. *A Shared Morality. A Narrative Defense of Natural Law Ethics*. Grand Rapids: Brazos Press, 2007.

BRADLEY, Gerard V. The Family Matrix. *The Public Discourse*, May 7, 2014. Disponível em: thepublicdiscourse.com/2014/05/13063/. Acesso em: 5 abr. 2020.

BRASIL. *Novo Código Civil*: exposição de motivos e texto sancionado. 2. ed. Brasília, DF: Senado Federal, 2006.

BRINING, Margaret F. Adultery: Trust and Children. *Texas Law Review*, Austin, v. 95, p. 611-630, 2017.

BRITO, Laura Souza Lima e. Esclarecimentos sobre a impossibilidade do rateio de pensão previdenciária entre cônjuge sobrevivente e amante – 1.ª parte. *Revista de Direito de Família e das Sucessões*, São Paulo, v. 1, n. 1, p. 113-132, jul./set. 2014.

______. Esclarecimentos sobre a impossibilidade do rateio de pensão previdenciária entre cônjuge sobrevivente e amante – 2.ª parte. Revista de Direito de Família e das Sucessões, São Paulo, v. 1, n. 2, p. 101-117, out./dez. 2014.

BRITTO, Arthur Heller. O conhecimento afetivo em Tomás de Aquino. *Ágora Filosófica*, Recife, v. 10, n. 1, p. 7-14, jan./jun. 2010.

BROOKS, Thom. The problem with polygamy. *Philosophical Topics*, Charlottesville, v. 37, n. 2, p. 109-122, 2009.

BRUNET, Laurence. La prohibition de l'inceste en droit civil. Caisse nationale d'allocations familiales. *Informations Sociales*, n. 131, p. 70-77, 2006.

BUBER, Martin. *Qué es el hombre?* México: Fondo de Cultura Económico, 1960.

BURGRAFF, Yutta. *Made for Freedom*. New Rochelle: Scepter Publishers, 2012.

CABELEIRA, Caio Martins. A ditadura do afeto: uma crítica à introdução do sentimento como valor jurídico. *Revista de Direito de Família e das Sucessões*, São Paulo, v. 1, n. 1, p. 43-60, jul./set. 2014.

CADEMARTORI, Daniela Mesquita Leutchuk de; PASIN, Elizabeth Regina Machado. A constitucionalização da família: o valor jurídico do afeto. *Revista da Faculdade de Direito*, Fortaleza, v. 25, n. 2, p. 87-120, jul./dez. 2014.

CAHALI, Yussef Said. *Divórcio e separação*. 10. ed. rev. e atual. de acordo com o novo Código Civil. São Paulo: Revista dos Tribunais, 2002.

CALDERÓN, Ricardo Lucas. *Princípio da afetividade no direito de família*. Disponível em: http://www.egov.ufsc.br/portal/sites/default/files/principio_da_afetividade_no_direito_de_familia.pdf.

CAMPOS, Alzira Lobo de Arruda; GOMES, Álvaro Cardoso; GODOY, Marília Gomes Ghizzi. O incesto na Literatura e na História. *Revista Humanidades*, Fortaleza, v. 31, n. 1, p. 252-272, jan./jun. 2016.

CARBONNIER, Jean. *Droit civil. Introduction*: les personnes, la famille, l'enfant, le couple. Paris: Quadrige, 2004.

CARNEIRO, Nelson. *A família nas Constituições Brasileiras*. Disponível em: http://www.ablj.org.br/revistas/revista2/revista2%20NELSON%20CARNEIRO%20A%20fam%C3%ADlia%20nas%20Constitui%C3%A7%C3%B5es%20brasileiras.pdf.

CARVALHO, Jorge Morais. A moral como limite à autonomia privada. *Revista de Direito Civil Contemporâneo*, São Paulo, v. 8, p. 303-326, jul./set. 2016.

CARVALHO FILHO, Milton Paulo de. Arts. 1.511 a 1.783. *In*: PELUSO, Cezar (org.). *Código Civil comentado*: doutrina e jurisprudência. 7. ed. rev. e atual. Barueri: Manole, 2013. p. 1611-2138.

CASTRO JÚNIOR, Torquato. Constitucionalização do Direito Privado e mitologias da legislação: Código Civil versus Constituição? *In*: SILVA, Artur Stamford da (org.). *O Judiciário e o discurso dos direitos humanos*. Recife: EDUFPE, 2011. p. 59-66.

CATECISMO DA IGREJA CATÓLICA. Disponível em: http://www.vatican.va/archive/cathechism_po/index_new/p2s2cap3_1533-1666_po.html.

CEZAR-FERREIRA, Verônica Apparecida da Motta. Um novo olhar ao Direito de Família: a visão psicojurídica. *Revista de Direito de Família e das Sucessões*, São Paulo, v. 2, p. 183-202, out./dez. 2014.

CHAHRUR, Alan Ibn; RAMIRO, Caio Henrique Lopes (org.). *Labirintos da Filosofia do Direito*: estudos em homenagem a Oswaldo Giacoia Junior. São Paulo: LiberArs, 2018.

CHAMPION, Bernard. *Du "mariage arrangé à "l'amour passion"*. *In*: BASDEVANT-GAUDEMET, Brigitte, Église et autorités, Limoges: Presses Universitaire Limoges, 2006.

CHAVES, Isivone Pereira. *Declaração de nulidade matrimonial no direito canônico e no direito civil.* 2005. Tese (Doutorado em Direito) – Faculdade Paulista de Direito, Pontifícia Universidade Católica de São Paulo, São Paulo, 2005.

CHOISEL, Gordon. De uma mudança de definição a um direito em espera de reconstrução: reflexões sobre a extensão das consequências jurídicas da lei que abre a possibilidade de casamento a casais de pessoas de mesmo sexo. Tradução por Iacyr de Aguilar Vieira. *Revista de Direito Civil Contemporâneo*, São Paulo, v. 11, abr./jun. 2017.

CIFUENTES, Rafael Llano. *Novo Direito Matrimonial Canônico*: o matrimônio no Código de Direito Canônico de 1983: estudo comparado com a legislação brasileira. Rio de Janeiro: Marques Saraiva, 2000.

CLERAY, Edmond. *Le jour où l'amour est entré dans le Code Civil.* Disponível em: http://www.lefigaro.fr/mon-figaro/2012/11/30/10001-20121130ARTFIG00560-le-jour-o-l-amour-est-entre-dans-le-code-civil.php.

CÓDIGO DE DIREITO CANÔNICO. Disponível em: http://www.vatican.va/archive/cod-iuris-canonici/portuguese/codex-iuriscanonici_po.pdf.

COLIN, Ambroise; CAPITANT, Henri. *Cours élémentaire de Droit Civil Français.* Paris: Librairie Dalloz, 1914. t. 1.

CORREIA, Alexandre; SCIASCIA, Gaetano. *Manual de direito romano e textos em correspondência com os artigos do Código Civil Brasileiro.* 3. ed. São Paulo: Saraiva, 1949. v.1.

CORREIA, Atalá. Filosofia, Afetividade e Direito. *In*: TAVARES DA SILVA, Regina Beatriz; BASSET, Ursula Cristina (coord.). *Família e pessoa*: uma questão de princípios. São Paulo: YK, 2018. p. 167-183.

______. Insuficiência da afetividade como critério de determinação da paternidade. *Revista de Direito Civil Contemporâneo*, São Paulo, v. 14, p. 335-366, jan./mar. 2018.

COSTA, Dilvanir José da. A família nas Constituições. *Revista de Informação Legislativa*, Brasília, DF, v. 43, n. 169, p. 13-19, jan./mar. 2006.

COSTA, Thaís Cristina Alves. Entre Dworkin e Finnis: diferentes concepções de justiça. *Kínesis – Revista de estudos dos Pós-Graduandos em Filosofia*, v. 7, n. 13, 2015, p. 60-71.

COSTA E SILVA, João Batista. Breve introdução ao estudo das Paixões em S. Tomás de Aquino (I). Disponível em: https://institutumsapientiae.files.wordpress.com/2011/07/sc-2010-06-joc3a3o.pdf.

______. Breve introdução ao estudo das Paixões em S. Tomás de Aquino (II). Disponível em: https://institutumsapientiae.files.wordpress.com/2011/07/sc-2011-07-joc3a3o.pdf.

COSTA FILHO, Venceslau Tavares. O Direito de Família é o cárcere do amor? *In:* TAVARES DA SILVA, Regina Beatriz; BASSET, Ursula Cristina (coord.). *Família e pessoa*: uma questão de princípios. São Paulo: YK, 2018. p. 716-732.

COUGHLIN, John. *Law, Person and Community*. Oxford: Oxford University Press, 2012.

COUTO, Mônica Bonetti; SILVA, Jonathan Eugenio Leite da. *Decisão judicial, o papel dos princípios e os perigos do pan-principiologismo*. Disponível em: https://www.conpedi.org.br/publicacoes/z3071234/p8a0lhk1/PmCeEpVbm6mhB74O.pdf.

CRUZ, Fernando Castro da. *Casamento à luz do direito canônico*. Belo Horizonte: Palpite, 1998.

CRUZ CRUZ, Juan. *O êxtase da intimidade*: ontologia do amor humano em Tomás de Aquino. Traduzido por Carlos Nougué. Rio de Janeiro: Sétimo Selo, 2011.

CUNHA, Paulo Ferreira da. *Rethinking Natural Law*. Berlim: Springer, 2013.

CUNHA, Rogério Sanches. *Manual de direito penal*: parte especial (arts. 121 ao 361). 8. ed. Salvador: JusPODIVM, 2016.

CUQ, Édouard. *Manuel des institutions juridiques des romains*. Paris: Librairie Plon, 1928.

D'AMATO, Anthony. *Lon Fuller and Substantive Natural Law*. Faculty Working Papers. Paper 131. Disponível em: http://scholarlycommons.law.northwestern.edu/facultyworkingpapers/131. Acesso em: 2 abr. 2020.

DAUMARD, Adeline. DAUMARD, Adeline. Affaire, amour, affection: le mariage dans la société bourgeoise au XIXème sicècle. *Romantisme*, Lyon, n. 68, p. 33-47, 1990. *Amours et société*.

DEL PRIORE, Mary. *História do amor no Brasil*. 2. ed. São Paulo: Contexto, 2005.

DEMOLOMBE, Charles. *Cours de Code Napoléon III*: Traité du mariage et de la séparation de corps. Paris: A. Duran, 1860.

DESCARTES, René. *Les passions de l'âme*. Paris: Henry Le Gras, 1649.

DESFORGES, Léon. *Étude historique sur la formation du mariage en droit romain et en droit français*. Paris: Librairie Nouvelle de Droit et de Jurisprudence, 1887.

DIAS, Maria Berenice. *Concubinato, um instituto que já morreu*. Disponível em: https://www.conjur.com.br/2020-nov-18/dias-concubinato-instituto-morreu. Acesso em: 3 maio 2022.

______. *Manual de Direito das Famílias*. 4. ed. São Paulo: Revista dos Tribunais, 2016.

______. Sociedade de afeto. *Portal Jurídico Investidura*, Florianópolis, 15 dez. 2004. Disponível em: investidura.com.br/biblioteca-juridica/artigos/direito-civil/2072-sociedade-de-afeto. Acesso em: 27 mar. 2020.

DINIZ, Maria Helena. *Curso de direito civil brasileiro*. 22. ed. rev. e atual. de acordo com a reforma do CPC. São Paulo: Saraiva, 2007. v. 5: Direito de família.

DITTGEN, Alfred. La forme du mariage en Europe. Cérémonie civile. Cérémonie religieuse. Panorama et évolution. *Population*. 49ème année, n. 2, p. 339-368, 1994.

DONATOS, Samuel Fidelis. A constituição tripartida da pessoa humana. *Sapere aude*, v. 8, n. 16, ago./dez. 2017, p. 573-583.

DUGUIT, Léon. *Les transformations générales du Droit privé depuis le Code Napoléon*. Paris: Librairie Félix Alcan, 1912.

DWORKIN, Ronald. *Levando os direitos a sério*. Traduzido por Nelson Boeira. São Paulo: Martins Fontes, 2002.

ECHEVARRÍA, Javier Aranguren; STORK, Rircardo Yepes. *Fundamentos de antropologia*: um ideal da excelência humana. 2. ed. São Paulo: Instituto Brasileiro de Filosofia e Ciência Raimundo Lúlio, 2016.

ECHEVARRÍA, Martin F. *El corazón: un análisis de afectividad sensitiva y afectividad intelectiva en la psicología de Tomás de Aquino*. Espíritu, 151, 41-72.

ERICKSON, Mark T. Evolutionary thought and the current clinical understanding of incest. *In*: WOLF, Arthur P.; DURHAM, William H. *Inbreeding, incest and the incest taboo*: the state of knowledge at the turn of the century. Stanford: Stanford University Press, 2005.

FARIAS, Cristiano Chaves de; Rosa, Conrado Paulino da. *Teoria geral do afeto*. Salvador: JusPodivm, 2022.

FAZIO, Mariano. *Historia de las ideas contemporáneas*. 3. ed. Madrid: RIALP, 2012.

FEIGENSON, Neal. *Another Thing Needful: Exploring Emotions in Law (Emotion x Emotionalism) in The Passions of Law*. Edited by Susan A. Bandes. New York: New York University Press, 1999.

FEITOSA, Maria Luiza P. Alencar Mayer. Humanização do Direito Civil Constitucional ou por um Direito Civil social: lineamentos introdutórios. *Revista de Direito Civil Contemporâneo*, São Paulo, v. 11, p. 239-257, abr./jun. 2017.

FENET, Pierre-Antoine. *Recueil complet des travaux préparatoires du Code Civil*. Tome neuvième. Paris: Videcoq, 1836. t. 9.

FERNANDES, André Gonçalves. Família como fenômeno social primordial. *Revista de Direito de Família e das Sucessões*, São Paulo, v. 4, n. 13, p. 38-7, jul./set. 2017.

______. Família e sua dimensão personalizante primordial. *In*: TAVARES DA SILVA, Regina Beatriz; BASSET, Ursula Cristina (coord.). *Família e pessoa*: uma questão de princípios. São Paulo: YK, 2018. p. 104-122.

______. Marco jurídico das políticas familiares: notas introdutórias. *Revista de Direito de Família e das Sucessões*, São Paulo, v. 3, n. 10, p. 32-40, out./dez. 2016.

FERNANDES, Maria de Lurdes Correia. *Espelhos, cartas e guias*: casamento e espiritualidade na Península Ibérica: 1450-1700. Disponível em: http://ler.letras.up.pt/site/default.aspx?qry=id06id134&sum=sim.

FERRAZ, Carlos Adriano. Lei natural, Direitos Humanos e dignidade da pessoa humana. *Revista Filosofia*, Aurora, v. 28, n. 43, p. 65-82, jan./abr. 2016.

FERRAZ JUNIOR, Tercio Sampaio; BORGES, Guilherme Roman. *A superação do direito como norma: uma revisão descolonial da teoria do direito brasileiro*. São Paulo: Almedina, 2020.

FINNIS, John. *Natural law & natural rights*. 2. ed. New York: Oxford University Press, 2011.

FIUZA, César; POLI, Luciana Costa. *Famílias*: para além dos ditames dos Tribunais. *Revista de Direito Civil Contemporâneo*, São Paulo, v. 6, a 3. p. 105-132. jan./mar. 2016.

______. Positivism and fidelity to law – a reply to Professor Hart. *Harvard Law Review*, v. 71, n. 4, p. 630-672, fev. 1958.

FLETCHER, George P. *Basic Concepts of Legal Thought*. Oxford: Oxford University Press, 1996.

FOYER, Jean. O Direito Civil dominado. Traduzido por Daniel Amaral Carnaúba. Revisão da tradução e notas por Gustavo Vieira da Costa Cerqueira e Otavio Luiz Rodrigues Jr. *Revista de Direito Civil Contemporâneo*, São Paulo, v. 20, p. 395-408, jul./set. 2019.

FRANÇA, Rubens Limongi. *A lei do divórcio comentada e documentada*. São Paulo: Saraiva, 1978.

FREIRE, André Luiz. Direito público e direito privado. Enciclopédia jurídica da PUC-SP. Celso Fernandes Campilongo, Alvaro de Azevedo Gonzaga e André Luiz Freire (coord.). Tomo: Teoria Geral e Filosofia do Direito. Celso Fernandes Campilongo, Alvaro de Azevedo Gonzaga, André Luiz Freire (coord. de tomo). São Paulo: Pontifícia Universidade Católica de São Paulo, 2017. Disponível em: https://enciclopediajuridica.pucsp.br/verbete/133/edicao-1/direito-publico-e-direito-privado. Acesso em: 2 abr. 2020.

FRISON-ROCHE, Marie-Anne. *Par son arrêt du 19 décembre 2012, la première chambre de la cour de cassation semble approuver l'exigence d'un lien d'amour lorsque se noue le lien du mariage.* Disponível em: http://mafr.fr/fr/article/par-son-arret-du-19-decembre-2012-la-premiere-cham/.

FRÓES, Oswaldo. *Concubinato*: evolução histórica e questões atuais. São Paulo: Editora Jurídica Brasileira, 2000.

FUKUYAMA, Francis. *The End of History and the Last Man*. New York: Free Press, 2006.

FULCHIRON, Hugues. *Mariage-conjugalité, parenté-parentalité*. Paris: Dalloz, 2009.

FULLER, Lon. *Anatomy of the Law*. Westport: Greenwod, 1987.

______. *Human purpose and natural law*. Natural Law Forum. Paper 28. 1958. Disponível em: http://scholarship.law.nd.edu/nd_naturallaw_forum/28. Acesso em: 2 abr. 2020.

______. *The Law in Quest of Itself*. Chicago. The Foundation Press, 1940.

______. *The morality of law*. New Haven: Yale University Press, 1969.

______. *The Principles of Social Order*. Selected Essays revised and edited by Kenneth Winston. Oxford: Hart, 2001.

GAGE-BRANDON, Anastasia J. The polygyny-divorce relationship: a case study of Nigeria. *Journal of Marriage and Family*, Menasha, v. 54, n. 2, p. 285-292, May 1992.

GAGLIANO, Pablo Stolze; PAMPLONA FILHO, Rodolfo. *O novo divórcio*. São Paulo: Saraiva, 2010.

______. *Manual de direito civil*: volume único. 4. ed. São Paulo: Saraiva Educação, 2020.

GARBI, Carlos Alberto. *Infidelidad, responsabilidad civil y teoría del tercero cómplice. Revista de Derecho de Daños*. Buenos Aires: Rubinzal, 2019. v. 1: Daños en el derecho de família.

GARDNER, John. Legal positivism: 5½ Myths. *The American Journal of Jurisprudence*, v. 46, p. 199-227, 2001.

GAUDEMET, Jean. *L'apport du droit romain à la construction du modèle occidental du mariage*. *In*: Colloque sur la famille, la loi, l'état – débats révolutionnaires. Centre de recherche interdisciplinaire de Vaucresson, 1989.

______. *L'engagement conjugal. Le regard des canonistes à la veille de la Révolution*. *In*: Colloque sur la famille, la loi, l'état – débats révolutionnaires. Centre de recherche interdisciplinaire de Vaucresson, 1989.

______. Les legs du droit romain en matière matrimoniale. *In*: IL MATRIMONIO nella società altomedievale. Settimane di studio del centro italiano di studi sull'alto medioevo XXIV. Spoleto: SICAM, 1977. t. 1.

______. *Le mariage en occident*: les moeurs et le droit. Paris: Éd. du Cerf, 1987.

______. *Sociétés et mariage*. Strasbourg: CERDIC Publications, 1980.

GÉNY, François. *La libertad en el derecho entre certeza e incertidumbre*. Selección de textos de María José Bernuz Beneitez. Granada: Editorial Comares, 2007.

GEORGE, Robert P.; LEE, Patrick. *Conjugal union*: what marriage is and why it matters. New York: Cambridge University Press, 2014.

______. *Making men moral*: civil liberties and public morality. Oxford: Clarendon Press, 1993.

______. *Natural law, liberalism and morality*. Oxford: Clarendon Press, 1996.

______. O que é o casamento? Traduzido por Caio Martins Cabeleira. *Revista de Direito Privado*, São Paulo, v. 101, set./out. 2019, p. 149-200.

______. *Reason, morality and law: the philosophy of John Finnis*. Oxford: Oxford University Press, 2013.

______; ANDERSON, Ryan T.; GIRGIS, Sherif. *What makes a marriage? Love, sex or comprehensive union?* The Public Discourse. Disponível em: thepublicdiscourse.com/2013/12/11634/. Acesso em: 2 abr. 2020.

GIL, Frederico R. Aznar. *In*: *Derecho Canónico II. El derecho en la missión de la Iglesia*. Biblioteca de autores cristianos: Madrid, 2006.

GILISSEN, John. *Introdução histórica ao Direito*. 4. ed. Traduzido por A. M. Hespanha e L.M. Macaísta Malheiros. Lisboa: Fundação Calouste Gulbenkian, 2003.

GIORGIANNI, Michele. O Direito Privado e as suas atuais fronteiras. Traduzido por Maria Cristina de Cicco. *Revista dos Tribunais*, São Paulo, v. 87, n. 747, p. 35-55, jan. 1998.

GIRARD, Paul Frédéric. *Manuel élementaire de droit romain*. Paris: Librairie Arthur Rousseau, 1929.

GIULIANI, Alessandro. Dialogo e interpretazione nell'esperienza giuridica. *Revista de Direito Civil*, v. 7, n. 24, p. 11-18, abr./jun. 1983.

GLANZ, Semy. *A família mutante*. Rio de Janeiro: Renovar, 2005.

GODÉ, Pierre, *Volonté et manifestations tacites*. Paris: Presses universitaires de France, 1977.

GOMES, Orlando. *Direito de Família*. Rio de Janeiro: Forense, 1987.

______. *Direito de Família*. 14. ed. rev. e atual. por Humberto Theodoro Júnior. Rio de Janeiro: Forense, 2002.

______. *Contratos*. 17. ed. Rio de Janeiro: Forense, 1997.

GONÇALVES, Carlos Roberto. *Direito civil* brasileiro. 7. ed. rev. e atual. São Paulo: Saraiva, 2010. V. 6: Direito de família.

GOTO, Tommy Akira; MORAES, Mak Alisson Borges de. A concepção de fenomenologia para Edith Stein. *Revista Filosófica São Boaventura*, v. 10, n. 2, p. 51-66, jul./dez. 2016.

GOZZO, Débora; SANTIAGO, Maria Carolina Nomura. *Reconhecimento de uniões paralelas para fins previdenciários deve ser exceção*. Disponível em: http://adfas.org.br/2018/02/23/reconhecimento-de-unioes-paralelas-para-fins-previdenciarios-deve-ser-excecao/#comments. Acesso em: 2 abr. 2020.

GRAU, Eros Roberto. *Nota sobre os conceitos jurídicos*. *Revista de Direito Público*, São Paulo, v. 18, n. 74, p. 217-221, abr./jun. 1985.

GROSSBARD, Shoshana. *Polygamy is bad for women*. The New York Times. Disponível em: https://www.nytimes.com/roomfordebate/2013/12/17/should-plural-marriage-be-legal/polygamy-is-bad-for-women. Acesso em: 10 jan. 2020.

GUARINO, Antonio. *Diritto privato romano*. 5a ed. Napoli: Editore Jovene Napoli, 1976.

HAZARD, Paul. *La crise de la conscience européenne (1680-1715)*. Paris: Fayard, 1961.

HEMPRICH, Mariana Campolina Silva e. O rompimento do afeto. Revista de Direito de Família e das Sucessões, São Paulo, v. 3, n. 7, p. 63–76, jan./mar. 2016.

HENRICH, Joseph; BOYD, Robert; RICHERSON, Peter J. The puzzle of monogamous marriage. *Philosophical transactions of the Royal Society*, New York, n. 367, p. 657-669, 2012.

______. *Electronic supplementary materials for "The puzzle of monogamous marriage"*. Disponível em: https://royalsocietypublishing.org/action/downloadSupplement?doi=10.1098%2Frstb.2011.0290&file=rstb20110290suppl.pdf. Acesso em: 22 jul. 2020.

HENRIOT, Eugène. *Moeurs juridiques et judiciaires de l'ancienne Rome*. Paris: Libraire de Firmin Didot Frères, Fils et Companie, 1865.

HERVADA, Javier. *Vetera et Nova. Cuestiones de Derecho Canónico y afines (1958-2004)*. Pamplona: Navarra Gráfica Ediciones, 2005.

HILDEBRAND, Dietrich von. *El corazón*. 6. ed. Traduzido por Juan Manuel Burgos. Madrid: Ediciones Palabra, 2009.

HOGEMANN, Edna Raquel. O direito personalíssimo à relação familiar à luz do princípio da afetividade. *Espaço Jurídico Journal of Law*, Joaçaba, v. 16, n. 1, p. 89-106, jan./jun. 2015. DOI: https://doi.org/10.18593/ejjl.v16i1.2363. Disponível em: https://periodicos.unoesc.edu.br/espacojuridico/article/view/2363. Acesso em: 3 jun. 2020.

HOLANDA JÚNIOR, Francisco Wilson Nogueira. Evitação e proibição do incesto: fatores psicobiológicos e culturais. *Psicologia USP*, São Paulo, v. 28, n. 2, p. 287-297, maio/ago. 2017. DOI: https://doi.org/10.1590/0103-656420160050. Disponível em: https://www.scielo.br/j/pusp/a/MjgNcRJhbDQgqqyCcyxKnYR/. Acesso em: 4 jul. 2020.

HOLLOWAY, Carson. Polygamy and human dignity. *The Public Discourse*, June 16, 2014. Disponível em: thepublicdiscourse.com/2014/06/13279/. Acesso em: 2 fev. 2020.

HONNETH, Axel. *Reification. A new look at an old idea*. Berkeley Tanner Lectures. Oxford: Oxford University Press, 2006.

HORTAL, Jesús. *O Código de direito canônico e o ecumenismo*: implicações ecumênicas da atual legislação canônica. 2. ed. São Paulo: Edições Loyola, 1990.

______. *O que Deus uniu. Lições de direito matrimonial canônico*. São Paulo: Edições Loyola, 2006.

INSTITUTO BRASILEIRO DE DIREITO DA FAMÍLIA. *Escritura reconhece união afetiva a três*. Belo Horizonte: IBDFAM, 2012. Disponível em: www.ibdfam.org.br/noticias/4862/novosite. Acesso em: 5 jun. 2020.

INSTITUTO MARTÍN DE AZPILCUETA. *Código de Derecho Canónico*. 7. ed. bilingue y anotada. Navarra: Ediciones Universidad de Navarra, 2007.

JANKOWIAK, William; SUDAKOV, Monika; WILREKER, Benjamin C. Co-wife conflict and co-operation. *Ethnology*, Pittersburgh, v. 44, n. 1, p. 81-98, Winter 2005.

JESUS, Paula Bettani Mendes de. *Sobre a elaboração de uma ciência das paixões em Descartes, Hobbes e Espinosa*. 2015. Dissertação (Mestrado em Filosofia) – Faculdade de Filosofia, Letras e Ciências Humanas, Universidade de São Paulo, São Paulo, 2015.

JOSSERAND, Louis. *Cours de Droit Civil Positif Français*. Troisième édition. Paris: Librairie du Recueil Sirey, 1938.

JÚNIOR, Rodolpho Barreto Sampaio Júnior; OLIVEIRA, Amanda Flávio de. *O exaurimento do modelo do Direito Civil-Constitucional no Brasil*. Disponível em: https://www.jota.info/

opiniao-e-analise/colunas/livre-mercado/o-exaurimento-do-modelo-do-direito-civil--constitucional-no-brasil-10102019. Acesso em: 2 abr. 2020.

JUNQUEIRA DE AZEVEDO, Antonio. *Negócio jurídico*: existência, validade e eficácia. 3. ed. rev. São Paulo: Saraiva, 2000.

______. O Direito Civil tende a desaparecer? *Revista dos Tribunais*, São Paulo, v. 472, p. 15-21, fev. 1975.

______. O Direito, ontem e hoje. Crítica ao neopositivismo constitucional. Insuficiência dos direitos humanos. *Revista da Faculdade de Direito da Universidade de São Paulo*, São Paulo, v. 102, p. 579-590, jan./dez. 2007. p. 586-588. Disponível em: https://www.revistas.usp.br/rfdusp/article/view/67770.

KACZOR, Christopher. The perils of polygamy. *The Public Discourse*, May 21, 2012. Disponível em: thepublicdiscourse.com/2012/05/5338/. Acesso em: 10 fev. 2020.

______. Why governments haven't, and shouldn't, recognize polygamy. *The Public Discourse*, 26 abr. 2016. Disponível em: thepublicdiscourse.com/2016/04/16666/. Acesso em: 2 fev. 2020.

KASER, Max. *Direito privado romano*. Traduzido por Samuel Rodrigues e Ferdinand Hämmerle. Lisboa: Fundação Calouste Gulbenkian, 1999.

KERN, Christoph A. Direito Civil e Constituição: um breve panorama alemão. Traduzido por Márcio Flavio Mafra Leal. *Revista de Direito Civil Contemporâneo*, São Paulo, v. 19, abr.-jun. 2019, p. 275-293.

KLINGHOFFER, Hans. Direito Público e Direito Privado. *Revista Forense*, Rio de Janeiro, v. 39, n. 89, p. 395–399, jan./mar. 1942.

KÜMPEL, Vitor Frederico; ÁVILA BORGARELLI, Bruno de. A ilegalidade das escrituras de união poliafetiva. *Migalhas*, São Paulo, n. 5496, 22 maio 2018. Disponível em: https://www.migalhas.com.br/coluna/registralhas/280531/a-ilegalidade-das-escrituras-de--uniao-poliafetiva. Acesso em: 25 fev. 2020. Acesso em: 25 fev. 2020.

LAFERRIÈRE, M.F. *Histoire du droit français*. Paris: Joubert, Librairie-Éditeur, 1838. t. 1.

______. *Histoire du droit français*. Paris: Joubert, Librairie-Éditeur, 1838. t. 2.

LAVIGNE, Jean-François. Le statut ontologique de l'affectivité: fondement ou épiphénomene? L'affectivité: perspectives interdisciplinaires. Noesis, n. 16, p. 11-26, 2010.

LEAL, Fernando. LEAL, Fernando Angelo Ribeiro. Seis objeções ao direito civil constitucional. *Direitos Fundamentais & Justiça*, Porto Alegre, v. 9, n. 33, p. 123-165, out./dez. 2015.

LECLERCQ, Jacques. *A família*. Traduzido por Emérico da Gama. São Paulo: Ed. USP, 1968

LEFEBVRE, Charles. Le mariage n'est il qu'un contrat? *Nouvelle Revue Historique de Droit Français et Étranger*, p. 301-334, 1902.

LEFEBVRE-TEILLARD, Anne. *Introduction historique au droit des personnes et de la famille.* Paris: Presses Universitaires de France, 1996.

LEITE, Eduardo de Oliveira. *Estudos de direito de família e pareceres de direito civil*: em homenagem à Dra. Regina Bilac Pinto, a "grande dama da editoração jurídica brasileira". Rio de Janeiro: Forense, 2011.

______. *Tratado de direito de família*: origem e evolução do casamento. Curitiba: Juruá, 1991.

LEONEL FRANCA S. J., Padre. *O divórcio*. Rio de Janeiro: F. Briguiet & Cia. – Editores, 1931.

LÉVI-STRAUSS, Claude. *Anthropologie structurale*. Paris: Plon, 1958.

______. *Les structures élémentaires de la parenté.* 2. ed. New York: Mouton de Gruyter, 2002.

LEWIS, C. S. *Os quatro amores.* Traduzido por Paulo Salles. São Paulo: Martins Fontes, 2005.

LINS, Regina Navarro. Da monogamia ao poliamor. *Blog Regina Navarro Lins,* São Paulo, 8 jun. 2016. Disponível em: https://reginanavarro.blogosfera.uol.com.br/2016/08/06/da-monogamia-ao-poliamor/. Acesso em: 5 jun. 2020.

LISBOA, Roberto Senise. *Manual de direito* civil. São Paulo: Saraiva, 2013. v. 5: Direito de família e sucessões.

LÔBO, Paulo. *Direito civil*: famílias. 4. ed. São Paulo: Saraiva, 2011.

LOPES, Miguel Maria de Serpa. *Curso de direito civil.* 6. ed. rev. e atual. Rio de Janeiro: Freitas Bastos, 1996. v. 3: Fontes das obrigações: contratos.

LOUDOVÁ, Irena; JANIS, Kamil; HAVIGER, Jiri. Infidelity as a threatening factor to the existence of the family. *Procedia – Social and Behavioral Sciences,* 106, p. 1462-1469, 2013.

LUBAN, David. *Natural Law as Professional Ethics: a reading of Fuller.* Social philosophy & Policy, [Cambridge] v. 18, n. 1, p.176-205, 2001. Disponível em: http://scholarship.law.georgetown.edu/facpub/1581. Acesso em: 1 abr. 2020.

LUCAS, Douglas César; GHISLENI, Pâmela Copetti. O amor e o direito pertencem a "idiomas" distintos: uma crítica à judicialização do afeto. *Revista Brasileira de Sociologia do Direito,* São Paulo, v. 4, n. 3, p. 106-131, set./dez. 2017. DOI: https://doi.org/10.21910/rbsd.v4n3set./dez..2017.155. Disponível em:http://revista.abrasd.com.br/index.php/rbsd/article/view/155. Acesso em: 10 maio 2022.

MACIEL, José Fábio Rodrigues. *Ordenações Filipinas – considerável influência no direito brasileiro.* Disponível em: http://www.cartaforense.com.br/conteudo/colunas/ordenacoes--filipinas--consideravel-influencia-no-direito-brasileiro/484. Acesso em: 10 mar. 2020.

MACINTYRE, Alasdair. *A short history of ethics*: a history of moral philosophy from the homeric age to the twentieth century. 2. ed. London: Routledge, 1998.

______. *Depois da virtude*: um estudo em teoria moral. Traduzido por Jussara Simões. Bauru: EDUSC, 2001.

______. *Whose Justice? Which Rationality?* Indiana: University of Notre Dame Press, 1988.

MACKLEM, Timothy. *Law and Life in Common.* Oxford: Oxford University Press, 2015.

MADALENO, Rolf. *Curso de direito de família.* 8. ed. rev. atual. e ampl. Rio de Janeiro: Editora Forense, 2018.

______. *Curso de direito de família.* Rio de Janeiro: Editora Forense, 2011.

MAHFOUD, Miguel; MASSIMI, Marina. A pessoa como sujeito da experiência: contribuições da fenomenologia. *Memorandum,* 14, p. 52-61.

MALAURIE, Philippe. Le droit et l'exigence de dignité. *Études,* n. 398, p. 619-628, 2003.

MALO PÉ, Antonio. *Antropología de la afectividad.* Navarra: EUNSA, 2004.

MALUF, Adriana Caldas do Rego Freitas Dabus. *Direito das famílias*: amor e bioética. Rio de Janeiro: Elsevier, 2012.

______. *Novas modalidades de família na pós-modernidade.* 2010. Tese (Doutorado em Direito Civil) – Faculdade de Direito, Universidade de São Paulo, São Paulo, 2010.

MARCHI, Eduardo C. Silveira Vita. Matrimônio moderno e matrimônio romano clássico – divórcio e "soneto de fidelidade". *In*: TAVARES DA SILVA, Regina Beatriz; BASSET, Ursula Cristina (coord.). *Família e pessoa*: uma questão de princípios. São Paulo: YK, 2018. p. 316-335.

MARGADANT, Guillermo Floris. *El derecho privado romano como introducción a la cultura jurídica contemporanea*. Naucalpan: Editorial Esfinge, 1989.

MARKY, Thomas. *Curso elementar de direito romano*. 8. ed. São Paulo: Saraiva, 1995.

MARTÍN DE AGAR, José T. *Introducción al derecho canónico*. Madrid: Tecnos, 2001.

MARTINS, Angela Vidal Gandra da Silva. *A moralidade do Direito como condição de liberdade em Lon Fuller*. 2. ed. Porto Alegre: LexMagister, 2017.

______. Antropologia jurídica e família: entre o real e o factual. *Revista de Direito de Família e das Sucessões*, São Paulo, v. 4, v. 14, p. 52-62, out./dez. 2017.

MARTINS, Ives Gandra da Silva. Alguns aspectos constitucionais sobre a família. *Revista de Direito de Família e das Sucessões*, São Paulo, v. 1, n. 2, p. 71-80, out./dez. 2014.

MAYNZ, Charles. *Cours de Droit Romain*. 5ème édition, Paris: A. Durand & Pedone-Lauriel, 1891. t. 3.

MEDINA, Graciela. La poligamia: límites a la autonomía de la voluntad en el derecho de família. *Revista de Direito de Família e das Sucessões*, São Paulo, v. 4, p. 183-194, abr./jun. 2015.

______. Principios generales en materia de Derecho de Familia en el Derecho Supranacional de los Derechos Humanos y en el Derecho positivo Argentino. *In*: TAVARES DA SILVA, Regina Beatriz; BASSET, Ursula Cristina (coord.). *Família e pessoa*: uma questão de princípios. São Paulo: YK, 2018. p. 358-385.

MELLO, Marcos Bernardes de. *Teoria do fato jurídico*. 3. ed. São Paulo: Saraiva, 1988.

MENDES, Gilmar Ferreira; STRECK, Lenio Luiz; SARLET, Ingo Wolfgang; LEONCY, Léo Ferreira; CANOTILHO, J. J. Gomes. *Comentários à Constituição do Brasil*. São Paulo: Saraiva/Almedina, 2013.

MENDES, Josimar Antônio de Alcântara; ORMEROD, Thomas. O princípio dos melhores interesses da criança: uma revisão integrativa de literatura em inglês e português. *Psicologia em Estudo*, Maringá, v. 24, e45021, nov. 2019. DOI: https://doi.org/10.4025/psicolestud.v24i0.45021. Disponível em: http://old.scielo.br/scielo.php?script=sci_arttext&pid=S1413-73722019000100233&lng=pt&nrm=iso.

MENDES, Túlio Max Freire. Dano moral por violação ao dever conjugal de fidelidade recíproca. *Revista de Direito de Família e das Sucessões*, São Paulo, v. 1, n. 2, out./dez. 2014, p. 157-181.

MILAGRES, Marcelo de Oliveira. A causa do contrato. *Revista de Direito Civil Contemporâneo*, São Paulo, v. 14, p. 159-178, jan./mar. 2018.

MIRALLES, Antonio. *El matrimonio. Teología y vida*. Madrid: Ediciones Palabra, 1996.

MIRANDA, John Florindo de. O insight prático no jusnaturalismo de John Finnis: uma tese sobre a aquisição dos fudamentos da moral. *Kínesis – Revista de estudos dos Pós-Graduandos em Filosofia*, v. 8, n. 18, p. 181-196, 2016.

MITCHELL, Mark T. *Tradition, individualism and the crisis of freedom*. Indiana: University of Notre Dame Press, 2019.

MONTEIRO, Renata Oliva. *A Emenda Constitucional n° 66/2010 e a responsabilidade civil nas relações conjugais*. 2014. Dissertação (Mestrado em Direito Civil) – Faculdade de Direito, Universidade de São Paulo, São Paulo, 2014.

MONTEIRO, Washington de Barros. *Curso de direito civil*: direito de família. 4. ed. rev. e ampl. São Paulo: Saraiva, 1960.

______. *Curso de direito civil.* 42. ed. rev. e. atual. por Regina Beatriz Tavares da Silva de acordo com o novo Código Civil. São Paulo: Saraiva, 2012. v. 2: Direito de família.

______. Dos deveres comuns a ambos os cônjuges. Memória. *Revista de Direito de Família e das Sucessões,* São Paulo, v. 4, n. 14, p. 93-104, out./dez. 2017.

MORAES, Bernado B. Queiroz de. A formação da ideia de um "direito de família". *In*: TAVARES DA SILVA, Regina Beatriz; BASSET, Ursula Cristina (coord.). *Família e pessoa*: uma questão de princípios. São Paulo: YK, 2018. p. 196-232.

______. Código civil e direito de família: (in)conveniência de um microssistema. *Revista de Direito Civil Contemporâneo,* São Paulo, v.2, n.4, p. 211-238, jul./set. 2015.

MORAIS, Luísa Cristina de Carvalho. Afetividade enquanto performatividade: problematização conceitual e desafios para o reconhecimento de famílias no Brasil. *Revista de Direito de Família e Sucessão,* São Paulo, v.2, n. 1, p. 46-60, jul./dez. 2015.

MORAU, Caio. A alienação da consciência e a clausura das ideologias. *Estado da Arte*: revista de cultura, arte e ideias, São Paulo, 16 ago. 2019. Disponível em: https://estadodaarte.estadao.com.br/a-alienacao-da-consciencia-e-a-clausura-das-ideologias/. Acesso em: 10 fev. 2021.

______. *Casamento e afetividade no Direito brasileiro*: uma análise histórico-comparativa. São Paulo: LiberArs, 2020.

______ (org.). *História e Futuro do Direito Brasileiro*: estudos em homenagem a Ignacio Maria Poveda Velasco. São Paulo: LiberArs, 2019.

______. Justiça política e o autêntico valor da pessoa humana. *Estado da Arte*: revista de cultura, artes e ideias, São Paulo, 15 abr. 2020. Disponível em: https://estadodaarte.estadao.com.br/justica-politica-e-o-autentico-valor-da-pessoa-humana/. Acesso em: 15 ago. 2022.

______; RODRIGUES, Mônica Cecílio. A responsabilidade civil na transmissão de doença venérea entre cônjuges ou companheiros. *In*: TEIXEIRA, Ana Carolina Brochado; ROSENVALD, Nelson; MULTEDO, Renato Vilela (org.). *Responsabilidade civil e Direito de Família*: o direito de danos na parentalidade e conjugalidade. Indaiatuba: Foco, 2021. p. 289-300.

MOREAU-DAVID, Jacqueline. *Le consentement des parents au mariage des enfants protestants In*: Colloque sur la famille, la loi, l'état – débats révolutionnaires. Centre de recherche interdisciplinaire de Vaucresson, 1989.

MORTARI, Vincenzo Piano. *Diritto romano e diritto nazionale in Francia nel secolo XVI.* Milano: Giuffrè, 1962.

MOTA, Francisco Sassetti da. *Da catástrofe às virtudes*: a crítica de Alasdair MacIntyre ao liberalismo emotivista. São Paulo: Edições Loyola, 2014.

MURPHY, Colleen. Lon Fuller and the moral value of the rule of law. *Law and Philosophy,* New York, 24, p. 239-262, 2005.

NADER, Paulo. *Curso de direito* civil. Rio de Janeiro: Forense, 2016. v. 5: Direito de família.

NATIONAL Marriage Project of The University of Virginia. *State of our Unions 2019.* Disponível em: http://nationalmarriageproject.org/wp-content/uploads/2019/07/SOU2019.pdf. Acesso em: 18 jul. 2020.

NOGUEIRA, Luíza Souto. O casamento como negócio jurídico e a aplicação dos princípios da autonomia privada, boa-fé e igualdade. *Revista de Direito de Família e das Sucessões*, São Paulo, v. 5, p. 143-166, jul./set. 2015.

NUNES, José Carlos Amorim de Vilhena. *Novos vínculos jurídicos nas relações de família*. 2009. Tese (Doutorado em Direito Civil) – Faculdade de Direito, Universidade de São Paulo, São Paulo, 2009.

OLIVEIRA, Flávio Luís de; SOUZA, Fabiana de. O princípio da dignidade da pessoa humana: pilar de sustentação das novas entidades familiares. *Revista do Instituto de Pesquisas e Estudos*, v. 47, n. 60, p. 132-158, jul./dez. 2013.

OLIVEIRA, Júlio Aguiar de; LESSA; Bárbara Alencar Ferreira. A teoria do direito natural de Tomás de Aquino na filosofia do direito contemporâneo. *Revista Opinião Jurídica*, Fortaleza, v. 12, n. 16, p. 208-231, jan./dez. 2014.

______. Por que as objeções de Hans Kelsen ao jusnaturalismo não valem contra a teoria do Direito Natural de Tomás de Aquino? *Revista de Informação Legislativa*, Brasília, DF, v. 47, n. 196, abr./jun. 2010.

OLIVEIRA NETO, José Weidson de; MEIRELES, Ivson Antonio de Sousa. O Princípio da Afetividade no Ordenamento Jurídico Brasileiro. *ANIMA*: Revista Eletrônica do Curso de Direito das Faculdades OPET, Curitiba, v. 6, n. 12, jul./dez. 2014.

PAPA FRANCISCO. *Amoris laetitia*. Disponível em: https://w2.vatican.va/content/francesco/pt/apost_exhortations/documents/papa-francesco_esortazione-ap_20160319_amoris-laetitia.html.

______. *Discurso aos bispos da Áustria em visita ad limina apostolorum*. Disponível em: http://w2.vatican.va/content/francesco/pt/speeches/2014/january/documents/papa-francesco_20140130_ad-limina-austria.html.

PAPA JOÃO PAULO II. *Familiaris consortio*. Disponível em: http://w2.vatican.va/content/john-paul-ii/pt/apost_exhortations/documents/hf_jp-ii_exh_19811122_familiaris-consortio.html.

PAPA PAULO VI. *Dignitatis* humanae. Disponível em:http://www.vatican.va/archive/hist_councils/ii_vatican_council/documents/vat-ii_decl_19651207_dignitatis-humanae_po.html.

______. *Gaudium et spes*. Disponível em :http://www.vatican.va/archive/hist_councils/ii_vatican_council/documents/vat-ii_const_19651207_gaudium-et-spes_po.html.

______. *Humanae Vitae*. Disponível em: http://www.vatican.va/holy_father/paul_vi/encyclicals/documents/hf_p-vi_enc_25071968_humanae-vitae_po.html.

______. *Lumen gentium*. Disponível em: http://www.vatican.va/archive/hist_councils/ii_vatican_council/documents/vat-ii_const_19641121_lumen-gentium_po.html.

PAPA PIO XI. *Casti connubii*. Disponível em: http://w2.vatican.va/content/pius-xi/pt/encyclicals/documents/hf_p-xi_enc_19301231_casti-connubii.html.

PARISE, Maria Cecília Isatto. Uma análise do masculino e do feminino segundo a antropologia de Edith Stein. *In*: SEMINÁRIO INTERNACIONAL DE ANTROPOLGIA TEOLÓGICA: PESSOA E COMUNIDADE EM EDITH STEIN, 2017, Porto Alegre: [*S. n.*], 2017.

PASCALE, Antonio. *Scienza e sentimento*. Torino: Giulio Einaudi editore, 2008.

PENTEADO, Luciano de Camargo. *Doação com encargo e causa contratual*: uma nova teoria do contrato. 2. ed. rev. atual. e ampl. São Paulo: Revista dos Tribunais, 2013.

______. *Efeitos contratuais perante terceiros*. São Paulo: Quartier Latin, 2007.

PEREIRA, Caio Mário da Silva. *Instituições de direito civil*. 25. ed. rev. atual. e ampl. Atualizado por Tânia da Silva Pereira. Rio de Janeiro: Forense, 2017. v. 5: Direito de família.

PEREIRA, Lafayette Rodrigues. *Direitos de Família*. Brasília, DF: Conselho Editorial do Senado Federal, 2004. (Série História do direito brasileiro. Direito civil, v. 7).

PEREIRA JÚNIOR, Antonio Jorge. A família entre as modalidades convivenciais do Direito e a distinção entre ser, pensar, agir e sentir-se família. *In*: TAVARES DA SILVA, Regina Beatriz; BASSET, Ursula Cristina (coord.). *Família e pessoa*: uma questão de princípios. São Paulo: YK, 2018. p. 136-165.

______. Da afetividade à efetividade do amor nas relações de família. *In*: DIAS, Maria Berenice; BASTOS, Eliene Ferreira; MORAES, Naime Márcio Martins (coord.). *Afeto e estruturas familiares*. Belo Horizonte: Del Rey, 2009. p. 57-58.

______; OLIVEIRA NETO, José Weidson de. (In)viabilidade do princípio da afetividade. *Universitas JUS*, Brasília, DF, v. 27, n. 2, p. 113-125, 2016.

PERELMAN, Chaïm. *Ética e direito*. São Paulo: Martins Fontes, 2006.

PERETTI, Clélia. *Edith Stein e as questões de gênero. Perspectiva fenomenológica e teológica*. 2009. Tese (Doutorado em Teologia) – Instituto Superior de Teologia, São Leopoldo, 2009.

PERLINGIERI, Pietro. *Perfis do direito civil*: introdução ao direito civil constitucional. Traduzido por Maria Cristina de Cicco. Rio de Janeiro: Renovar, 2002.

PEROZZI, Silvio. *Istituzioni di Diritto Romano*. 2a ed. riveduta e ampliata. Roma: Athenaeum, 1928. v. 2.

PERVEZ, Aneeza; BATOOL, Syeda Shahida. Polygamy: chaos in the relationship of children. *Paskistan Journal of Social and Clinical Psychology*, New York, v. 14, n. 1, p. 30-35, 2016.

PESSANHA, Jackelline Fraga. *A afetividade como princípio fundamental para a estruturação familiar*. Disponível em: http://www.ibdfam.org.br/_img/artigos/Afetividade%20 19_12_2011.pdf. Acesso em: 15 jun. 2020.

PETRINI, Giancarlo. Significado social da família. *Cadernos de Arquitetura e Urbanismo*, Belo Horizonte, v. 16, n. 18/19, p. 111-121, 2009.

PFEFFER, Karen; AL-SHARFI, Mohammad; MILLER, Kirsty A. The effects of polygamy on children and adolescents: a systematic review. *Journal of Family Studies*, v. 22, out. 2015, p. 272-286.

PINHEIRO, Juliana da Silveira. *Anatomia das paixões: a concepção somatopsíquica de Descartes e sua relação com a medicina*. 2012. Tese (Doutorado em Filosofia) – Faculdade de Filosofia e Ciências Humanas, Universidade Federal de Minas Gerais, Belo Horizonte, 2012.

______. As paixões segundo Descartes: obscuras e irrecusáveis experiências. *Controvérsia*, v. 2. n. 2, p. 7-18, jul./dez. 2007.

PINHEIRO, Victor Sales; RIKER, Dienny Estefhani M. B. A racionalidade do casamento como comunidade integral diante da ética emotivista moderna. *Arquivo Jurídico*, v. 3, n. 2, p. 47-68, jul./dez. 2016.

______; RODRIGUES FILHO, Antonio Marinho de Melo. Emotivismo e judicialização do afeto: a problemática metaética da legitimidade jurídica do princípio da afetividade no Direito de Família. *Revista de Direito de Família e das Sucessões*, São Paulo, v. 20, p. 9-38, maio 2020.

PINTO, Emerson de Lima; COSTA, Bernardo Leandro Carvalho. A distinção entre público e privado e sua caracterização no âmbito do Estado brasileiro. *Revista Digital de Direito Administrativo*, v. 2, n. 1, p. 311-323, 2015.

PONTES DE MIRANDA, Francisco Cavalcanti. *Tratado de direito privado*. Atualizado por Marcos Bernardes de Mello e Marcos Ehrhardt Jr. São Paulo: Revista dos Tribunais, 2012. t. 3: Negócios jurídicos. Representação. Conteúdo. Forma. Prova.

______. *Tratado de direito privado*. Tomo IV. Validade. Nulidade. Anulabilidade. Atualizado por Marcos Bernardes de Mello e Marcos Ehrhardt Jr. São Paulo: Revista dos Tribunais, 2012.

______. *Tratado de direito privado*. Tomo V. Eficácia jurídica. Direitos. Ações. Atualizado por Marcos Bernardes de Mello e Marcos Ehrhardt Jr. São Paulo: Revista dos Tribunais, 2012.

______. *Tratado de direito privado*. Tomo VII. Direito de Personalidade. Direito de Família. Atualizado por Rosa Maria de Andrade Nery. São Paulo: Revista dos Tribunais, 2012.

______. *Tratado de direito privado*. Tomo VIII. Dissolução da sociedade conjugal. Eficácia jurídica do casamento. Atualizado por Rosa Maria de Andrade Nery. São Paulo: Revista dos Tribunais, 2012.

PORCHAT, Reynaldo. *Curso elementar de direito romano*. São Paulo: Duprat, 1907.

PORFÍRIO, Danilo. Definição e natureza jurídica do princípio da afetividade. *Revista de Direito de Família e das Sucessões*, São Paulo, v. 3, p. 39-55, abr./mar. 2015.

PORTALIS, Jean-Étienne-Marie. *Discours, rapports et travaux inédits sur le Code Civil*. Paris: Joubert, Librairie de la Cour de Cassation, 1844.

POUMARÈDE, Jacques. De la sécularisation au déclin contemporain. *In*: BASDEVANT-GAUDEMET, Brigitte. *Église et autorités*. Limoges: Presses Universitaire Limoges, 2006.

POVEDA VELASCO, Ignacio Maria. *Os esponsais no direito luso-brasileiro*. São Paulo: Quartier Latin, 2007.

______. Ordenações do Reino de Portugal. *Revista da Faculdade de Direito da Universidade de São Paulo*, São Paulo, v. 89, p. 11-67, 1994.

POZZOLO, Susanna. Neoconstitucionalismo y especificidad de la interpretación constitucional. *Doxa*: Cuadernos de Filosofia del Derecho, Alicante, v. 21, n. 2, p. 339-353, 1998. Disponível em: https://rua.ua.es/dspace/bitstream/10045/10369/1/doxa21-2_25.pdf. Acesso em: 4 jun. 2020.

PUPOLIZIO, Ivan. Per un modello teorico della "grande dicotomia" tra diritto pubblico e diritto privato. *Materiali per una Storia della Cultura Giuridica*, v. 43, n. 2, p. 343-369, dez. 2013.

RASAMIMANANA, Gilbert Augustin. *L'indissolubilité du mariage et ses impacts dans le context Malagasy, en particulier chez les Betsimisaraka*. 2011. Tese (Doutorado em Direito canônico) – Faculdade de Direito Canônico, Universidade de Ottawa, Ottawa. 2011.

REALE, Miguel. *Lições preliminares de Direito*. São Paulo: Saraiva, 2002.

REIS, Sebastião Alves dos. Uma visão do Direito: Direito Público e Direito Privado. *Revista de Informação Legislativa*, Brasília, DF, v. 35, n. 137, p. 63-67, jan./mar. 98.

REIS, Thiago. Dogmática e incerteza normativa: crítica ao substancialismo jurídico do Direito Civil-Constitucional. *Revista de Direito Civil Contemporâneo,* São Paulo, v. 11, p. 213-238, abr./jun. 2017.

RICOEUR, Paul. *Percurso do reconhecimento.* Traduzido por Nicolás Nyimi Campanário. São Paulo: Edições Loyola, 2006.

RODRIGUES, Dárcio Roberto Martins. Aspectos de interesse atual do matrimônio romano. *Revista da Faculdade de Direito da Universidade de São Paulo,* São Paulo, v. 93, p. 81-107. jan. 1998. Disponível em: http://www.revistas.usp.br/rfdusp/article/view/67400.

RODRIGUES, Silvio. *Direito civil.* 25. ed. São Paulo: Saraiva, 2000. v. 6: Direito de família.

______. Breve histórico sobre o direito de família nos últimos 100 anos. *Revista da Faculdade de Direito da Universidade de São Paulo,* São Paulo, v. 88, p. 239-254, 1993.

RODRIGUES DE AREIA, Manuel Laranjeira. *A proibição do incesto*: determinação social ou motivação biológica? Coimbra: Tipografia da Atlântida, 1980.

RODRIGUES JUNIOR, Otavio Luiz. Amor e Direito Civil: normatividade, direito e amor. *In*: TAVARES DA SILVA, Regina Beatriz; BASSET, Ursula Cristina (coord.). *Família e pessoa*: uma questão de princípios. São Paulo: YK, 2018. p. 543-568.

______. *As linhas que dividem amor e Direito nas constituições.* Disponível em: https://www.conjur.com.br/2012-dez-27/direito-comparado-linhas-dividem-amor-direito constituicoes#:~:text=As%20linhas%20que%20dividem%20amor%20e%20Direito%20nas%20constitui%C3%A7%C3%B5es,27%20de%20dezembro&text=O%20amor%20est%C3%A1%20ausente%20da,maior%20influ%C3%AAncia%20no%20Direito%20brasileiro.&text=A%20Calif%C3%B3rnia%2C%20que%20possui%20um,o%20amor%20em%20seus%20artigos.

______. *Direito civil contemporâneo*: estatuto epistemológico, constituição e direitos fundamentais. Rio de Janeiro: Forense Universitária, 2019.

______. RODRIGUES JUNIOR, Otavio Luiz. Estatuto epistemológico do Direito civil contemporâneo na tradição de civil law em face do neoconstitucionalismo e dos princípios, *Mertitum*, Belo Horizonte, v. 5, n. 2, p. 1352, jul./dez. 2010. DOI: https://doi.org/10.46560/meritum.v5i2.1054. Disponível em:http://www.fumec.br/revistas/meritum/article/view/1054. Acesso em: 4 jun. 2020.

______; RODAS, Sergio. Interview with Reinhard Zimmermann and Jan Peter Schmidt. *Revista de Direito Civil Contemporâneo,* São Paulo, v. 4, n. 2, p. 379-413, jul./set. 2015.

ROJAS, Enrique. *La conquista de la voluntad.* Madrid: Ediciones Temas de Hoy, 1994.

ROLIM, Luiz Antonio. *Instituições de direito romano.* 2. ed. rev. São Paulo: Revista dos Tribunais, 2003.

ROSAS, Roberto. Constituição e ireito civil. *Revista dos Tribunais,* São Paulo, v. 761, p. 64-67, mar. 1999.

ROSENBLUM, Nancy. *Liberalism and Moral Life.* Cambridge: Harvard University Press, 1989.

ROSA, Conrado Paulino da. *Curso de direito de família contemporâneo.* 4. ed. rev. e atual. Salvador: JusPODIVM, 2018.

ROSA, Wanderley Pereira da. Teologia Social e Política nos Anabatistas. *Estudos de Religião,* São Bernardo do Campo, v. 30, n. 2, p. 127-142, maio/ago. 2016.

ROSSI, Amélia Sampaio; PAMPLONA, Danielle Anne. *Neoconstitucionalismo e ativismo judicial*: democracia e constitucionalismo em oposição ou tensão produtiva? Disponível em: http://www.periodicos.ufc.br/nomos/article/download/986/957.

ROTONDANO, Ricardo Oliveira. ROTONDANO, Ricardo Oliveira. Entre monogamia e poliamor: o futuro da família no Brasil. *Revista de la Facultad de Derecho*, Montevideo, n. 44, 244-275, jan./jun. 2018.

ROUGEMONT, Denis de. *O amor e o ocidente*. Rio de Janeiro: Editora Guanabara, 1988.

RUBIO, Jorge del Picó. La afectividad y su relevancia en la unión civil de la pareja. *In*: TAVARES DA SILVA, Regina Beatriz; BASSET, Ursula Cristina (coord.). *Família e pessoa*: uma questão de princípios. São Paulo: YK, 2018. p. 432-446.

RUIZ, Rafael. *Alienação e intolerância*: um diagnóstico sobre os tempos modernos. São Paulo: Cultor de Livros, 2018.

RUNDLE, Kristen Ann. "Forms liberate": *Reclaiming the Legal Philosophy of Lon L. Fuller*. 2009. Tese (Doutorado em Direito) – Faculdade de Direito da Universidade de Toronto, 2009.

SAFRANSKI, Rüdiger. *Romantismo*: uma questão alemã. 2. ed. Traduzido por Rita Rios. São Paulo: Estação Liberdade, 2010.

SAHD, Luiz Felipe Netto de Andrade e Silva. O direito natural analítico de John Finnis. *Argumentos*, v. 5, n. 10, p. 193-204, jul./dez. 2013.

SALEILLES, Raymond. *De la declaration de la volonté*. Paris: Librairie Cotillon, 1901.

SAMPAIO, Kelly Cristine Baião. Reflexões acerca da incidência dos princípios da liberdade individual e da solidariedade social nas relações familiares. *Revista Ética e Filosofia Política*, Juiz de Fora, v. 2, n .11, p. 1-41, 2009.

SANDRI, Silvia Taisa Rodrigues. Constituição e dissolução da sociedade conjugal no direito canônico: Concílio de Trento e as Primeiras Constituições do Arcebispo da Bahia. *Revista Jurídica Cesumar*, v. 3, n. 1, p. 429-440, 2003.

SANTIROCCHI, Ítalo Domingos. O matrimônio no Império do Brasil: uma questão de Estado. *Revista Brasileira de História das Religiões*, Maringá, v. 4, n. 12, p. 81-122, 2012.

SANTO AGOSTINHO. *Dos bens do matrimônio*. Traduzido por Pe. Vicente Rabanal, OSA. São Paulo: Paulus, 2000.

SANTOS, Romualdo Baptista dos. *Direito e afetividade*: estudo sobre a influência dos aspectos afetivos nas relações jurídicas. 2009. Dissertação (Mestrado em Direito Civil) – Faculdade de Direito, Universidade de São Paulo, São Paulo, 2009.

SARMENTO, Daniel. O neoconstitucionalismo no Brasil: riscos e possibilidades. *In*: SARMENTO, Daniel (org.). *Filosofia e Teoria Constitucional Contemporânea*. Rio de Janeiro: Lumen Juris, 2009.

SARMIENTO, Augusto. *El matrimonio cristiano*. 4. ed. Navarra: EUNSA, 2012.

SARRÁIS, Fernando. *Compreender a afetividade*. São Paulo: Cultor de Livros, 2018.

SAVATIER, René. *Les métamorphoses économiques et sociales du droit civil d'aujourd'hui*. 3. ed. Paris: Dalloz, 1964.

SCHMIDT, Alexandra E.; GREEN, Mary S.; SIBLEY, D. Scott; PROUTY, Anne M. Effects of Parental Infidelity on Adult Children's Relational Ethics With Their Partners: A Contextual Perspective. *Journal of Couple & Relationship Therapy*, [Abingdon], n. 15, n. 3, p. 193-212 2016.

SMITH, Heather; HAWKINS, Alan J. Is there a battle of the sexes in "consensual" non-monogamy? *The Public Discourse*, 3 Nov. 2019. Disponível em: https://www.thepublicdiscourse.com/2019/11/57751/. Acesso em: 12 jun. 2020.

SCHMIDT, Andrea Sales Santiago. Infidelidade virtual. *Revista de Direito de Família e das Sucessões*, São Paulo, v. 4, n. 13, p. 58-70, jul./set. 2017.

SCHREIBER, Anderson. *Game of Thrones e o Direito*. Disponível em: https://flaviotartuce.jusbrasil.com.br/artigos/707190760/game-of-thrones-e-o-direito. Acesso em: 10 abr. 2020.

SELLÉS, Juan Fernando. *El amor:* ¿pasión, sentimiento, estado? Revisión de relevantes tesis del s. XX. Endoxa, 2013. (Series Filosóficas, n. 32).

SGARBI, Adrian. O direito natural revigorado de John Mitchell Finis. *Revista da Faculdade de Direito da Universidade de São Paulo*, São Paulo, v.102, p. 661-689, jan./dez. 2007.

______. Reductio ad unum: Kelsen e o problema da dicotomia Direito Público e Direito Privado. *Revista Trimestral de Direito Civil*, v. 14, p. 3-17, abr./jun. 2003.

SIDNER, Sara. Brothers share wife to secure family land. Disponível em: https://edition.cnn.com/2008/WORLD/asiapcf/10/24/polygamy.investigation/index.html#:~:text=They%20practice%20what%20is%20known,family%20marry%20the%20same%20woman.&text=So%2C%20instead%20of%20finding%20separate,two%20husbands%20isn't%20easy. Acesso em: 2 jul. 2020.

SILVA, Ivo Pereira da. Do casamento misto ao casamento civil no Brasil: debates parlamentares em torno do matrimônio na segunda metade do século XIX. *Revista Portuguesa de História*, v. 46, p. 391-411, 2015.

TAVARES DA SILVA, Regina Beatriz. Pensão previdenciária para amantes e a jurisprudência do STF e do STJ. *Revista Consultor Jurídico*, São Paulo, 30 de maio de 2018. Disponível em: https://www.conjur.com.br/2018-mai-30/regina-beatriz-pensao-amantes-jurisprudencia-stf-stj. Acesso em: 5 jun. 2020.

______. *A poligamia e a desigualdade entre homens e mulheres*. Disponível em: https://politica.estadao.com.br/blogs/fausto-macedo/a-poligamia-e-a-desigualdade-entre-homens-e-mulheres/?from=whatsapp. Acesso em: 4 abr. 2020.

______. *Basta de engodo! O casamento e a união estável são monogâmicos*. Disponível em: http://adfas.org.br/2018/07/05/basta-de-engodo-o-casamento-e-a-uniao-estavel-sao-monogamicos/#respond. Acesso em: 2 abr. 2020.

______. *Direitos de amantes agravarão a crise na previdência social*. Disponível em: http://adfas.org.br/2018/03/07/direitos-de-amantes-agravarao-a-crise-na-previdencia-social/#respond. Acesso em: 2 abr. 2020.

______; BASSET, Ursula Cristina (coord.). *Família e pessoa*: uma questão de princípios. São Paulo: YK, 2018.

______. Monogamia: princípio estruturante do casamento e da união estável. *In*: TAVARES DA SILVA, Regina Beatriz; BASSET, Ursula Cristina (coord.). *Família e pessoa*: uma questão de princípios. São Paulo: YK, 2018. p. 570-617.

______. *O infiel não tem direito à pensão alimentícia*. Disponível em: http://adfas.org.br/2019/02/05/o-infiel-nao-tem-direito-a-pensao-alimenticia-reconhece-o-stj/#respond. Aceso em: 3 abr. 2020.

______. Relação afetiva paralela não constitui união estável: comentários à decisão do REsp 1.348.458-MG, do STJ. *Revista de Direito de Família e das Sucessões*, São Paulo, v. 1, n. 1, p. 255-267, jul./set. 2014.

______. Responsabilidade civil no rompimento do casamento e da união estável no direito brasileiro e no direito português. *Revista de Direito de Família e das Sucessões*, São Paulo, v. 1, p. 169-191, 2014.

SILVA,Virgílio Afonso da. *A constitucionalização do direito*: os direitos fundamentais nas relações entre particulares. São Paulo: Malheiros, 2005.

SIMÃO, José Fernando. SIMÃO, José Fernando. Há limites para o princípio da pluralidade familiar na apreensão de novas formas de conjugalidade e de parentesco? *Revista Brasileira de Direito Civil*, Rio de Janeiro, v. 2, n. 2, p. 61-79, out./dez. 2014.

_______; TARTUCE, Flávio. *Direito Civil. Direito de Família*. 4. ed. São Paulo: Método, 2010.

SIMMONDS, Nigel. *Law as a Moral Idea*. Oxford: Oxford University, 2007.

SIQUEIRA, Neusa Valadares; GONÇALVES, Ailton de Souza. O casamento nas Constituições de 1824 e 1891, na disputa entre o poder civil e o eclesiástico. *Ciências da religião – História e sociedade*, v. 11, n. 2, p. 138-152, 2013.

SKINNER, B. F. *Sobre el conductismo*. Traduzido por Fernando Barrera. Buenos Aires: Editoral Planeta Argentina, 1994.

SMITH, Heather; HAWKINS, Alan J. *Is there a battle of the sexes in "consensual" non-monogamy?* The Public Discourse. Disponível em: https://www.thepublicdiscourse.com/2019/11/57751/. Acesso em: 12 jun. 2020.

SOLON, Ari Marcelo. A fenomenologia do Estado, Direito e Religião segundo Edith Stein. *Ciências da Religião – História e Sociedade*, v. 4, n. 4, p. 74-82, 2006.

SOPER, Philip. Some natural confusion about natural law. *Michigan Law Review*, v. 90, n. 8, p. 2393-2423, 1992.

SPAEMANN, Robert. *Persons*: The difference between "someone" and "something". Oxford: Oxford University Press, 2006.

STEIN, Edith. *On the problem of empathy*. Traduzido por Waltraut Stein. Washington: ICS Publications, 1989.

______. *Potency and act*: studies torwards a philosophy of being. Traduzido por Walter Redmond. Washington: ICS Publications, 2009.

STEINWASCHER NETO, Helmut. *A procriação e o interesse da "res publica"*: uma análise das leis matrimoniais de Augusto. 2012. Dissertação (Mestrado em Direito Civil) – Faculdade de Direito, Universidade de São Paulo, São Paulo, 2012.

STORK, Ricardo Yepes. La persona como fuente de autenticidad de las acciones morales. El Primado de la persona en la moral contemporânea. *In*: SIMPOSIO INTERNACIONAL DE TEOLOGÍA DE LA UNIVERSIDAD DE NAVARRA, 17. Edición dirigida por Augusto Sarmiento et al. Servicio de Publicaciones de la Universidad de Navarra, 1997. p. 339-360.

STRECK, Lenio Luiz. As várias faces da discricionariedade no Direito Civil brasileiro: o "reaparecimento" do movimento do direito livre em terrae brasilis. *Revista de Direito Civil Contemporâneo*, São Paulo, v. 3, n. 8, p. 37-48, jul./set. 2016.

______. Do pamprincipiologismo à concepção hipossuficiente de princípio: dilemas da crise do direito. *Revista de Informação Legislativa, Brasília,* DF, v. 49, n. 194, p. 7-21, abr./jun. 2012.

______. *Hermenêutica Jurídica e(m) crise*: uma exploração hermenêutica da construção do Direito. 8. ed. Porto Alegre: Livraria do Advogado, 2009.

______. O ativismo, o justo e o legal: crítica ao pan-principiologismo a partir do caso das "famílias paralelas". *Revista de Direito Civil Contemporâneo,* São Paulo, v. 1, n. 1, p. 151-160out./dez. 2014.

_____. O pan-principiologismo e o sorriso do lagarto. *Revista Consultor Jurídico,* São Paulo, 22 mar. 2012. Disponível em: http://www.conjur.com.br/2012-mar-22/senso-incomum--pan-principiologismo-sorriso-lagarto. Acesso em: 4 jun 2020.

______. *Precisamos falar sobre direito e moral*: os problemas da interpretação e da decisão judicial. Florianópolis: Tirant Lo Blanch, 2019.

TALAMANCA, Mario. *Istituzioni di Diritto Romano.* Milano: Giuffrè, 1990.

TAPIA, Eloisa Veloso Rodriguez. *O conceito jurídico de família nas Constituições Brasileiras de 1824 a 1988*: um estudo histórico-historiográfico. Disponível em: http://www.seer.ufu.br/index.php/horizontecientifico/article/viewFile/14679/9424.

TARTUCE, Flavio. *Manual de direito civil.* São Paulo: Método, 2011.

______. *Novos princípios do direito de família brasileiro.* Disponível em: http://ambitojuridico.com.br/site/index.php/?n_link=revista_artigos_leitura&artigo_id=1036&revista_caderno=14.

______. *2016*: o ano da afetividade na jurisprudência superior brasileira. Disponível em: http://www.migalhas.com.br/FamiliaeSucessoes/104,MI250528,91041-2016+O+ano+da+afetividade+na+jurisprudencia+superior+brasileira.

TAYLOR, Charles. *As fontes do self.* Traduzido por Adail Ubirajara Sobral e Dinah de Abreu Azevedo. São Paulo: Edições Loyola, 1997.

______. *A secular age.* Cambridge: The Belknap Press of Harvard University Press, 2007.

TEPEDINO, Gustavo (coord.). *O Código Civil na perspectiva civil-constitucional.* Rio de Janeiro: Renovar, 2013.

THOMALE, Chris. *Cuius regnum eius iudicium – emancipando o discurso jurídico privado em face dos direitos humanos.* Traduzido por Patrícia Cândido Alves Ferreira. *Revista de Direito Civil Contemporâneo,* São Paulo, v. 13, p. 391-418, out./dez. 2017.

TIMM, Luciano Benetti. "Descodificação", constitucionalização e reprivatização no direito privado: o Código Civil ainda é útil? *Revista de Direito Privado,* São Paulo, v. 7, n. 27, p. 223-251, jul./set. 2006.

TODD, Emannuel. *L'origine des systèmes familiaux.* Paris: Gallimard, 2011.

TOLEDO, Iara Rodrigues de; MENDES, Daiane Cristina da Silva; PEREIRA, Sarah Caroline de Deus. *Estudos acerca do princípio da afetividade no direito das famílias.* São Paulo: Editora Letras Jurídicas, 2014.

TOMÁS DE AQUINO. *Suma teológica.* Traduzida por Alexandre Correia. São Paulo: Odeon, 1936. Disponível em: http://alexandriacatolica.blogspot.com.br/2017/04/suma-teologica-traducao-de alexandre.html.

TOMASEVICIUS FILHO, Eduardo. O legado do Código Civil de 1916. *Revista da Faculdade de Direito da Universidade de São Paulo,* São Paulo, v. 111, p. 85-100, jan./dez. 2016.

TRABUCCHI, Alberto. *Istituzioni di Diritto Civile*. Padova: Casa Editrice Dott. Antonio Milani, 2007.

TWITCHELL, James B. *Forbidden partners*: the incest taboo in modern culture. New York: Columbia University Press, 1987.

UNIÃO estável entre três pessoas é oficializada em cartório de Tupã, SP. *G1*, [Rio de Janeiro], 23 ago. 2012. Disponível em: http://g1.globo.com/sp/bauru-marilia/noticia/2012/08/uniao-estavel-entre-tres-pessoas-e-oficializada-em-cartorio-de-tupa-sp.html. Acesso em: 30 jun. 2020.

VARELA, Antunes. *Direito da Família*. Lisboa: Livraria Petrony, 1987.

VENOSA, Sílvio de Salvo. *Direito civil*: direito de família. 17. ed. São Paulo: Atlas, 2017.

______. *Direito civil: teoria geral das obrigações e teoria geral dos contratos*. São Paulo: Atlas, 2004.

VILADRICH, Pedro-Juan. *O consentimento matrimonial*: validade e nulidade. Braga: Oficinas Gráficas de Barbosa e Xavier, 1997.

VILLELA, João Baptista. Desbiologização da Paternidade. *Revista da Faculdade de Direito da Universidade Federal de Minas Gerais*, Belo Horizontet, v. 27, n. 21, p. 400-418, maio 1979.

VILLEY, Michel. *Questões de Tomás de Aquino sobre direito e política*. Traduzido por Ivone C. Benedetti. São Paulo: Editora WMF Martins Fontes, 2014.

VOLTERRA, Eduardo. *Instituciones de derecho privado romano*. Madrid: Civitas, 1991.

WALD, Arnoldo. *O novo direito de família*. São Paulo: Saraiva, 2004.

______. Os métodos modernos de interpretação. *Revista de Direito Civil*, v. 9, n. 31, p. 7-10, jan./mar. 1985.

WALDRON, Jeremy. *Positivism and legality*: Hart's equivocal response to Fuller. Symposium on the Hart-Fuller Debate. New York University, School of Law, February 1-2, 2008.

WATSON, John B. A psicologia como o behaviorista a vê. Traduzido por Flávio Karpinscki *et al. Temas em Psicologia*, v. 16, n. 2, p. 289-301, 2008.

WEBBER, Suelen da Silva. O panprincipiologismo como propulsor da arbitrariedade judicial e impossibilitador da concretização de direitos fundamentais. *Revista de Direitos Fundamentais e Democracia*, v. 13, n. 13, p. 305-324, jan./jun. 2013.

WIEACKER, Franz. *História do Direito Privado Moderno*. 5. ed. Traduzido por A. M. Botelho Hespanha. Lisboa: Calouste Gulbenkian, 1967.

WILLETT, Beverly. It's time to get serious about infidelity. *Public Discourse*, 25 Sep. 2015. Disponível em: https://www.thepublicdiscourse.com/2015/09/15739/. Acesso em: 3 jun. 2022.

WINGEN, Max. *A caminho de uma ciência da família? Considerações preliminares para a fundamentação de uma disciplina ancorada na interdisciplinaridade*. Traduzido por Elisete Antoniuk. Porto Alegre: Sergio Antônio Fabris Editor, 2005.

WOLF, Arthur P.; DURHAM, William H. *Inbreeding, incest and the incest taboo*: the state of knowledge at the turn of the century. Stanford: Stanford University Press, 2005.

WOLFE, Christopher. *Defining marriage*. The Public Discourse. The Journal of The Witherspoon Institute. Disponível em: https://www.thepublicdiscourse.com/2015/07/15331/. Acesso em: 4 abr. 2020.

YENOR, Scott. *Can the State be neutral on marriage?* The Heritage Foundation. Disponível em: https://www.heritage.org/node/877312/print-display. Acesso em: 20 mar. 2020.

______. *O casamento e a família não podem ser privatizados*. Disponível em: https://www.gazetadopovo.com.br/justica/o-casamento-e-a-familia-nao-podem-ser-privatizados-c0wjhxit1krcpsdlu2egc9igu/. Acesso em: 4 abr. 2020.

______. *Toward plural marriage: understanding and countering the liberal wringer*. The Public Discourse. Disponível em: thepublicdiscourse.com/2015/12/15908/. Acesso em: 2 abr. 2020.

______. *Why autonomy cannot explain marriage and family life*. The Public Discourse. Disponível em: thepublicdiscourse.com/2016/08/17163/. Acesso em: 20 mar. 2020.

ZIMMERMANN, Reinhard. *O Código Civil alemão e o desenvolvimento do Direito Privado na Alemanha*. Tradução, revisão e notas: Arthur Maximus Monteiro, João Carlos Mettlach, Otavio Luiz Rodrigues Junior e Jan Peter Schmidt. *Revista de Direito Civil Contemporâneo*, São Paulo, v. 4, n. 12, p. 317-318, jul./set. 2017.